CAÇANDO CHE

Mitch Weiss ★ Kevin Maurer

CAÇANDO CHE

A história da operação militar norte-americana que
transformou camponeses bolivianos em força de combate
e capturou o guerrilheiro mais famoso do mundo

Tradução de
FLÁVIO GORDON

1ª edição

EDITORA RECORD
RIO DE JANEIRO • SÃO PAULO
2015

CIP-BRASIL. CATALOGAÇÃO NA FONTE
SINDICATO NACIONAL DOS EDITORES DE LIVROS, RJ

W456c
Weiss, Mitch
  Caçando Che / Mitch Weiss, Kevin Maurer; tradução de Flávio Gordon. - 1. ed. - Rio de Janeiro: Record, 2015.
  il.

  Tradução de: Hunting Che
  Inclui bibliografia e índice
  ISBN 978-85-01-10373-4

  1. Guevara, Ernesto "Che", 1928-1967. 2. Guerrilheiros - América Latina. I. Título.

15-22722
CDD: 920.932242
CDU: 929:323.22

Texto revisado segundo o novo Acordo Ortográfico da Língua Portuguesa.

TÍTULO ORIGINAL EM INGLÊS: Hunting Che

Copyright © Mitch Weiss e Kevin Maurer, 2013

Todos os direitos reservados. Proibida a reprodução, armazenamento ou transmissão de partes deste livro através de quaisquer meios, sem prévia autorização por escrito.

Direitos exclusivos de publicação em língua portuguesa para o Brasil adquiridos pela
EDITORA RECORD LTDA.
Rua Argentina, 171 - 20921-380 - Rio de Janeiro, RJ - Tel.: 2585-2000, que se reserva a propriedade literária desta tradução.

Impresso no Brasil

ISBN 978-85-01-10373-4

Seja um leitor preferencial Record.
Cadastre-se e receba informações sobre nossos lançamentos e nossas promoções.

Atendimento direto ao leitor:
mdireto@record.com.br ou (21) 2585-2002.

EDITORA AFILIADA

Para Ralph "Pappy" Shelton, um verdadeiro patriota.

"A boina verde está novamente se tornando um símbolo de excelência, um emblema de coragem, uma marca de distinção na luta por liberdade."

John F. Kennedy, em carta endereçada ao Exército dos EUA em apoio às Forças Especiais, 1962

SUMÁRIO

Nota do autor   11
Lista de personagens   13

PARTE I: MUITOS VIETNÃS   21

Prólogo   23
1 A emboscada   27
2 El presidente   35
3 O jantar   41
4 A missão de "Pappy"   49
5 O colapso   55
6 O revolucionário intelectual   69
7 Bem-vindos à Bolívia   75
8 Os homens na Bolívia   83

PARTE II: A PREPARAÇÃO   91

9 Os instrutores   93
10 179 dias   99
11 "Não temos certeza"   109
12 Estado de sítio   117
13 Entrando em forma   123

14 "Ele não sairá vivo da Bolívia"   133
15 Mão Santa   141
16 Vado del Yeso   159
17 Paco   163
18 "Vá pegá-lo"   173

PARTE III: ZONA VERMELHA   181

19 "Nós vamos destruir esses homens"   183
20 Che   191
21 Papa Cansado   201
22 "A revolução não é uma aventura"   205
23 Operações 500 e 600   213
24 Fim de jogo   229
25 Desdobramentos   235

Epílogo   243
Posfácio   255
Agradecimentos   261
Referências   263
Índice   267

Nota do autor

Esta é a história de um grupo de homens extraordinários que caçou e capturou um dos mais temíveis revolucionários do século XX.

Os eventos descritos neste livro baseiam-se em extensivas entrevistas com membros-chave da equipe de Boinas-Verdes designada para treinar os Rangers bolivianos para a caçada, com o oficial responsável pela captura de Ernesto "Che" Guevara, e com o agente da CIA enviado para recolher informações para a unidade boliviana.

Revisamos milhares de páginas de documentos e fotos do Arquivo Nacional e de coleções privadas. Examinamos também centenas de novas matérias do *New York Times*, do *Washington Post* e da *Associated Press*, entre outros veículos de imprensa. Muitos dos personagens centrais da história escreveram suas próprias biografias, usadas por nós para oferecer ao leitor um monólogo interno, ou ajudar na reconstrução dos diálogos.

A narrativa pretende contar, partindo do ponto de vista dos instrutores americanos, a história da captura e da execução de Che. Em vez de acrescer notas de rodapé, que poderiam prejudicar o fluxo narrativo da obra, incluímos uma detalhada bibliografia final, para aqueles que quiserem se aprofundar no tema.

Como acontece com outras histórias populares, as pessoas estão familiarizadas com esta, mas poucas são as que conhecem os detalhes de bastidores. A caçada a Che, de certa maneira, pode ser lida como um romance de espionagem dos anos 1960. E o melhor é que a história é toda ela verdadeira.

Lista de personagens

FORÇAS ESPECIAIS DOS EUA

Major Ralph "Pappy" Shelton: Líder da equipe de Boinas-Verdes que treinou o 2º Batalhão de Rangers* em La Esperanza, Bolívia. Nascido em Corinth, Mississipi, fugiu da escola no primeiro ano do ensino médio para colher algodão e realizar trabalhos variados, de modo a contribuir com o sustento da mãe. Shelton ingressou no Exército como soldado raso e se dedicou a alcançar sua promoção a major. Lutou na Coreia e foi enviado ao Laos e à República Dominicana. A missão na Bolívia foi a sua última.

PRINCIPAIS MEMBROS DE SUA EQUIPE

Capitão Edmond Fricke: oficial/S-3
Capitão LeRoy Mitchell: oficial/S-3
Capitão Margarito Cruz: S-2
Primeiro-tenente Harvey Wallender: S-2
Sargento Oliverio Gómez: sargento de equipe

---

* Optou-se por não traduzir o termo Ranger(s), porque seu uso no original, em inglês, está consagrado no Brasil. Os Rangers são um grupo de elite da infantaria do Exército. (N. do T.)

Sargento Roland Milliard: sargento de inteligência
Primeiro-sargento Daniel Chapa: sargento de armas leves
Primeiro-sargento Hector Rivera-Colon: sargento de armas pesadas
Segundo-sargento Jerald Peterson: médico
Segundo-sargento James Hapka: médico
Segundo-sargento Wendell Thompson Jr.: operador de rádio
Sargento Alvin Graham III: operador de rádio

OS GUERRILHEIROS

Ernesto "Che" Guevara: médico argentino, abandonou a profissão para ajudar Fidel Castro a derrubar o ditador cubano Fulgencio Batista. Che foi o símbolo carismático e icônico da Revolução Cubana. Com o cabelo comprido e a barba desalinhada, uniforme verde e boina, ele pregava uma simples mensagem: a tarefa de um revolucionário era fazer a revolução. Finalmente, ele deixou Cuba para espalhar a revolução — primeiro na África, depois na Bolívia.

PRINCIPAIS MEMBROS DA GUERRILHA DE CHE
(O primeiro nome é o de guerra, seguido do verdadeiro)

Joaquín (Juan Vitalio Acuña Núñez): oficial cubano, membro do Comitê Central do Partido Comunista de Cuba. Era o comandante da retaguarda.
Tania (Tamara Bunke Bide): filha de alemães nascida na Argentina, foi mandada para a Bolívia em 1961 para facilitar a chegada dos guerrilheiros e organizar uma estrutura de suporte urbano.
Paco (José Castillo Chávez): comunista boliviano recrutado para o Partido sob promessas de ingressar na universidade em Havana ou em Moscou. Em vez disso, foi recrutado para o bando guerrilheiro de Che. Depois que sua unidade caiu numa emboscada, ele forneceu informações e detalhes cruciais que permitiram aos bolivianos encontrar Che.
Inti (Guido Peredo): guerrilheiro boliviano, foi um dos combatentes de Che mais habilidosos e proficientes taticamente. Trabalhou com guerrilheiros peruanos antes de se juntar às forças de Che.
Camba (Orlando Jiménez Bazán): guerrilheiro boliviano treinado em Cuba.

Antonio (Orlando Pantoja): tenente de Che em Sierra Maestra, foi chefe da Guarda Costeira e Portuária de Cuba.

Arturo (René Martínez Tamayo): capitão do Departamento de Investigação do Exército Cubano.

Moises (Moises Guevara Rodríguez): comunista boliviano e líder sindical dos mineradores.

Ernesto (Freddy Maymura): estudante boliviano de medicina cursando faculdade em Cuba.

Braulio (Israel Reyes Zayas): veterano cubano de Sierra Maestra e da Segunda Frente Nacional de Escambray.

Miguel (Manuel Hernández): veterano da campanha de Sierra Maestra com Che.

Chino (Juan Pablo Chang Navarro): líder do Partido Comunista Peruano.

Coco (Roberto Peredo Leigue): boliviano que comprou a fazenda Nancahuazu.

Julio (Mario Gutiérrez Ardaya): estudante boliviano de medicina cursando faculdade em Cuba.

Pacho (Alberto Fernández Montes de Oca): velho amigo de Che e diretor cubano de minas. Entrou na Bolívia com passaporte e pseudônimo uruguaios: Antonio Garrido.

Willy (Simeón Cuba): guerrilheiro boliviano que foi capturado com Che perto de La Higuera.

Jules Régis Debray: comunista francês, famoso por ter escrito um livro sobre revoluções. Foi preso em abril de 1967 após deixar o acampamento de Che. Posteriormente, ele confirmou a presença do líder na Bolívia. Sua prisão deu inicio à caçada humana que culminou com a morte do guerrilheiro.

Ciro Roberto Bustos: pintor e comerciante argentino. Estava com Che e foi preso com Debray. Tal como o francês, ele veio a revelar o envolvimento de Che com a guerrilha e fornecer ao governo boliviano descrições dos guerrilheiros.

George Andrew Roth: jornalista anglo-chileno preso com Bustos e Debray após deixar o acampamento de Che.

AGENTES DA CIA

Félix Rodríguez: membro da comunidade de exilados cubanos, integrou uma unidade clandestina que participou da Invasão da Baía dos Porcos. Rodríguez trabalhou com a CIA em várias tramas e incursões anticastristas antes de ser selecionado para caçar Che na Bolívia.

Gustavo Villoldo: outro exilado cubano, Villoldo lutou na Invasão da Baía dos Porcos e era veterano de muitas incursões a Cuba. Voluntariou-se para caçar Che no Congo e foi persuadido a "voluntariar-se" para a missão boliviana.

Larry Sternfield: o oficial da CIA que recrutou Rodríguez e Villoldo para a missão contra Che.

John Tilton: chefe da CIA em La Paz.

OS AMERICANOS

Douglas Henderson: diplomata de carreira, Henderson serviu como embaixador dos EUA na Bolívia durante a insurgência armada liderada por Che.

Walt Whitman Rostow: anticomunista convicto, Rostow serviu como consultor para segurança nacional nos governos Kennedy e Johnson.

Dean Rusk: secretário de Estado de Kennedy e de Johnson, queria manter as forças armadas dos EUA fora da Bolívia.

Richard Helms: diretor da CIA, era muito crítico em relação a Barrientos, questionando-se se o presidente boliviano sobreviveria à crise gerada por Che.

Robert Porter: comandante da United States Southern Force [Força-sul dos EUA] (SOUTHCOM), o general enviou uma unidade das Forças Especiais para treinar os Rangers na Bolívia.

William Tope: general de brigada da equipe de Porter, partiu para a Bolívia numa missão de reconhecimento, a fim de avaliar a ameaça rebelde.

Magnus Smith: comandante do 8º Grupamento das Forças Especiais, o coronel designou Shelton para a Bolívia.

Harry Singh: americano da Agência dos Estados Unidos para o Desenvolvimento Internacional, forneceu a Shelton os materiais e o maquinário necessários para a construção de uma escola na vila.

ALTO-COMANDO BOLIVIANO

René Barrientos Ortuño: elegante general da força aérea eleito presidente da Bolívia em 1966. Líder carismático, era pró-América e possuía fortes laços com os camponeses, que apoiavam seu governo.

Alfredo Ovando Candía: general que subiu ao poder com Barrientos num golpe militar em 1964. Governaram juntos até 1966, quando Barrientos abdicou para concorrer à presidência. Depois da vitória de Barrientos, Ovando assumiu o comando das forças armadas.

Luis Adolfo Siles Salinas: fiel amigo de Barrientos eleito vice-presidente em 1966.

Jorge Belmonte Ardile: general da força aérea, foi membro do círculo íntimo de Barrientos.

COMANDANTES BOLIVIANOS

Gary Prado Salmón: capitão do Exército boliviano, tornou-se comandante de uma das companhias bolivianas de Rangers treinadas pela equipe de Shelton.

Joaquín Zenteno Anaya: coronel da 8ª Divisão; sua unidade trabalhou com os Rangers na captura de guerrilheiros.

Arnaldo Saucedo: oficial de inteligência da 8ª Divisão, o major cooperou estreitamente com o agente da CIA Félix Rodríguez na busca por Che Guevara.

Andrés Selich: tenente-coronel, foi um dos primeiros oficiais bolivianos a interrogar Che.

Jose Gallardo: coronel encarregado do novo regimento e do campo de treinamento em La Esperanza.

Miguel Ayoroa Montaño: major apontado para ser o comandante do batalhão de Rangers.

Mario Vargas Salinas: capitão responsável pela emboscada que aniquilou o contingente perdido de Che em Vado del Yeso.

Jaime Niño de Guzmán: piloto de helicóptero que transportava oficiais bolivianos de Vallegrande a La Higuera depois que Che foi capturado.

SOLDADOS BOLIVIANOS

Augusto Silva Bogado: capitão da 4ª Divisão das forças armadas em Camiri; sua unidade fazia patrulha quando os guerrilheiros armaram uma emboscada em março de 1967.

Hernán Plata: major que estava entre os soldados bolivianos capturados naquela emboscada.

Ruben Amézaga: segundo-tenente e amigo de Prado, foi morto durante a incursão.

Mario Salazar: treinado pelas Forças Especiais, juntou-se ao Exército para caçar e destruir a guerrilha de Che.

Ruben Sánchez: major cuja unidade caiu vítima de uma emboscada enquanto patrulhava o vale do rio Nancahuazu, em abril de 1967. Ele foi capturado na ação.

Luis Saavedra Arambel: tenente, foi baleado fatalmente naquela patrulha.

Jorge Ayala: segundo-tenente que ajudou a reorganizar as tropas durante a emboscada de abril.

Carlos Martins: também segundo-tenente, tentou resgatar Sánchez.

Remberto Lafuente: tenente que conduziu os soldados bolivianos pela selva a fim de resgatar Sánchez e seus homens.

Juan Vacaflor: tenente, esteve sob breve captura dos rebeldes no decorrer do ataque em Samaipata.

Bernardino Huanca: sargento da companhia B do capitão Prado, ele desbaratou uma célula guerrilheira durante troca de tiros ocorrida perto de La Higuera, o que levou à captura de Che.

Sargento Mario Terán: outro membro da companhia de Prado, foi o soldado que se voluntariou para "cuidar" de Che no prédio da escola.

CIVIS

Epifanio Vargas: guia civil baleado pelos guerrilheiros enquanto ajudava uma patrulha do Exército em março de 1967.

Honorato Rojas: fazendeiro que traiu os homens de Che em Vado del Yeso.

Dionisio Valderomas: morador de La Esperanza, vivia próximo ao engenho de açúcar onde os soldados das Forças Especiais dos EUA treinavam os Rangers bolivianos.

Dorys Roca: junto com treze de seus familiares Dorys habitava uma casa de três cômodos em La Esperanza; ela se apaixonou pelo soldado americano Alvin Graham III.

Erwin Bravo: o prefeito, que apoiou a presença das tropas norte-americanas em La Esperanza.

Manosanta Humerundo: na qualidade de Mão Santa, era um curandeiro que tratava dos aldeões doentes de La Esperanza.

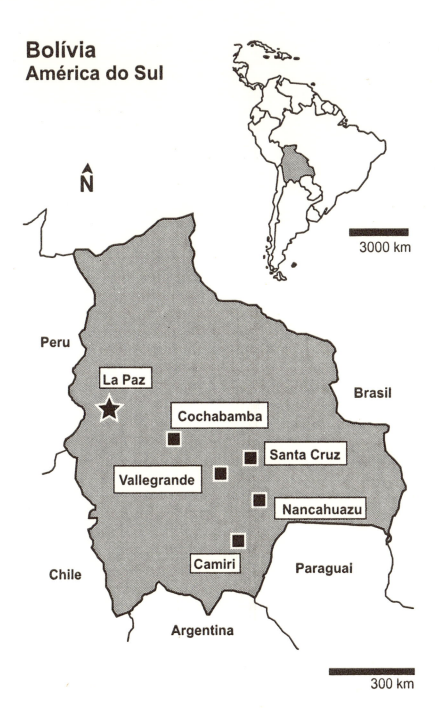

Parte I

Muitos Vietnãs

Prólogo

3 de novembro de 1966

Os passageiros do voo, com os encostos das poltronas erguidos e os cintos afivelados para o pouso, cruzavam os dedos e respiravam fundo.

Voar para La Paz era quase sempre uma experiência emocionante, e a maioria dos que ali estavam, naquele abarrotado DC-6, interessavam-se mais em rezar do que em apreciar as espetaculares paisagens dos Andes pela janela do avião. Os pilotos embicaram a aeronave rumo à pista do Aeroporto Internacional El Alto, localizado a 4 mil metros de altitude, o mais alto do mundo. Eles sabiam o que esperar, mas as rajadas de vento vindas do topo das montanhas sacudiam o avião de um lado a outro, arrancando choros e gritos dos passageiros, que haviam enfrentado, entre trancos e solavancos, 2.500 quilômetros de São Paulo, Brasil, até a capital boliviana. O ar na cabine confinada devia estar carregado de medo.

Um homem parecia não notar a atmosfera de morte iminente. Sentara-se numa poltrona do corredor, na parte dianteira da cabine, com sua camisa branca e gravata bem-talhada, o nó Windsor recém-feito. Adolfo Mena González mantinha a confortável calma de um homem cujos planos são cuidadosamente executados, um homem acostumado a ser obedecido. Estava na meia-idade, mostrava-se bem barbeado e algo rechonchudo; usava óculos de armação de chifre de animal e tinha algumas mechas grisalhas nas bordas de um cabelo já contemplado pela calvície. Trazia no bolso um passaporte uruguaio.

Na mente, apenas a sua missão.

González estava seguro de que ninguém na Bolívia o reconheceria. Fazia treze anos desde a última vez em que lá esteve, e ele já não se parecia em nada com aquele jovem e mal-ajambrado estudante de medicina, que, com um amigo, se lançara numa viagem transcontinental sobre o selim de uma motocicleta. Eles eram, à época, garotos sujos, despreocupados, caçadores de aventuras. Mas aquela viagem abriu os olhos de González para as partes hediondas da América do Sul, onde, a cada país, um pequeno número de pessoas abastadas controlava as riquezas e os recursos, enquanto os demais enfrentavam uma vida de terrível pobreza. Ao fim da viagem, o jovem médico idealista alterou os rumos de sua carreira. Abandonou a medicina para lutar por justiça social.

Ele retornava à Bolívia para encarar o maior desafio de sua vida. Após dois anos de meticuloso planejamento, tudo estava em ordem: os veículos que guiaria, as rotas que deveria seguir, a remota fazenda na qual haveria de morar. Não sabia ao certo quanto tempo permaneceria na Bolívia. Alguns meses? Um ano? Tudo dependeria do pessoal em campo. Por ora, tudo o que ele tinha que fazer era sobreviver a essa aterrissagem e passar pela alfândega.

Os pneus do avião quicaram na pista, os motores berraram. González sentiu a adrenalina disparar em seu corpo. Empurrou os óculos até a ponta do nariz e fez sinal para Antonio Garrido, o homem de rosto pálido da poltrona vizinha, seu companheiro.

Quando a porta da cabine se abriu, os dois homens escapuliram do avião para o glorioso sol da tarde. Respiraram fundo o ar rarefeito e partiram rapidamente do asfalto para o terminal. Uma mulher sexy e esbelta, de longos cabelos negros, aproximou-se deles, com uma boina preta tão agudamente inclinada que lhe cobria a sobrancelha. Cabeças viravam-se para ela. Suas proeminentes maçãs do rosto e seu nariz arrebitado destacavam-na como europeia, e suas roupas sugeriam ser ela uma intelectual boêmia, poetisa ou quem sabe escultora. Ela voltou seus olhos castanhos para González e o abraçou como uma velha amiga.

No bolso em que se encontrava o passaporte de González, ela introduziu discretamente um papel dobrado. O trio rumou para os portões de segurança e, enquanto a moça cumprimentava Garrido, González apanhou o passaporte e abriu o novo documento. Era inestimável, exatamente o que ele esperava:

O diretor de Informação da Presidência da República tem o prazer de apresentar:

Adolfo Mena González

Enviado especial da Organização dos Estados Americanos, que realiza um estudo e coleta de informações sobre as relações econômicas e sociais que prevalecem na zona rural boliviana.
O abaixo-assinado, apresentado por esta credencial, solicita a todas as autoridades nacionais, assim como às pessoas e instituições privadas, que disponibilizem ao Sr. Adolfo Mena toda a cooperação possível, de modo a facilitar seu esforço de pesquisa.

Assinado:
Gonzalo López
Diretor de Informação
Presidência da República da Bolívia
La Paz,
3 de novembro de 1966

Com esse documento, González e seu amigo poderiam viajar livremente pela Bolívia. Era o seu passaporte para "fora da cadeia" — um tesouro raro para qualquer viajante. A mulher era bem relacionada com figuras ricas e poderosas na Bolívia. Coisas difíceis eram fáceis para ela.

González se dirigiu calmamente ao balcão da alfândega e entregou seu passaporte e a carta para o agente. O homem de uniforme cáqui inspecionou os documentos e examinou com atenção a foto bastante formal de González. Olhou-o de relance para conferir tratar-se da mesma pessoa retratada, carimbou-lhe o passaporte e permitiu que seguisse adiante.

González suspirou e esperou que Garrido deixasse a alfândega. Ambos memorizaram a planta do aeroporto meses antes, e se apressaram em sair do terminal rumo à calçada, rente à qual a mulher os aguardava com seu jipe. Mantiveram-se em silêncio durante 16 quilômetros, passando por bancas de beira de estrada onde se vendiam frutas, vegetais e roupas. La Paz fora construída em meio a um cânion, com casas e apartamentos erguendo-se lado a lado pelas colinas escarpadas. Lojas e cafés feitos de estuque sucediam-se por ruas estreitas e apinhadas de gente. A distância, amortecido pelo cansaço, González vislumbrava os majestosos cumes cobertos de neve do Illimani, a cordilheira mais alta dos Andes. Seguiam na direção norte para o centro da cidade, rumo ao elegante e arborizado distrito de Prado, e dali até o Hotel Copacabana.

Lá, outros amigos acolheram González, e o seguiram escada acima após ele ter feito o check-in para uma suíte no terceiro andar. Durante horas, discutiram seus planos e maravilharam-se com a sua boa aparência, até um exausto González pedir licença e retirar-se para seu quarto privado.

Encontrava-se num belo hotel no coração urbano da Bolívia, mas não pretendia permanecer ali. Descansaria naquela noite e partiria para a fazenda assim que amanhecesse. A viagem duraria dois dias, margeando-se uma selva montanhosa. A maioria das estradas não era pavimentada.

Amainou-se o barulho no quarto vizinho. Mas González estava muito cansado para dormir. Chegou a cogitar partir imediatamente. Andou pelo quarto por alguns instantes para se acalmar, e em seguida entreabriu as pesadas cortinas brancas da sacada. O Illimani preencheu sua vista e desfilou no horizonte, numa parada de glória coberta de neve. Ele acendeu um cigarro e espiou a obscura paisagem, então apanhou na mala a sua câmera, uma Minolta velha de guerra. González levava sua câmera para toda parte, tirando fotos qual um turista empolgado. Olhou ao redor do quarto, memorizando detalhes. Estava acostumado com os mais finos hotéis e os mais esplêndidos restaurantes. Aquela seria provavelmente a última de tais indulgências, disse a si mesmo.

Valeria a pena. Essa missão era vital para o seu grande plano. Ali, ele pretendia dar início a "dois, três, muitos Vietnãs" na América Latina, pondo os mandachuvas capitalistas dos EUA, finalmente, de joelhos.

González sentou-se numa cadeira perto da janela. Na porta do guarda-roupa à sua frente havia um grande espelho. Ele contemplou o próprio reflexo, surpreso com a sua transformação em um viajante de negócios de classe média. Talvez quisesse documentar o início de sua grande aventura. Seja por qual razão, González apoiou a câmera no colo, fez pose diante do espelho e bateu o seu retrato.

Retirou o terno e voltou a si. Chegara o momento, sabia ele, de uma revolução na Bolívia.

1

A emboscada

O capitão Augusto Silva Bogado sentiu uma gota de suor escorrer do colarinho pela espinha dorsal. O sol da manhã expulsava as sombras para fora do vale escarpado, refletindo-se no rio e transformando a selva numa sauna a vapor. Os homens de Bogado percorriam as margens abaixo, enquanto ele e os companheiros de patentes mais altas permaneciam entre as árvores na encosta.

Silva e seus homens faziam parte da 4ª Divisão do Exército boliviano, baseada na cidade petrolífera de Camiri. Os homens lá embaixo, 35 recrutas sob o seu comando, procuravam estrangeiros suspeitos, homens com armas e dinheiro. Estavam seguindo uma pista descoberta pelo próprio capitão. Provavelmente não era nada, pensou Silva. Os encrenqueiros costumavam ficar mais ao norte, próximos às minas de estanho e cobre. Não havia muita coisa de interesse para estrangeiros ali embaixo, nesse matagal do sudeste.

Mas ninguém pode se permitir ignorar rumores várias vezes repetidos, nos mais diversos locais. Ele tinha que estar preparado.

Os homens espalharam-se pelo vale. Lenta e cuidadosamente, os soldados andavam em fila estreita ao longo do rio Nancahuazu. Lutavam contra a espessa vegetação que forrava o solo do vale, e abraçavam seus rifles Mauser enquanto andavam, chafurdando frequentemente na água e praguejando. Silva achou que pareciam mais andarilhos relutantes que soldados. Foram treinados para a guerra, mas nenhum deles havia sequer sentido cheiro de pólvora.

A maior parte dos homens de Silva era composta de camponeses — índios pobres e majoritariamente analfabetos cumprindo seu ano de serviço militar obrigatório. Sua função era servir, e eles estavam resignados com isso. Alguns pareciam até gostar da vida no Exército; e por que não? Não havia guerra. A comida, o abrigo e o salário na caserna costumavam ser mais abundantes do que o que obtinham em casa, e eles ainda recebiam treinamento técnico que poderiam aproveitar quando deixassem o serviço militar. Para os soldados, aquela era uma missão rotineira de reconhecimento de terreno nos remotos ermos bolivianos. O único perigo real era um ou outro produtor de cocaína escondido no meio do mato, além de alguma cobra ou aranha venenosas.

Desde sua posição perto do front, Silva fazia a varredura visual dos declives rochosos. Até aquele momento, não vira nada. A coisa vinha assim fazia dias. E ele seguia em frente.

Silva reviu mentalmente o relatório que entregara:

Dia 9 de março de 1967. Deixado por uma patrulha do Exército próximo à propriedade de Segundino Parada, perto da vila de Tatarenda.

Missão: determinar se haveria fornos, água e lenha suficientes no terreno para transformar as pedras do lugar em óxido de cálcio, um potencial explosivo.

Depois de examinar a propriedade, Silva estava pronto para voltar a Camiri. Havia poucos veículos do Exército na área, e o soldado, então, arranjou uma carona na carroceria de um caminhão do Depósito de Óleo do Estado da Bolívia. Durante o trajeto, trabalhadores petroleiros contaram sobre os estranhos homens com sotaques estrangeiros perambulando pela área, "homens grandes e barbudos carregando mochilas e muito dinheiro", "de 40 a 50 milhões de pesos".

Silva ainda sorria com a lembrança.

Aquilo parecia altamente improvável. Poucos homens na Bolívia rural andavam com aquele dinheiro. Quando Silva relatou os rumores aos seus comandantes, um piloto foi mandado para um reconhecimento aéreo do local. Quatro homens foram mobilizados ao longo do rio Grande,* e Silva e seus homens, mandados para cá em busca de novas informações. No caminho, eles souberam que, em Tatarenda, dois homens trajando calças e jaquetas verde-oliva haviam comprado e cozido dois porcos, além de terem levado para a selva comida enlatada e cigarros. Nas redondezas da vila de Lagunillas, a polícia prendera "dois sujeitos com pinta de paramilitares" tentando vender armas. Não era um bom sinal.

Silva balançou a cabeça. Quem eram aqueles homens? O que estavam fazendo?

O Exército julgou a informação importante o bastante para mandar outra unidade em auxílio a Silva. Depois que as duas unidades juntaram forças, elas marcharam até uma fazenda isolada com telhado de estanho. Lá, encontraram comida, cobertores e as chaves de um jipe estacionado do lado de fora. Um resto de fogo ainda ardia na cozinha. Se os homens de calças verde-oliva ali estiveram, eles saíram às pressas.

As trilhas sujas ao redor da casa estavam desgastadas — sinal de que houvera ali uma intensa atividade organizada.

Silva tinha de encontrar aqueles homens. Era provável que fossem traficantes de drogas, e o Exército precisava detê-los. Antes, porém, Silva solicitou mais reforços, para o caso de o uso de força letal se fazer necessário.

Os novos homens chegaram com o major Hernán Plata, o que trazia vantagens e desvantagens, visto que Plata tinha pouca experiência em campo. Os dois organizaram a patrulha matinal ao longo do Nancahuazu, com Silva assumindo o pelotão da frente e os homens de Plata vindo cerca de 40 metros atrás. Um terceiro grupo bem armado, conduzido pelo tenente Lucio Loayza, ocupou a retaguarda com morteiros de 60 mm e uma metralhadora calibre .30.

O plano era avançar pelas duas margens do Nancahuazu. Caso encontrassem os estrangeiros ou se metessem em encrenca, deveriam solicitar suporte aéreo.

Em 23 de março, eles partiram ao amanhecer. Silva mal havia atualizado seu relatório mental quando um dos soldados o chamou à frente.

"Pegadas", avisou-lhe o homem. "Vão dar na trilha que atravessa o cânion."

---

* Também conhecido como Guapay, este rio, que pertence à bacia do Amazonas, nasce na cordilheira de Cochabamba, com coordenadas de 17° 26' 11" S e 65° 52' 22" O. (*N. do T.*)

Silva foi até a margem onde estava o soldado. Na lama, ele pôde perceber as marcas quadriculadas das botas indo em direção à trilha que conduzia mais para dentro do cânion.

— Bom trabalho — disse Silva.

Sinalizando para o batedor à frente, ele ordenou que prosseguissem.

A trilha serpenteou cada vez mais para dentro do vale em forma de V. Os pedregulhos e o mato adensaram-se à medida que as paredes tornavam-se mais íngremes de ambos os lados. Silva e seus homens andaram pelo mato ao redor da margem por alguns minutos, antes que o sinuoso leito do rio se estreitasse num fino arroio. Pedregulhos salpicavam as margens. Um pequeno trecho de floresta surgia ali onde o rio, mais uma vez, fazia a curva e sumia de vista. O vale achava-se estranhamente silencioso.

Silva olhou de relance para seus homens rio acima. O tenente Ruben Amézaga e Epifanio Vargas, o civil que atuava como guia, estavam na água, refrescando-se na fraca correnteza.

Alguém gritou. A voz de um homem num sotaque estrangeiro:

— *Viva la liberación nacional!*

O estampido de um tiro ecoou no alto da serrania. Um segundo depois, o vale explodiu em confusão. Uma saraivada de disparos de arma de fogo tornou impossível ouvir qualquer coisa. Projéteis riscavam o mato. Lascas de madeira e lama voavam e perfumavam o ambiente. Os homens de Silva gritavam e berravam, chocando-se uns contra os outros em busca de proteção.

O tenente Amézaga abandonou sua posição exposta no rio, disparando sua arma na direção da floresta. Vários projéteis estraçalharam-se contra ele, e o jovem oficial caiu de ponta-cabeça na água. Vargas afastou-se das balas, mas ele, também, desapareceu nas águas escuras do rio

Silva sabia que estava com problemas. Ele e seus homens situavam-se bem no meio das encostas, com o inimigo acima deles. Haviam sido encurralados na zona da morte. Não podiam se mover para a frente — o fogo era muito intenso. Atrás deles, os homens de Plata também se achavam cercados. As balas revolviam a trilha. Estavam presos.

Silva tentou devolver os tiros, mas era impossível realizar um disparo certeiro contra os atiradores escondidos por entre as rochas. Ele podia ouvir os gritos dos homens feridos. Muitos jaziam pela margem, com poças de sangue ao seu redor. Lançando um olhar para a trilha que acabara de percorrer, Silva avistou outro de seus homens cambalear até o chão.

Acima dos tiros, ele podia ouvir a voz estrangeira ordenando-lhe que se rendesse. O sotaque não era boliviano, pensou. Cubano, talvez? O irmão de Silva estudava em Cuba. Ele conhecia o sotaque.

Na ausência de resposta, novos disparos dos guerrilheiros espocaram à frente e atrás. Não havia como escapar da linha de tiro. Silva gritou a seus homens para que cessassem fogo. Olhou para o relógio. Seis minutos após o primeiro disparo, o tiroteio terminara.

Olhando para trás, Silva viu os homens de Plata largando as armas. Mas a retaguarda não se entregou. Carregados com armamento pesado, os oito soldados haviam permanecido na posição durante o tiroteio. Agora eles batiam em retirada pela beira do rio. Silva pôde ouvi-los chorando freneticamente através da selva. Talvez retornassem ao quartel-general da 4ª Divisão, em Camiri. Os comandantes enviariam reforços, torcia Silva.

Mas, por enquanto, ele precisava sobreviver. No alto da montanha, Silva viu guerrilheiros emergindo da mata densa. Havia apenas um punhado deles, vestidos em trajes verde-oliva. Sete soldados bolivianos foram mortos. Outros quatro estavam feridos. E mais catorze se rendiam.

Silva pôde notar que um homem baixo e barbudo estava no comando. Os guerrilheiros chamavam-no de "Inti". Usava uma boina verde sobre os cabelos pretos, e berrava ordens aos homens de Silva feito um instrutor de recrutas.

— Movam os mortos para a margem! — gritou, e os novos prisioneiros apressaram-se a obedecer.

Os guerrilheiros desciam pelo vale, arrebanhando mais e mais soldados pelo caminho. O major Plata surgiu de detrás de uma moita, chorando como um bebê. Os soldados olharam com desdém para o oficial. Quando o tenente Loayza e seus homens chegaram com as mãos erguidas sobre as cabeças, Silva pensou que também fosse chorar — não sobrara ninguém para fugir ou solicitar ajuda pelo rádio.

O corpo de Vargas, o guia da companhia de óleo, foi o último a ser retirado da água. Um dos guerrilheiros deu-lhe um chute nas costas.

— É assim que morrem os dedos-duros — disse.

Sob a mira das armas, Silva e seus homens carregaram os feridos pelo mato até o acampamento dos guerrilheiros. Plata seguia Inti de perto, balbuciando sobre seus planos de se aposentar do Exército dali a poucos meses. Ofereceu mostrar seus papéis a Inti, detalhes da inteligência e planos de batalha, se os guerrilheiros o deixassem ir.

— Em breve deveremos sinalizar nossa posição — disse ele. — Se eles não a receberem, os aviões virão.

Um dos guerrilheiros apanhou os papéis de Plata e desapareceu com eles através da encosta.

Inti chamou Plata de lado, mas os soldados ainda puderam ouvi-lo choramingando e tagarelando. Ele entregou a missão do Exército, sua posição e seus planos.

Os guerrilheiros reuniram Silva e seus homens num círculo, e lhes ofereceram cantis de água. Eles agacharam-se e sorveram a água em goles de gratidão.

Um dos recrutas devolveu a garrafa para o seu dono, pedindo-lhe:

— Por favor, mate aquele covarde do Plata. Ele não é um de nós. É um déspota. Ele nos pune sem clemência se quebramos a mais insignificante regra, mas olhe para ele agora.

— É um covarde! — exclamou outro dos homens de Plata, cuspindo no chão.

Silva só balançou a cabeça e manteve os olhos baixos. Plata o envergonhava, mas ele sabia que o comandante tentava salvar a própria vida. Não tinham como lutar para fugir, e só Deus sabia o que aqueles homens haviam planejado para si.

Silva ouvia seu comandante "cantar como um canário" e concebeu um plano por si mesmo. Se fingisse simpatia pela causa dos guerrilheiros, talvez eles não o executassem, nem a seus homens.

Quando chegou a sua vez de falar com Inti, Silva fez alusão a laços comunistas:

— Entrei no Exército por solicitação do Partido. Meu irmão está estudando em Cuba.

Silva contou ao estrangeiro sobre a vida no Exército boliviano, sobre o quão difícil era combater quando os recursos eram escassos, a comida, péssima, e nenhum superior queria ser incomodado. Pouco depois, ele repassou os nomes de dois oficiais, que, segundo imaginava, poderiam colaborar com a revolução.

Inti escutou Silva calmamente e ordenou que os guerrilheiros cuidassem dos feridos. Enquanto atavam os ferimentos, os guerrilheiros falavam sobre a causa, sobre como a sua luta era por justiça e pelo povo, e como os camponeses bolivianos vinham sendo explorados pelo governo e pelas forças armadas. O povo boliviano merecia uma vida melhor, diziam. E concluíam oferecendo aos soldados bolivianos um posto em suas fileiras.

Os homens ouviam o discurso em silêncio.

— Eu não sei por que me mandaram lutar! — exclamou um dos feridos.

— Não tivemos escolha. Nossos pais não tiveram escolha. Fazemos o que nos mandam fazer — disse-lhes outro recruta.

Estavam em modo de sobrevivência. Ninguém queria morrer.

Veio a noite, mas ninguém dormiu. Silva não sabia o que poderia acontecer. Ele avaliou suas opções e preparou-se para morrer. Quando? Não sabia. Pensou na família, na mulher e nos filhos. Precisava encontrar uma saída. Mas não havia como fugir do acampamento. Eles tinham muitos homens e muitas armas. Aquilo não era um bando de ladrões de galinha. Eram combatentes bem armados e treinados.

Ao raiar do dia, Inti dirigiu-se aos prisioneiros. O coração de Silva acelerou. *Chegou a hora?*, pensou. Mas Inti surpreendeu a todos ao dizer:

— Todos os prisioneiros estão livres. Não matamos inimigos desarmados. Nós os tratamos com dignidade e respeito. Vocês têm até o meio-dia do dia 27 de março para recolher seus mortos.

Um dos combatentes trouxe duas grandes sacolas até a clareira e ali despejou uma variedade de camisas esfarrapadas, calças e outras peças de vestuário. Ordenou-se aos soldados que se despissem e trocassem os seus uniformes por roupas civis. Apenas Silva e Plata foram autorizados a permanecer com o traje militar. Antes que os prisioneiros partissem por entre as árvores, um dos guerrilheiros virou-se para eles, convidando-os a se juntarem ao movimento de libertação do país.

Contudo, os homens viam-se a um passo da liberdade. Nenhum deles ficou para integrar a guerrilha.

Os andrajosos soldados esperaram até que amainassem todos os ruídos dos guerrilheiros para deixar o acampamento. Tinham sorte de escapar com vida, mas o pior ainda estava por vir, pensou Silva. Ele e Plata teriam de contar aos comandantes que haviam caído numa emboscada, que mais de trinta soldados foram capturados, sete estavam mortos, e outros sete, feridos. Seus morteiros e a grande metralhadora .30 estavam perdidos, junto com mais de uma dúzia de rifles Mauser, três submetralhadoras Uzi e milhares de cartuchos de munição. Os soldados haviam sido despojados de seus rádios, suas botas e das próprias roupas do corpo.

No fim daquela tarde, o miserável grupo arrastou-se até o quartel-general da 4ª Divisão, em Camiri. Já naquele momento, Silva e Plata haviam chegado ao acordo de que não poderiam contar aos seus superiores que menos de dez guerrilheiros tinham causado estrago tão vergonhoso. Em vez disso, falaram de um ataque organizado, conduzido por dezenas de paramilitares, homens disciplinados e fortemente armados. Disseram aos seus comandantes que a guerrilha, liderada por estrangeiros, dispunha de, no mínimo, quinhentos soldados na região do Nancahuazu.

2

El presidente

O presidente boliviano, general René Barrientos Ortuño, releu as últimas páginas do relatório pós-incidente e bateu com a pasta na mesa. O relatório havia escalado a hierarquia, passando de mesa em mesa até, finalmente, pousar na frente de Barrientos.

Em algum ponto do trajeto a história vazou, e os jornais e as rádios enlouqueceram em conjecturas.

Aos 47 anos, Barrientos já era um experiente e ardiloso soldado e político, um general do Exército que alcançara o cargo mais alto de seu país por meio de um golpe militar. Seu governo era frágil, e a economia e a alma do país, abaladas por quase um século de má liderança, golpes militares e guerras perdidas. Guerrilheiros estrangeiros eram a última coisa de que ele precisava. O relatório indicava que os rebeldes pareciam ser cubanos. Estaria o ditador cubano Fidel Castro envolvido? Se sim, por que ele se meteria na Bolívia? Che Guevara? Mas Che Guevara desaparecera dois anos antes, e devia estar morto numa vala qualquer, pensou o presidente. Ele balançou a cabeça com ceticismo. Não fazia sentido. Nada naquele imbróglio fazia sentido.

Na Bolívia, a violência normalmente surgia depois de claros alertas, e os ataques quase nunca provinham de fora das fronteiras nacionais. Demonstrações contra o governo não eram incomuns — os estudantes marchavam nas cidades e os poderosos sindicatos de trabalhadores, nas minas do interior.

Aquilo era algo novo.

A emboscada ocorreu no lado errado do país, no remoto vale do rio Nancahuazu. Não havia simplesmente nada ali além de cactos e alguns velhos índios, pensou o presidente, camponeses analfabetos sobrevivendo das encostas cobertas de mata. Era um páramo inóspito e infestado de mosquitos.

Barrientos sabia que o seu Exército não estava preparado para enfrentar um levante, especialmente se revolucionários profissionais, armas e dinheiro estrangeiros estivessem envolvidos.

Os bolivianos eram bons soldados, disse para si mesmo, mas a história provava que não eram muito bons em fazer guerra. Cem anos antes, uma disputa com o Chile por depósitos de estrume de pássaros e morcegos, ricos em mineral, custou à Bolívia o seu litoral inteiro. Trinta anos depois, Bolívia e Paraguai sacrificaram uma geração de jovens na "Guerra do Chaco", uma luta pelo acesso ao rio Paraguai. Foi a mais sangrenta guerra de um sangrento século na América do Sul, que devastou a economia boliviana, mas abriu caminho para a mudança política. A "geração Chaco", de veteranos galvanizados pela guerra, retornou a uma terra onde os brancos escolarizados — apenas 5% de uma população boliviana de 4 milhões — detinham a maior parte do poder, e somente homens alfabetizados podiam votar. Em 1941, o Movimento Nacionalista Revolucionário (MNR) foi criado, atraindo mineradores, sindicalistas e agricultores, que formavam o grosso da população. Em 9 de abril de 1952, o MNR ascendeu e tomou o poder. As reformas do fundador do partido, Víctor Paz Estenssoro, incluíam o sufrágio universal, ampla reforma agrária, educação para as crianças no campo e a nacionalização das minas. Os índios integraram-se à sociedade nacional, sob a liderança do articulado general René Barrientos, de ascendência quéchua.

O país organizou-se para um período de reformas pacíficas. Desde que conquistara sua independência da Espanha, em 1825, a Bolívia sofrera mais de cem golpes de Estado. A população encontrava-se cansada de tantas guerras e instabilidade, e então o MNR decidiu assumir as rédeas das forças armadas, abolindo o Exército e fechando a academia militar. Ambos foram ressuscitados depois de seis meses, mas, uma vez que os soldados haviam ido para casa, levaram-se anos para colocar as forças em forma novamente. Paz Estenssoro fizera inimigos poderosos.

A Bolívia permaneceu relativamente tranquila até princípios de 1964, quando alguém, supostamente, tentou assassinar o general Barrientos. Os registros do ataque são repletos de segredos de capa e espada, agentes norte-americanos da CIA e lendas exuberantes. Um jornal noticiou que a vida do general fora salva porque a bala do assassino ricocheteara no broche prateado em forma de águia da força aérea norte-americana, que Barrientos trazia na lapela do uniforme. O general foi levado de avião para se tratar em um hospital militar norte-americano no Panamá — a aproximadamente 3 mil quilômetros de distância. Não aparecem testemunhas bolivianas do ataque que fossem confiáveis. Além do mais, o "caso da bala na prata" fez de Barrientos um vistoso herói nacional. No decorrer daquele ano, ele usou a oportuna fama de machão para conquistar apoio e derrubar o MNR.

Ao flexibilizar a Constituição para poder concorrer a um novo mandato, o presidente Estenssoro forneceu a Barrientos o pretexto de que ele precisava. Estenssoro foi reeleito com 70% dos votos, mas o general Barrientos e o que restou do alto-comando boliviano estavam fartos do que percebiam ser um regime antimilitar. Assim, eles arranjaram uma "revolução restauradora", um novo golpe militar. Paz Estenssoro fugiu da Bolívia. Barrientos e um outro comandante do Exército governaram o país nos dois anos subsequentes, e, em 1966, Barrientos deixou o Exército para concorrer à presidência.

Também era um reformador, dizia, nascido nas províncias, fluente tanto no quéchua nativo quanto no espanhol. Era um *self-made man*, um piloto, um líder nato, casado dentro da classe dominante. A Bolívia elegeu-o presidente por maioria esmagadora de votos.

Desde então, o general que se tornou presidente manteve-se atento à oposição, mas, apesar de todas as medidas de segurança, de algum modo ele deixou passar aquela ameaça.

E as notícias atuais eram ainda mais alarmantes.

No dia seguinte à emboscada, a polícia descobriu importantes documentos em um jipe estacionado numa rua deserta em Camiri — 250 quilômetros a sudeste de Santa Cruz. Camiri era uma importante cidade, parada obrigatória entre Santa Cruz e as fronteiras com a Argentina e o Paraguai. Carros estacionados não eram incomuns, mas esse jipe — com placa de La Paz — não se movia havia semanas. Quando a polícia vasculhou o veículo empoeirado, encontrou papéis detalhando operações de guerrilha num acampamento secreto no Nancahuazu. Em quatro cadernos, uma mulher chamada Tania listara toda uma rede boliviana de contatos urbanos, aliados comunistas fora da Bolívia e diversas contas bancárias.

Barrientos planejou rastrear aqueles endereços e prender os criminosos. "Eles vão pagar por sua desleal traição", prometeu.

As evidências apontavam para Che Guevara. Uma semana antes da emboscada, a polícia prendera dois homens bolivianos tentando vender rifles em Camiri. Os homens disseram ter estado num acampamento rebelde durante uma ou duas semanas, mas ficaram desiludidos com as duras condições e desertaram. Quando postos frente a frente com interrogadores no quartel-general da 4ª Divisão, eles revelaram novas informações: os guerrilheiros haviam feito um acampamento numa fazenda em Nancahuazu. Barrientos leu transcrições do interrogatório:

P: Diga-nos quem se achava no comando dos guerrilheiros com quem vocês estiveram.

R: O principal líder da guerrilha, o chefe, é Che Guevara, a quem eu não tive chance de conhecer pessoalmente porque ele estava explorando o terreno à frente de 25 homens.

Os outros falaram a mesma coisa.

Ainda assim, os investigadores disseram duvidar que Che estivesse em Nancahuazu, mas a perspectiva era inquietante. Poucas semanas antes, um jornalista fizera ao presidente uma pergunta de rotina sobre Che e a revolução. "Não acredito em fantasmas", respondeu na ocasião o presidente. "Estou convencido de que Che Guevara está pelo mundo, junto com Camilo Cienfuegos e outros mártires do regime de Castro."

Mas os papéis achados no jipe eram claros: era quase certo que Che estivesse vivo e, possivelmente, operando na Bolívia. Se ele de fato estava por lá, devia contar com centenas de combatentes. Quantos desses eram cubanos? Che nunca viajava sem seus guarda-costas cubanos de confiança. Os sobreviventes da emboscada diziam que seus captores eram cubanos, e um líder guerrilheiro havia pregado a eles sobre a glória da revolução. Aquilo era puro Che, pensou Barrientos.

Enquanto a nação se esforçava para dar sentido à emboscada, Barrientos assumiu a ofensiva. Ele monopolizou os meios de comunicação, prometendo a uma nação ansiosa que iria esmagar os rebeldes e seus apoiadores. Com os jornais e as rádios noticiando tudo o que podiam sobre a emboscada, Barrientos proferiu um discurso de governo cuidadosamente elaborado — numa escrita algo criativa que embelezava os fatos para salvar as aparências, e apelava ao orgulho nacional boliviano para unir o país. Aqueles assassinos estrangeiros ameaçavam a própria soberania nacional, disse o presidente.

> *Este ato insensível e ultrajante... é ainda mais grave porque trouxe dor e luto às famílias dos soldados, trabalhadores e camponeses.*
>
> *O oportuno relato dos sobreviventes permitiu uma rápida reação das tropas da 4ª Divisão do Exército, respaldadas por aviões da força aérea, que dispersaram os agressores, causando baixas e fazendo prisioneiros. Na fuga, eles abandonaram malas contendo roupas, peças de equipamento, panfletos com táticas de guerrilha e propaganda comunista de Castro, de origem cubana, além de um gravador, um rádio portátil de alta frequência e um jipe.*
>
> *Prisioneiros, moradores locais e soldados sobreviventes relataram o envolvimento de um grande grupo de pessoas de diferentes nacionalidades, incluindo comunistas cubanos, peruanos, chineses, argentinos, europeus e também bolivianos.*

O discurso terminava com um alerta: "O Exército autoriza a drástica e imediata erradicação desses insurgentes." Os cidadãos eram orientados a relatar quaisquer movimentos suspeitos. A bravata deu a Barrientos o tempo que ele precisava para calcular o seu próximo movimento.

Não havia menção a Che Guevara.

3

O jantar

O capitão do Exército boliviano Gary Prado Salmón era um homem meticuloso.

Ele vestiu a sua áspera calça cáqui e colocou o polido cinto preto, abotoou a camisa branca e puxou os cadarços do sapato para ver se estavam bem amarrados. Sua pele amendoada estava impecavelmente barbeada, e o bigode negro, bem aparado. Tudo estava perfeito. Tinha que estar.

Prado fora chamado para jantar na casa do seu vizinho, e era esperada a chegada de um convidado ilustre — o presidente Barrientos.

A família de Prado conhecia bem a primeira-família boliviana — eram *parientes*. Rosário, a mulher do capitão Prado, crescera com a garota que, mais tarde, casou-se com o general Barrientos, e as duas eram ainda como irmãs. A mãe de Rosário era casada com o sogro de Barrientos. Era assim na Bolívia. A classe dirigente era bem pequena — duzentas famílias, talvez —, e todos eram de algum modo relacionados. A elite controlava tudo: as forças armadas, o governo, as minas e a imprensa. Eles mantinham-se dentro do próprio círculo social e decidiam pelas massas.

O vizinho de Prado, anfitrião da noite, era o governador de Santa Cruz, coronel Félix Moreno Ortiz, um homem que adorava oferecer jantares. Quando soube que o presidente viria a Santa Cruz, ele convidou Barrientos para jantar. Nada muito luxuoso. Tratava-se apenas de uma reunião informal entre casais, incluindo Prado e sua mulher. Ortiz comentou que o presidente estava ansioso para relaxar com velhos amigos depois de uma semana difícil.

Prado compreendia. Era um período estressante para todos nas forças armadas.

Ele não conseguia parar de pensar na emboscada. Lera o relatório e conhecia alguns dos soldados envolvidos. Havia treinado alguns deles, incluindo o tenente Amézaga, uma das primeiras baixas. Prado era instrutor da academia militar — e dos bons, segundo os seus homens. Agora, ele fazia parte da unidade de cavalaria da 8ª Divisão e ajudara a transformar Amézaga e outros recrutas inexperientes em oficiais. Prado era um sujeito seco, de fala mansa, mas que exigia respeito. Especialista em táticas militares, ele liderava pelo exemplo, mostrando meticulosamente aos soldados como atirar e manobrar, habilidades que aprendera com o pai, Julio Prado, um extraordinário oficial de cavalaria.

Prado fazia todo o possível para deixar seu pai orgulhoso. O mais velho de três filhos, ele foi o único a entrar para o Exército. O pai de Prado tinha sido oficial durante a Guerra do Chaco, subindo de segundo tenente a capitão. Mais tarde, Julio Prado estaria entre as três dezenas de oficiais bolivianos selecionados para treinar na Europa. Ele partiu para Roma em 1938, e foi lá que o seu primeiro filho nasceu. Quando a Segunda Guerra Mundial teve início, em setembro de 1939, Julio Prado retornou à Bolívia, onde se tornou comandante de duas divisões: adido militar na Inglaterra e ministro da Defesa da Bolívia. Aposentou-se como general de Exército,* o posto mais alto das forças armadas.

Quando criança, Prado observava seu pai treinar os cadetes na academia militar. Ainda adolescente, ele entrou para o Exército e, assim como o seu pai, foi designado para a cavalaria. Ele pretendia conversar com Barrientos em algum momento da noite, para oferecer seu serviço como oficial no campo. Se havia uma força rebelde na Bolívia, Prado não gostaria de ficar preso atrás de uma mesa. Queria vingar a morte do seu aluno, pensou, e, em última instância, a honra do país.

---

* *Major general*, no original. Não há, no Exército brasileiro, equivalente a essa patente das forças armadas norte-americanas. Mas, como o autor afirma ser aquele o posto mais elevado, optou-se por "general de Exército", que, no Brasil, representa o auge da hierarquia militar, uma vez que a patente de marechal foi extinta na década de 1960. (*N. do T.*)

Prado notou que Rosário entrara no quarto, e sentiu seus braços envolvendo-o por trás.

— Você está tão bonito — disse ela suavemente.

Prado sorriu, constrangido. Não lidava bem com elogios.

— *Te amo, querida* — disse ele.

— *Te amo, mi alma* — Rosário sussurrou de volta.

Rosário era uma mulher linda e miúda, de olhos castanhos e sorriso atraente. Usava um vestido colorido de algodão que marcava o seu corpo esbelto.

— É bom irmos logo — sugeriu ela ao marido.

Ele pegou sua mão. Era uma noite bonita e estrelada, e a vizinhança estava cheia de música.

Santa Cruz era uma cidade de classe operária, lar de trabalhadores das fábricas e camponeses recém-chegados das montanhas. A riqueza local deslocara-se para a periferia, e a classe dominante achava-se isolada do arenoso centro da cidade por antigas árvores e muros de pedra talhada. Esta era uma das ruas prósperas, com fileiras de casas bem pintadas, elegantes sacadas de madeira, telhados vermelhos e jardins com portões de ferro forjado.

Os Prado atravessaram o portão dos vizinhos, e um empregado abriu a porta da frente antes mesmo que o capitão pudesse bater. Risadas chegaram até eles de dentro da residência, junto com um aroma de galinha assada de dar água na boca. Os ladrilhos do assoalho brilhavam quase tanto quanto o lustre da sala de estar.

Prado logo avistou o presidente conversando com Ortiz e vários outros convidados. O casal aproximou-se para prestar as honras. Prado se conteve. Queria falar sobre a emboscada e perguntar a Barrientos como ele planejava enfrentar o movimento guerrilheiro. Mas aquele não era o momento. Não ainda.

Barrientos tinha o dom de fazer todo mundo num ambiente cheio se sentir especial. O general era um homem bonito, alto, de compleição bronzeada, cabelos negros penteados para trás e um vigoroso aperto de mão. Era um político carismático e talentoso, mas irascível e, às vezes, brutal. O público — para quem Barrientos era um intrépido piloto, pulando nos helicópteros do Exército e voando de vilarejo em vilarejo, proferindo discursos apaixonados sobre reforma agrária, lei, ordem e os males do comunismo — raramente via esse lado.

Ele não ficava só nas palavras. Trabalhou durante meses para cumprir as promessas de campanha. Agora, toda a sua atenção estava voltada para os guerrilheiros.

Os anfitriões levaram os convidados para o local do jantar. A cozinheira de Ortiz havia feito *picante de pollo* — galinha num molho apimentado com arroz e batatas. Enquanto distribuíam-se os pratos, um dos convidados abordou o tema que todos esperavam discutir: a emboscada. Cansado que estava do assunto, Barrientos tinha consciência de que ele surgiria, em algum momento. Era a conversa do dia na Bolívia, em todos os meios de comunicação — toda rádio interrompia sua transmissão quando notícias atualizadas chegavam. Naquela manhã, um jornal noticiara que o próprio presidente havia conduzido um helicóptero do Exército para as montanhas, a fim de conferir em primeira mão a ofensiva do governo contra os guerrilheiros. Barrientos disse aos repórteres que suas unidades de combate "possuíam recursos adequados" para lidar com uma estimativa de quatrocentos a quinhentos guerrilheiros, que vinham recebendo "ajuda estrangeira há mais de um ano".

Barrientos pôs a melhor fachada na calamitosa situação. Ele queria aplacar os temores de que a violência explodisse pelas cidades e pelos vilarejos. Foi então que um dos convidados entornou de vez o caldo: Che Guevara participara do plano da emboscada, aconselhando os guerrilheiros. Talvez estivesse até escondido em algum lugar da Bolívia. O convidado havia escutado no rádio, segundo contou.

Che era temido e adorado na Bolívia, com o mesmo grau de intensidade. Che Guevara era um herói romântico, um médico argentino que abandonara a vida de classe média e a profissão para ajudar Fidel Castro a derrubar o ditador cubano Fulgencio Batista. Quando Batista fugiu de Cuba em 1º de janeiro de 1959, muita gente na Bolívia e em toda a América Latina expressou alegria e solidariedade para com os guerrilheiros. Cuba recordava-lhes as lutas por independência de seus próprios países, quando camponeses de todo o continente pegaram em armas para derrubar o governo espanhol.

A Revolução Cubana traduzia bem as lutas modernas da região. Cuba não era o único país onde um ditador cruel transformara a pátria em um feudo, explorando seu povo e seus recursos naturais. Se um pequeno grupo de revolucionários podia derrubar um ditador estabelecido em Cuba, pensavam as pessoas daqueles lugares, por que não em seu próprio país?

Castro era o líder da Revolução Cubana, mas Che era o seu ícone — e sua mensagem repercutia entre insurgentes lutando contra injustiças no mundo inteiro. Com longos cabelos e barba desalinhada, uniforme verde e boina, ele pregava uma simples mensagem: o dever do revolucionário era fazer mais revolução. E o objetivo último de toda luta armada era derrubar os governos corruptos que exploravam o povo.

Por baixo da bela retórica, Che era tão brutal quanto qualquer ditador do Terceiro Mundo. Depois que Castro assumiu o poder em Cuba, Che se tornou o homem encarregado de executar os prisioneiros políticos. Ele trabalhava com eficiência e não demonstrava nenhuma misericórdia.

Che abraçou a sua imagem revolucionária e exportou-a para o mundo todo, junto com livros ideológicos e didáticos sobre a luta armada. Se funcionara em Cuba, funcionaria em outros lugares. Ele chamava sua teoria de *foco*: um pequeno grupo de dedicados guerrilheiros, baseado num recanto rural, poderia rapidamente derrubar um governo estabelecido e libertar uma nação.

Che testemunhara o valor do apoio rural quando lutava em Cuba. Em 25 de novembro de 1956, ele e 81 guerrilheiros embarcaram num velho e instável veleiro chamado *Granma*, içando as velas por mares agitados até Cuba. Em duas semanas, eles aportaram, entraram em confronto com os inimigos e perderam quase todos os homens numa desastrada refrega com os soldados de Batista. Os sobreviventes, incluindo os irmãos Raúl e Fidel Castro, fugiram para as montanhas de Sierra Maestra, onde se reagruparam e recrutaram agricultores anti-Batista para sua causa. Levou algum tempo, mas, dali a dois anos, Castro e sua guerrilha — conhecida como Movimento 26 de Julho — derrotaram o governo Batista e tomaram o poder.

Che ocupou diversos cargos no novo governo, mas continuava a pregar a revolução para outros países em desenvolvimento, fazendo de si mesmo "um estadista revolucionário de estatura mundial".

O revolucionário proferiu seu último discurso virulento na Argélia, em 24 de fevereiro de 1965, num seminário econômico sobre a solidariedade africano-asiática. Lá, ele criticou não apenas os EUA, mas também a União Soviética, afirmando que ambos os governos exploravam o mundo em benefício próprio. Duas semanas depois, Che desapareceu.

O tempo passou. Cuba lamentava. Fidel Castro veio a público com uma carta que Che havia lhe enviado alguns meses antes. Che afirmava sua solidariedade com a Revolução Cubana, mas anunciava sua intenção de deixar Cuba para lutar pela causa revolucionária mundo afora. Renunciava a todos os seus cargos no governo e no partido e abdicava de sua cidadania cubana honorária.

Mas permaneceu no noticiário. Foi responsabilizado por levantes na África, América Latina e Ásia. O Departamento de Estado norte-americano o declarou "um perigoso inimigo das democracias", e a CIA foi encarregada de rastreá-lo. No entanto, Che havia sumido do mapa. Tornara-se um fantasma, uma assombração.

E agora ele podia estar na Bolívia, bem no quintal de Barrientos.

Os comensais terminaram as suas entradas, e Barrientos exalava a sua tradicional confiança. Contou aos convidados que pressionava insistentemente os EUA a fornecerem mais ajuda militar, e que estava tendo uma resposta positiva. "Por que eles não nos ajudariam?", perguntou Barrientos. Veja o que ocorreu no imbróglio. A Bolívia precisava de armas para manter esses guerrilheiros comunistas a distância. Com mais armas, o nosso Exército vai esmagar aqueles desgraçados, gabou-se. Era só uma questão de tempo.

Os convidados balançavam a cabeça em sinal de grave concordância, mas Prado achava-se exasperado, corroído pela dúvida. Ele apoiava Barrientos, mas sabia também que seria preciso mais do que armas — e bravatas — para derrotar os guerrilheiros, especialmente se Che estivesse no comando. As forças armadas bolivianas estariam fadadas ao fracasso a não ser que adotassem novas táticas para combater os rebeldes. Seria desrespeitoso discordar publicamente da avaliação otimista do presidente. Aquele era um jantar festivo, não um debate, e seu pai o havia ensinado a respeitar a autoridade. Mas havia muita coisa em jogo. Prado enfrentara seis meses de extenso treinamento em contrarrevolução na base norte-americana no Panamá. Confirmara-se o que ele já sabia: que seus comandantes estavam vivendo no passado. Eles ainda adotavam táticas utilizadas na Segunda Guerra Mundial — na qual tinham uma linha de frente e uma retaguarda. Aquilo servia numa guerra convencional, mas seus comandantes não compreendiam que, em uma guerra de guerrilha, era necessário mover-se rápido — e de maneira agressiva — para desentocar o inimigo. Ele tinha que fazer Barrientos entender que os velhos hábitos militares já não funcionariam. Prado pensou nos soldados mortos na emboscada. Se nada fosse feito, outros morreriam.

— Não, sr. presidente, eu não acho que mais armas resolverão o problema. Estamos agindo errado — declarou Prado, pousando as mãos em cada lado do seu prato.

Um silêncio pairou sobre a sala. Ninguém falava com o presidente daquela maneira. Nem mesmo o filho de um dos mais respeitados generais da Bolívia. Mas Barrientos admirou a sua coragem — a sua macheza — e deixou que Prado continuasse.

— Por que diz isso, capitão? — Barrientos quis saber.

Prado explicou que táticas convencionais não funcionariam contra a guerrilha.

— Temos que isolar a área e treinar tropas para caçar os insurgentes. Eles estão sempre se escondendo, sempre em movimento. Logo, você precisa encontrá-los, fixá-los no lugar e destruí-los na ordem certa. — Prado sentiu a paixão se apossando de sua voz. — No momento, tudo o que fazemos é enviar tropas não treinadas para serem colhidas por assassinos disciplinados. Nossos oficiais, sem treinamento nesse tipo de combate, sofrerão o mesmo.

Fez-se um silêncio desconfortável. Barrientos olhou nos olhos de Prado. Ele podia sentir a determinação do jovem oficial. *Precisamos de mais homens como esse*, Barrientos pensou.

— Você levanta questões muito boas, meu amigo. Questões muito boas. Em breve, veremos.

Barrientos tornou a dirigir a atenção para os demais convidados. Enquanto isso, Prado começou a se questionar se havia feito a coisa certa. Ele escapuliu da festa logo depois. Iria o presidente seguir o seu conselho, ou ele acabara de enterrar a sua carreira no Exército?

Dois dias depois, ele recebeu sua resposta e suas ordens.

Deveria se apresentar a um novo batalhão de Rangers que vinha sendo formado para caçar e matar guerrilheiros. Ele seria parte do experimento.

4

A missão de "Pappy"

O major Ralph "Pappy" Shelton pegou o seu velho violão Gibson azul e castanho, arranhou alguns acordes e encostou-o na parede da barraca.

Era fim de tarde no Forte Gulick, Panamá, e Shelton estava pronto para voltar para casa. Servira ao Exército por vinte anos, e, aos poucos, se preparava para deixar a ativa. *Está na hora*, pensou ele. Tinha apenas de convencer-se de fato.

Sua mulher, Margaret, queria-o em casa. Cansara-se de ser mãe solteira, arrastando cinco crianças até as aulas na Liga Júnior de Artes e Jogos, e frequentando o conselho de classe. Ela cumpria uma dupla jornada, e ele sabia disso. Shelton já era um soldado quando se casaram, e durante um bom tempo ela lidou muito bem com aquilo. Mas, com o passar dos anos e as crianças crescendo, a coisa foi ficando mais difícil. Quando chegaram ordens de uma mudança para o Panamá, Margaret e a família transferiram-se com ele, como sempre faziam. Mas o Panamá não se entendia com Margaret. Ela não conseguia adaptar-se ao estilo insular de vida na base. Após ter se esforçado ao máximo, a família fez as malas e voltou para o Tennessee. Ali, Margaret esperava por Shelton, ansiosa por uma vida segura, estável e civilizada.

Shelton prometera-lhe deixar o Exército ao fim daquele turno, e sempre cumpria a palavra. Mas, internamente, ele se debatia. A despeito de todos os problemas — e havia sempre diversos sapos a engolir na rotina militar —, Shelton amava a vida no Exército. Não tinha problema algum em viver na caserna. Gostava da camaradagem e era adorado por seus homens. A sua experiência de combate na Coreia e no Laos era muito respeitada. Ele vivia para a ação, e começou a vivê-la mais intensamente desde que se juntou às Forças Especiais, em 1961. De fato, todas as coisas boas na sua vida tinham a ver com o Exército.

Shelton nasceu em Corinth, Mississipi, após a morte de seu pai. Assim que atingiu idade suficiente, Shelton alistou-se no Exército. Na época, alistar-se era uma sábia opção para um jovem fogo de palha, uma oportunidade de conhecer o mundo e aprender habilidades técnicas. Fosse em que ramo fosse, era dignificante estar nas forças armadas. Ele batalhou sua ascensão de soldado raso a major. Lutou na Coreia e serviu com os Boinas-Verdes no Laos e na República Dominicana. Por pura sorte não foi mandado ao Vietnã — e, talvez, por sua habilidade em falar espanhol.

Mas como acharia o que fazer na vida civil? Ele estava com 37 anos, tinha uma grande família para sustentar. Como alguém que fora soldado profissional a vida inteira iria se encaixar num país que havia perdido o respeito por ele?

A Guerra do Vietnã mudara tudo. Após décadas de manobras militares na Guerra Fria, a América descobria que já não poderia vencer apenas com a força das tropas e com aparato militar — ela achava-se atolada numa guerra brutal contra guerrilheiros que usavam a frustrante tática do ataque e fuga. O inimigo atacava desonrosamente o Exército norte-americano e, no instante seguinte, desaparecia na mata fechada.

Em abril de 1967, aproximadamente 400 mil soldados norte-americanos achavam-se estacionados no Vietnã. As baixas aumentavam: quase 10 mil homens haviam morrido — 6,1 mil apenas em 1966. Ainda assim, os generais no comando pediam mais tropas e mais armas — era a única maneira que conheciam para impedir que os comunistas do norte conquistassem o Vietnã do Sul. Se isso ocorresse, outras nações do Sudeste Asiático cairiam como peças de dominó sob domínio comunista — o que ameaçaria a segurança dos EUA. Ao menos, era essa a teoria.

Mas o público estava cansado da guerra e ressentia-se da outrora respeitada instituição militar — e dos soldados. As pessoas questionavam líderes políticos e militares, perdendo a paciência e a confiança no governo. Protestos contra a guerra irrompiam nas cidades e nos *campi* universitários, e as coisas ali estavam ficando feias — gás lacrimogênio, prisões, manifestantes convocados recusando-se a ir e lutar por liberdade. Com a chegada do "verão do amor" de 1967, músicos de rock tomaram partido dos revoltosos, alguns, como os Beatles, pregando: *"All You Need Is Love."*

Para Shelton, a peçonha dirigida aos soldados era perturbadora. Uma coisa era atacar os políticos. Outra era criticar homens em pleno combate. Eles não faziam política. Estavam lutando bravamente — e morrendo — pelo seu país, para impedir o avanço do comunismo. Shelton imaginava o que faria se, voltando para casa, hippies ofendessem a sua opção pela vida militar.

Um soldado pediu licença e enfiou a cabeça dentro da barraca.

— Major Shelton, o coronel Smith deseja vê-lo.

Shelton estava curioso, pois contara somente a poucas pessoas que planejava deixar o Exército. Talvez o coronel tivesse descoberto e quisesse dissuadi-lo.

Ele dirigiu-se a Quarry Heights, quartel-general do Comando Sul dos EUA (SOUTHCOM), o complexo administrativo responsável por supervisionar programas e ações militares norte-americanas no hemisfério sul e na região do canal do Panamá.

A porta do escritório do coronel Magnus Smith estava aberta, e o grande homem pediu a Shelton que a fechasse e pegasse uma cadeira. Smith foi curto e grosso. Conhecia Shelton havia anos, e não perdeu muito tempo dando detalhes de sua próxima missão.

Smith era encarregado do 8º Grupamento das Forças Especiais, e o SOUTHCOM solicitara-lhe que montasse uma equipe móvel de treinamento (MTT) para uma missão secreta na Bolívia. O Exército de lá formara um novo 2º Batalhão de Rangers, com 650 homens, em resposta a uma ameaça iminente. Os norte-americanos teriam apenas dezenove semanas para treinar os Rangers bolivianos nas intrincadas táticas de contrarrevolução. Eles não dispunham de muito tempo. Guerrilheiros comunistas já atuavam nas florestas da região, ameaçando a estabilidade da Bolívia.

— Precisamos de um capitão ou major Ranger das Forças Especiais — disse Smith. — Só há dois oficiais Rangers disponíveis, e um deles está no Vietnã. Resta você, Shelton. Eu sei que está prestes a dar o fora daqui, mas precisamos de você nessa.

Shelton apenas acenou com a cabeça e recostou-se na cadeira.

O coronel disse a Shelton que o SOUTHCOM planejava uma escola de treinamento similar na Bolívia para o ano seguinte, mas que o ataque guerrilheiro a tropas bolivianas, em março, antecipara o projeto em caráter de urgência. O presidente boliviano, Barrientos, solicitara a Washington imediata ajuda militar, e o governo Johnson aprovara o pedido. O que Johnson menos precisava era de uma insurgência comunista na Bolívia — ou em qualquer lugar da América Latina. Eles não queriam uma outra Cuba ou (Deus nos livre!) um outro Vietnã. Daí por que a equipe das Forças Especiais de Shelton apenas treinaria os soldados bolivianos. Eles mesmos não executariam nenhuma missão ali. O embaixador norte-americano na Bolívia, Douglas Henderson, estava resoluto quanto a isso: sem tropas norte-americanas no terreno. Os bolivianos teriam que arrumar a bagunça sozinhos.

Mais uma coisa: Shelton poderia escolher a dedo os dezesseis homens de sua equipe, mas eles teriam que partir o mais rápido possível. Havia urgência na voz de Smith. Shelton sabia que aquilo era sério. Ele se levantou, pronto para começar a organizar a equipe, com todos aqueles pensamentos domésticos banidos de sua mente.

— Ah, mais um detalhe, major — disse o comandante. — É possível que Che Guevara esteja por trás da encrenca.

— Che? — Shelton sentiu suas sobrancelhas erguerem-se de espanto até o alto da testa.

— Sim. Sente-se mais um instante — pediu Smith.

Havia muitas questões não respondidas sobre Che. A inteligência norte-americana não fazia ideia se ele estava vivo ou morto. Se Che comandava mesmo a guerrilha, fazia-o a distância ou efetivamente no terreno? Todo mundo concordava que aquela operação trazia as marcas de Che em toda parte. Guevara odiava os EUA; e qual o melhor jeito de provocar uma dor de cabeça do que começar uma revolução na Bolívia? Che provavelmente pretendia tragar os EUA para dentro do conflito, abrindo uma nova frente na guerra contra o comunismo. Por isso a missão era tão vital, explicou Smith.

De fato, aquele tinha sido o motivo pelo qual o embaixador Henderson visitara o SOUTHCOM poucos dias antes. Henderson passara uma manhã inteira informando o alto-comando sobre a emboscada letal e a ameaça guerrilheira. Henderson era um pragmático diplomata de carreira que, durante anos, subestimara a ameaça comunista na Bolívia. Ele vinha dizendo a Washington que o comunismo não representava ameaça para a estabilidade da Bolívia — ainda que tal opinião fosse contraditada por relatórios da inteligência norte-americana.

Em maio de 1965, o escritório da CIA para Assuntos Contemporâneos na América Latina lançara um estudo que apontava, numa escala de risco de insurgência comunista, a Bolívia como a segunda da lista, atrás apenas da República Dominicana. A situação política na Bolívia era classificada como "altamente instável" e alertava para "comunistas e extremistas de esquerda armados e determinados a não permitir a continuidade do regime de Barrientos".

Mesmo após a emboscada, Henderson acreditava que o levante tinha pouca chance de sucesso num país tão profundamente cansado de guerra. Mas, com Che Guevara em cena, a equação tornara-se muito mais complexa.

Depois de encontrar-se com Henderson, o general Robert Porter Jr., chefe do SOUTHCOM, enviou o general de brigada da força aérea norte-americana, William Tope, para a Bolívia. O SOUTHCOM precisava de uma correta avaliação militar da crise na Bolívia, e Tope era um homem afável e de confiança, que podia conversar com qualquer um em "militarês" fluente, do soldado mais raso ao oficial da mais alta patente. O embaixador Henderson deu-lhe a sua bênção.

Enquanto isso, Shelton tinha pela frente uma tarefa à sua altura. Deveria encontrar uma locação suficientemente remota na Bolívia para treinar o 2º Batalhão de Rangers, e então ensinar-lhes a teoria e a prática da contrarrevolução, tudo isso no intervalo de três meses.

Shelton deu-se conta de que aquela seria a sua última missão. Uma vez encerrado o treinamento, também a sua carreira militar teria chegado ao fim. Ele prometeu a si mesmo: quando as coisas endurecessem, manter-se-ia firme e faria tudo do *seu* jeito. Aquela era a sua unidade. A sua missão. Tudo o que tinha de fazer era escolher a equipe certa.

5

O colapso

O motorista de Shelton percorria cuidadosamente a estrada suja e acidentada que conduzia à vila de La Esperanza.

Era uma corrida de obstáculos, repleta de buracos do tamanho de crateras e gado invadindo a pista. Os animais dominavam aquele estreito trecho de solo marrom e empoeirado. Os rebanhos pastavam em grupo, abrigando-se do sol inclemente sob a sombra das palmeiras.

— Sem as palmeiras e com algumas plantações de algodão, isto aqui poderia ser o nordeste do Mississipi em julho ou agosto — Shelton comentou com o motorista.

Nada poderia ser pior do que labutar nas plantações de algodão, ele pensou. Shelton conquistara os primeiros calos das mãos durante aqueles dias remotos nos campos.

Trabalhara a vida inteira. Era o que sabia fazer. Ele já fora lenhador, serralheiro, operário na linha de montagem de uma fábrica de automóveis. Quando a Grande Depressão atingiu a sua cidade natal, já não encontrou muita coisa para devastar. Corinth, no Mississipi, era um antigo entroncamento da estrada de ferro Mobile & Ohio, rodeado por infindáveis campos de algodão. Muitos fazendeiros perderam as suas terras na crise de 1929, e, assim como quase todo mundo, negros e brancos, pareciam lutar para pôr comida na mesa. Ter crescido "duro" (no sentido financeiro) tornara-o duro (no sentido moral),

Shelton dizia — e não havia substituto para o trabalho pesado e honesto.

Levara alguns de seus soldados de confiança para a missão de reconhecimento de terreno, e oficiais do Exército boliviano os acompanharam. O comboio de jipes parou na praça da vila, e os homens saltaram para esticar as pernas. A viagem tinha sido longa.

Shelton notou pequenos grupos de crianças correndo e brincando em frente a surradas casas de barro com telhado de palha. A maioria dos casebres margeava a estrada, sombreada pela densa superpopulação. Havia algum comércio — prédios de um andar em madeira e tijolo com telhados de estanho. O armazém dobrava de tamanho na parada do ônibus, onde os aldeões podiam embarcar ao longo do dia para a viagem de 65 quilômetros rumo ao sul, até Santa Cruz. A escola de palhoça estava dilapidada. A vila não contava com eletricidade, água corrente ou encanamento interno. As galinhas eram mais numerosas que os aldeões, e rebanhos de gado trotavam junto aos jipes, levantando grandes nuvens de poeira. Para Shelton, aquilo parecia o cenário de um filme de *western spaghetti*. Só faltava Clint Eastwood cavalgando pela rua principal com o seu poncho.

Então, Shelton avistou um prédio que se destacava na paisagem — um engenho de açúcar abandonado. Possuía cinco andares, com altura aproximada de 15 metros de fachada. Fora construído alguns anos antes, com dinheiro da Aliança para o Progresso — programa norte-americano que ajudava a financiar projetos de desenvolvimento econômico na América Latina. A indústria gerou empregos e fortaleceu a economia local durante alguns anos, e gente dos vilarejos próximos vinha trabalhar em La Esperanza. Mas, por fim, a má gestão acabou com o empreendimento. Foi um baque para a região, mas um golpe de sorte para Shelton. Aquele prédio vazio com vigas de aço era o local perfeito para treinar os soldados bolivianos. A estrutura podia fornecer um vasto abrigo para as tropas e um espaço perfeito para rapel e outros exercícios. Dispunha também de um poço e de uma cisterna para armazenar água.

— O que você acha? — perguntou o capitão Edmond Fricke, o suplente de Shelton.

Shelton abriu um sorriso e disse:

— Pode dar certo.

Isso era o que Fricke adorava em Shelton — ele era não apenas um soldado profissional, mas um sujeito para cima, com um sorriso contagiante. Tinha 1,70 metro de altura e era magro. Não era musculoso, mas percebia-se que era durão por sua postura corporal. Mantinha-se firme e olhava nos olhos. Sua pele era curtida por anos de trabalho ao ar livre, e ele falava com um leve anasalado sulista. As pessoas sentiam-se naturalmente atraídas por ele.

Shelton caminhava pelo vilarejo, assegurando-se de que haveria espaço suficiente para as manobras. Não queria muita gente vivendo nas redondezas, porque os treinamentos noturnos poderiam perturbá-la.

Aquela era para ser uma missão secreta. O que menos precisavam era do vazamento de rumores de que as Forças Especiais norte-americanas estavam treinando soldados bolivianos. Se os jornais descobrissem, poderiam criar um verdadeiro inferno para o embaixador Henderson, que se esforçava para manter as tropas norte-americanas bem distantes da ação.

Shelton contou cerca de vinte casas. Ali e na vizinhança viviam, talvez, umas 150 pessoas.

La Esperanza era rodeada por uma grande vastidão de canaviais abandonados. Poder-se-ia facilmente estabelecer um campo de tiro ali. O vilarejo era isolado no extremo de uma péssima estrada — seria fácil criar um perímetro de segurança. Eles haviam visto outras possibilidades no decorrer da viagem, mas este local não tinha falhas. Shelton virou-se para o comandante da 8ª Divisão boliviana, coronel Joaquín Zenteno Anaya, e perguntou se o espaço estava disponível. Zenteno acenou afirmativamente com a cabeça. Shelton sorriu. A busca terminara.

Com a primeira parte de sua missão completa, Shelton e seus homens aboletaram-se novamente nos jipes, partindo rumo a Cochabamba para pegar um voo de volta ao Panamá. Dois de seus homens — o sargento Hector Rivera-Colon e o subtenente* Roland Milliard — permaneceram no local para organizar a logística com os bolivianos.

Sacolejando dentro do jipe, Shelton refletia sobre a missão. Teriam pouco tempo para treinar aqueles homens. Conseguiriam fazê-lo? Era um desafio, mas Shelton nunca fugia de um. Sua vida fora repleta de gente dizendo o que ele não podia fazer.

---

* No original: *Master Sergeant*. Não há, no Exército brasileiro, equivalente exata dessa patente, situada imediatamente acima do *Sergeant First Class* (primeiro-sargento) e abaixo do *Sergeant Major* (subtenente). Optou-se pelo último, "subtenente", que corresponde ao cargo mais alto entre os praças graduados, os "sargentos", também chamados de oficiais não comissionados. (*N. do T.*)

Ele tinha apenas 17 anos quando se mudou para Detroit e conseguiu um emprego na linha de montagem de uma fábrica de automóveis. Era 1947 — dois anos após o fim da Segunda Guerra Mundial. A América ainda deitava na glória de ter derrotado o Japão e a Alemanha. A Grande Depressão ficara no passado, e o país olhava para o futuro. Esse também era o plano de Shelton. Quando ouviu falar de possíveis demissões, ele entrou no Exército, por causa das oportunidades educacionais e da segurança no emprego. Estava farto de pular de trabalho em trabalho. Nas forças armadas, haveria estrutura, estabilidade e a chance de uma vida melhor.

Ele foi tripulante de tanque no Japão, e lá estava quando irrompeu a Guerra da Coreia, em 1950. Shelton foi um dos primeiros soldados norte-americanos no terreno. Em duas semanas de combate, foi ferido por um estilhaço. Retornou à batalha três meses depois e foi agraciado com a Estrela de Prata — o terceiro mais alto prêmio do Exército para valor em combate —, por ter destruído um ninho de metralhadora do inimigo. Depois de mais quatro meses de combate, feriu-se novamente — desta vez por uma granada de mão —, e foi embarcado de volta aos EUA.

Casou-se e logo teve dois filhos. Quando o seu alistamento terminou, em 1953, Shelton voltou ao Mississipi para tentar trabalhar na lavoura. Seu pai possuía um pequeno lote de terra, e Shelton gastou a maior parte da sua poupança com sementes de algodão e milho. Não demorou muito para que mudasse de ideia. A seca devastou sua colheita logo que ela brotou do solo. Shelton percebeu que sentia saudade do Exército.

Soldados que abandonavam o serviço militar podiam retornar com a mesma patente caso o fizessem dentro de noventa dias. Shelton realistou-se no 87º dia. Nos cinco anos seguintes, serviu em bases na Geórgia, Alemanha e Carolina do Sul. Sempre almejando subir na carreira, Shelton entrou na escola para sargentos, graduando-se em primeiro lugar na sua turma. Depois, candidatou-se para a Academia Militar. A princípio, sua mulher mostrou-se cética — ela já o pressionava para que deixasse o Exército. Mas Shelton foi aprovado pouco antes do seu 28º aniversário, a idade-limite. Ele parecia um idoso para os seus colegas de turma, que deram a ele um afetuoso apelido: "Pappy."

Shelton graduou-se como segundo-tenente em 1958, e logo passou por um extenuante treinamento para Ranger. Voltou para a Coreia e, em seguida, juntou-se às Forças Especiais, no final de 1961. Era o momento em que um jovem presidente e herói de guerra, John F. Kennedy, voltou-

-se para os Boinas-Verdes para que eles ajudassem a deter o avanço do comunismo. Um linha-dura, Kennedy foi eleito em 1960 em parte graças à sua postura na Guerra Fria. Era um estudioso de assuntos militares e desenvolvera interesse em contrarrevolução — a arte e o método de derrotar movimentos guerrilheiros. As Forças Especiais eram a arma ideal contra as guerrilhas, e Kennedy começou a enviar os seus Boinas-Verdes a regiões conturbadas para treinar tropas estrangeiras.

Com isso, Shelton foi logo deslocado para zonas de conflito. Em 1962, ele foi ao Laos com uma equipe de treinamento. Regressou para um casamento em vias de fracasso. Os três novos filhos não resolveram os problemas.

Nesse meio-tempo, Shelton disse aos planejadores da carreira militar que estava interessado em fazer um curso intensivo de espanhol. Se iria passar um tempo na América Latina, ele pretendia falar a língua — não queria que nada se perdesse na tradução. Em pouco tempo, Shelton já era fluente no espanhol, um verdadeiro bônus para quando viajou, em 1965, com outra equipe de treinamento para a República Dominicana. A equipe era parte das 23 mil tropas norte-americanas enviadas à ilha para defender os interesses dos EUA durante uma insurreição.

Temendo uma outra Cuba, o presidente Johnson ordenou às tropas que lá estavam que restaurassem a ordem durante o golpe. Shelton permaneceu na República Dominicana por oito meses e, em seguida, foi deslocado para o Forte Gulick, no Panamá. Agora, era a Bolívia.

Depois disso, uma tela em branco.

Ele não tinha tempo para se preocupar com o futuro. Sua equipe precisava treinar rapidamente aquelas tropas, e seus comandantes o pressionavam para começar. Ele já contava com a locação e a sua equipe no terreno. O momento era crítico.

Como disse certa vez Harry S. Truman: se você não aguenta o calor, saia da cozinha.

Shelton estava preparado para se lançar no fogo.

* * *

O Exército boliviano vinha, havia semanas, perseguindo fantasmas no selvagem Nancahuazu, e não tinha muito para apresentar além de cortes, febres e picadas de inseto.

Cada passo dado pelas três companhias era acompanhado de espinhos, cipós, aranhas e capoeira, e tudo sobre íngremes encostas. Havia poucas trilhas naqueles vales sinuosos, assim como nada interessante para visitantes humanos ou mesmo animais. Os cumes das montanhas eram amplamente estéreis; os vales, sufocados por densa vegetação, que demandava braços e facões resistentes para ser vencida.

O comandante da Companhia A, major Ruben Sánchez, fora encarregado de encontrar acampamentos guerrilheiros naquele brejo. Ele e seus homens percorriam o vale fazia dias em busca de pistas, sem nada encontrar até aquele momento. Era como se os guerrilheiros houvessem simplesmente desaparecido.

Pior: muitos dos recrutas em sua unidade estavam fora de forma. Tinham de parar frequentemente para recuperar o fôlego naquele áspero terreno, e muitos caíram doentes. *Talvez fosse preferível que não encontrássemos os guerrilheiros*, pensou Sánchez. O resultado não era nem um pouco certo.

O plano deles era simples.

A equipe de Sánchez, junto às outras companhias, estabeleceria três bases, e cada uma faria o reconhecimento de terreno numa direção diferente. Elas se espalhariam pelo vale do rio Nancahuazu, encontrariam os insurgentes e os destruiriam. Contavam com mais de cem soldados na caçada, mas Sánchez não estava seguro de que seriam capazes de cumprir a missão nem mesmo com mil. Com o crepúsculo descendo sobre o vale, as companhias montaram acampamento. Sánchez permaneceu acordado durante aquela noite. Algo parecia errado.

Na aurora do dia 10 de abril, a companhia A enviou três patrulhas Nancahuazu acima. A equipe de quinze homens do segundo-tenente Luis Saavedra Arambel deveria seguir o curso do rio em direção ao norte. Em torno do meio-dia, os homens chegaram até a confluência do rio Iripiti, um afluente. De repente, alguém começou a atirar neles.

Os soldados, em pânico, correram. Saavedra caiu morto, e mais dois soldados tombaram ao seu lado. Um outro foi seriamente ferido. Sete foram capturados, e os quatro restantes conseguiram escapar beirando o leito do rio. Freneticamente, eles retrilharam os seus passos até a base da patrulha. Sujos de suor, terra e sangue, os soldados relataram a emboscada. Sánchez escutou e, logo em seguida, organizou rapidamente os seus sessenta homens e marchou para o local do ocorrido. Jorge Ayala e Carlos Martins, ambos segundos-tenentes, estavam entre os soldados.

Tratava-se de outra vergonhosa emboscada, mas, pelo menos, eles encontraram os guerrilheiros. Sánchez rezava para chegar lá a tempo. Esperando a usual técnica guerrilheira de ataque e fuga, ele avançava sem tomar grandes precauções. Imaginava que os guerrilheiros já estivessem longe. Mas, quando ele e seus homens aproximaram-se do local da emboscada, um estrondo de disparos ecoou pelo vale.

Eles se aglomeraram e ouviram o estampido de alguns tiros, seguidos do martelar constante da metralhadora. O pelotão de Sánchez encontrava-se sob ataque. Os guerrilheiros haviam esperado por eles, escondidos no mato e nas árvores.

Sánchez gritou a seus homens para que se abrigassem e devolvessem os tiros, mas as rajadas pareciam vir de todos os lugares, levantando terra e estraçalhando as folhas. Ayala berrava ordens, mas foi subitamente silenciado por um tiro na cabeça.

Sánchez estava preso.

O terreno não permitia fuga. Provavelmente dezenas — se não centenas — de soldados inimigos os rodeavam. Sánchez fez rapidamente os cálculos da situação: podiam continuar lutando e morrer, ou se entregar e, talvez, ser poupados.

Ele ordenou a seus homens que se rendessem.

Enquanto isso, os soldados de Martins vinham seguindo a unidade de Sánchez. Quando começaram os disparos, eles recuaram. Ao mesmo tempo, uma patrulha liderada pelo tenente Remberto Lafuente ouviu o tiroteio e partiu imediatamente, margeando o curso do rio, em direção ao conflito. Sua patrulha não sabia das emboscadas. Eles não tinham rádio.

À medida que se aproximavam do local da emboscada, os homens de Lafuente encontraram soldados aterrorizados recuando desordenadamente. Lafuente localizou Martins, e eles decidiram se reagrupar. Anoitecia, e logo ficaria muito escuro para se enxergar. Os oficiais não queriam cair noutra armadilha. Retornaram aos tropeços para a base e passaram uma noite tensa, preocupando-se com os companheiros e temendo pela própria vida. Quão próximos estariam os guerrilheiros? O que ocorreria se fossem capturados? Tornariam a ver os familiares?

Quando o sol dispersou a névoa matinal, os homens de Lafuente estavam prontos para começar a rastreá-los. Mas, ao se levantarem para partir, foram surpreendidos pelo som de galhos estalando na trilha rumo ao rio, passos, um espirro. Eram homens vindo em sua direção. Os soldados montaram guarda e esperaram. Lafuente aguardava o primeiro sinal dos guerrilheiros. Seus homens ergueram os rifles ao redor dele, mas pararam quando Sánchez e os outros soldados bolivianos apareceram subitamente numa clareira, com as mãos na nuca. Logo atrás dos prisioneiros vinham dez guerrilheiros, conduzindo os soldados bolivianos pela beira do rio.

Quando os guerrilheiros perceberam que estavam cercados, eles apontaram as armas para Sánchez e disseram-lhe que ordenasse o recuo dos soldados. Se não o fizesse, os guerrilheiros atirariam nele e em todos os prisioneiros.

Era um impasse. Por um momento, ninguém moveu um músculo.

Os bolivianos apontavam os seus rifles para os guerrilheiros, e as armas dos guerrilheiros miravam os prisioneiros. Estes suavam e soluçavam. Sánchez piscava, tentando manter o controle da situação. Sabia que bastava um movimento errado e ele estaria morto.

Sánchez gritou para Lafuente:

— Recuem. Eles estão nos soltando.

Disse-o duas vezes, até que seus homens compreendessem corretamente a mensagem. Relutantes, eles baixaram as armas e recuaram. Quando estavam fora de vista, os guerrilheiros evaporaram dentro da mata.

Humilhados, Sánchez e seus soldados reagruparam-se com os outros. Estavam a salvo, mas abalados. Uma coisa era atirar durante os treinamentos; outra era manter-se calmo o bastante no decorrer do combate.

No cair da noite, um grupo partiu cautelosamente para recolher os mortos. Era uma tarefa macabra. Seus corpos achavam-se despedaçados, os uniformes, endurecidos pelo sangue. A alguns faltavam pedaços do crânio onde as balas haviam atingido, e pássaros e animais selvagens já haviam começado o seu trabalho. No total, oito soldados haviam sido mortos nas duas emboscadas, incluindo dois oficiais. Outros oito estavam feridos. Vinte e oito soldados foram capturados e soltos, e o inimigo acabara obtendo uma generosa provisão de armas: 21 fuzis M1 Garand, doze carabinas M1, nove rifles Mauser, quatro submetralhadoras M3, e um rifle automático Browning.

Sánchez remoeu-se durante todo o caminho de volta à base nos arredores de Camiri. Os guerrilheiros entregaram-lhe uma carta para ser divulgada à imprensa, mas ele estava chateado demais para lê-la. Seus homens estavam mal preparados para a batalha. Eram camponeses, não soldados. Repare em como se comportaram sob ataque, ele pensou. Alguns lutaram, mas a maioria correu feito covarde. Ele balançou a cabeça de desgosto.

— Meu Deus. O que virá em seguida? — murmurou.

* * *

Os ataques de 10 de abril despertaram um pânico generalizado. Notícias das emboscadas espalhavam-se rapidamente pelas ruas das cidades bolivianas, à medida que as pessoas tomavam conhecimento dos detalhes sinistros via jornais e rádios. Mesmo a imprensa conservadora pró-Barrientos noticiava que o Exército estava em frangalhos, despreparado para lutar. A nação achava-se desamparada diante de invasores estrangeiros. Era só questão de tempo, pensavam os repórteres, para La Paz ser sitiada.

O governo debatia-se com um novo problema: o controle da notícia. As autoridades normalmente sabiam lidar com a imprensa boliviana. Alguns telefonemas bem-feitos para editores, ou ameaças de violência, costumavam funcionar para silenciar publicações anti-Barrientos, mas essas táticas eram inúteis com jornalistas estrangeiros, que operavam sob um conjunto diferente de regras. Repórteres bisbilhotavam pelo país havia semanas, tentando achar *fixers* [informantes locais] que os guiassem pela selva em busca de Che e de seus guerrilheiros. Embora Che talvez desprezasse a ideia, ele tornara-se uma estrela internacional da mídia. Articulado, bonitão, misterioso, Che estava na moda. Alunos de faculdades privilegiadas nos EUA liam uns para os outros a doutrinação insurrecionista do livro *A guerra de guerrilhas*, escrito por Che em 1960: "A luta dos guerrilheiros é uma luta de massa, é a luta do povo", entoavam. Che era o símbolo da rebelião, pretendendo desafiar a autoridade e lutar por sua visão de justiça social. Ele era um revolucionário romântico — disposto a sacrificar a própria vida por uma causa nobre: "Na árdua profissão de revolucionário, a morte é ocorrência frequente", dizia ele.

O fato de que ele não era visto havia anos só contribuía para a sua mística. E, portanto, jornalistas das mais diversas praças do mundo esbarravam-se na Bolívia. Uma entrevista com Che vivo, mascando seu charuto na selva boliviana, seria o furo de reportagem de uma vida inteira.

Para Barrientos e o seu governo, os ataques dos guerrilheiros eram mais do que apenas constrangedores: eles ameaçavam a estabilidade da nação.

Em menos de um mês, dezenas de soldados bolivianos haviam sido mortos ou feridos — ou, quando não, presos humilhantemente, e em seguida liberados, pelos guerrilheiros. Aquilo tinha que parar. Barrientos alertara os EUA sobre a ameaça comunista. Seu país, aliado dos norte-americanos, enfrentavam um inimigo organizado e experiente com profundas ligações com Cuba, União Soviética e possivelmente China. Ele pedia mais armas, mas toda vez que tocava no assunto com o embaixador Henderson, o pedido lhe era negado. A ameaça não seria grave o bastante. O embaixador achava que o Exército da Bolívia podia lidar com a crise por si mesmo.

A América não compreendia a Bolívia, pensava Barrientos. Não se tratava apenas da guerrilha. Mineradores do norte do país protestavam por melhores condições de vida e de trabalho. Muitos estudantes e membros da classe escolarizada de La Paz ainda desprezavam Barrientos por seu sangue miscigenado e pelo golpe de 1964. Achavam que a tomada do poder havia solapado todas as reformas e os princípios democráticos nascidos da sangrenta revolução boliviana de 1952. Se os guerrilheiros acenassem para esses descontentes, a manutenção do poder de Barrientos poderia ficar gravemente ameaçada. Ele trabalhara duro demais, e por muito tempo, para deixar aquilo ocorrer tão facilmente.

Barrientos recordou as palavras que o jovem capitão Prado deixara escapar durante aquele jantar: o Exército carecia de novas táticas para lutar contra um inimigo arisco. Sim, os EUA iriam treinar o 2º Batalhão de Rangers, mas levaria tempo até que eles fossem postos no campo de batalha. Barrientos era um homem do Exército; ele reerguera as forças armadas de seu país a partir do zero desde que assumiu o poder, em 1964, e aquilo ainda não era o bastante. Havia uma escassez de lideranças experientes. Seu Exército ativo compreendia 6.200 conscritos — recrutas inexperientes —, suplementado por 1.500 soldados que serviam havia mais de dois anos. E essas tropas que ele tinha estavam fortemente desmoralizadas.

Os soldados que haviam sobrevivido aos conflitos contavam às novas unidades que vinham substituí-los histórias assombrosas sobre as proezas da guerrilha. Descreviam grandes grupos de guerrilheiros e como os seus companheiros entraram em pânico sob o fogo inimigo. As novas unidades sabiam o que esperar: longos dias no quente clima tropical, à procura de um inimigo que se confundia com o terreno selvagem. Não havia estradas, as provisões eram escassas, e as armas, obsoletas. O presidente mostrava-se desesperado. Ele explorava cada opção que lhe ocorria, e dirigia-se ao seu alto-comando em busca de soluções. O general Alfredo Ovando Candia, comandante em chefe das forças armadas, estava na Europa quando do primeiro ataque guerrilheiro, em março. Ele retornara à Bolívia e ajudou a acalmar o presidente.

Uma de suas primeiras medidas foi organizar um comando de operações antiguerrilha em Camiri e estabelecer uma zona militar. Ovando pretendia confinar os guerrilheiros numa única região, o que facilitaria ao Exército rastreá-los. Ele contatou os serviços de inteligência de outros países, incluindo os EUA, o Brasil e a Argentina, para determinar se Che estava vivo e por trás dos problemas na Bolívia.

Ovando não parou por aí. Ele conquistou a colaboração militar de países vizinhos. Se Che estava mesmo na Bolívia, ele também representava ameaça para aqueles países. A Argentina enviou armas e munição, de modo a substituir os rifles Mauser bolivianos dos tempos da Guerra do Chaco. O Brasil prometeu um grande carregamento de rações de combate, que ajudariam a resolver os problemas de suprimento das tropas no terreno. As agências de inteligência concordaram em reforçar a vigilância nas fronteiras, a fim de detectar e rastrear movimentações da guerrilha.

E, para impedir os incessantes rumores, Ovando decretou que apenas o alto-comando militar poderia pronunciar-se sobre a insurgência. Todas as notícias chegariam através de comunicados oficiais. Nenhuma outra informação deveria ser transmitida.

Barrientos fez outro movimento ousado: decretou a lei marcial. Ele lançou na ilegalidade o Partido Comunista da Bolívia e o Partido Revolucionário dos Trabalhadores, prendendo 41 de seus líderes. Barrientos não iria permitir que eles fornecessem suporte à guerrilha. Ele também aproveitou a oportunidade para tomar medidas severas contra os sindicatos. Seguiu de perto a informação contida nos cadernos encontrados dentro do jipe estacionado — a polícia capturara qualquer um cujo nome estivesse listado ali, e transcrições dos interrogatórios eram entregues diariamente no escritório do presidente. De uma hora para a outra, a Bolívia parecia estar coalhada de comunistas.

Subsequentemente, o presidente considerou formar um "esquadrão da morte" militar — um grupo de quarenta ou cinquenta jovens oficiais encarregados de se esgueirar pela mata em uma missão ultrassecreta para matar guerrilheiros. Mas oficiais norte-americanos em La Paz temiam que o grupo pudesse se converter numa guarda palaciana, um exército privado dedicado a manter Barrientos no poder. Assim, eles rejeitaram o plano, alegando que o 2º Batalhão de Rangers estava sendo treinado justamente para aquilo: destruir a guerrilha.

Barrientos pensou, então, numa outra solução: napalm. Inquéritos chegaram à Argentina, dizendo que o governo boliviano poderia comprar bombas incendiárias suficientes para desmatar a floresta ao redor do rio Nancahuazu. Um Henderson em choque suprimiu o plano, dizendo a Barrientos que era "inaceitável". Como um outro diplomata norte-americano informou ao *London Times*:

> *Nós, certamente, não forneceremos os meios para que bolivianos irascíveis comecem a bombardear e jogar napalm sobre vilarejos, nem sequer sobre pretensos refúgios de guerrilheiros. Civis seriam inevitavelmente mortos, e sabemos, por uma vasta experiência, que tal inevitabilidade costuma gerar um influxo de novos recrutas para a guerrilha.*

Barrientos sentia-se constrangido e irritado com Henderson, e chamou-o, então, para uma reunião no palácio presidencial em La Paz. Henderson manteve-se firme. Ele preferia falar abertamente — mesmo se isso significasse ofender oficiais de alta patente das nações acreditadas ou membros do corpo diplomático dos EUA.

Henderson era alto e magro, com maxilar quadrado, cabelos grisalhos e maçãs do rosto proeminentes. Em seus ternos Brooks Brothers bem-cortados, ele parecia um poderoso homem de negócios. Henderson nascera em Weston, Massachusetts. Seu pai era um incansável carpinteiro e também homem do Exército, que servira na Insurreição Filipina (1899-1902), na guerra de fronteiras com o México, em 1916, e, depois, na Primeira Guerra Mundial. Ele infundiu seu filho com relatos de guerra e de viagens para terras estrangeiras. Já o tio de Henderson passara anos como engenheiro de minas na América Latina, e também encheu a cabeça do garoto com histórias de aventuras.

Assim como Shelton, Henderson estudara em escolas públicas e trabalhara nos mais diferentes serviços para ganhar a vida. Quando um de seus professores do ensino médio encontrou-o trabalhando num posto de gasolina, decidiu ajudar o brilhante jovem a conseguir uma bolsa de estudos na Universidade de Boston. Aquele foi o começo da carreira de Henderson.

Depois de se formar, ele entrou para a Faculdade Fletcher de Direito e Diplomacia da Universidade de Tufts. Henderson tinha 27 anos quando prestou concurso para o Serviço Exterior, em 1941. Soube que tinha sido aprovado um dia antes de os japoneses bombardearem Pearl Harbor.

O Departamento de Estado intercedeu ao comitê de recrutamento de Henderson para que ele fosse dispensado do serviço militar, e, então, enviou-o para uma série de serviços consulares em pequenas cidades de países latino-americanos, tais como México, Chile e Bolívia. Ele conquistou a reputação de ser um funcionário pragmático e incansável. No final dos anos 1940, ele foi designado para Washington, graças à sua perícia em assuntos econômicos da América Latina. Ajudou o presidente Truman a elaborar um tópico de seu discurso inaugural de 1948 sobre a importância de se oferecer assistência técnica a nações estrangeiras. No devido momento, o presidente Kennedy indicou-o para ser embaixador na Bolívia.

Henderson vinha lidando com Barrientos fazia muitos anos. Ele sabia que o presidente podia, às vezes, ser encantador, mas também queixoso. A grande reunião no palácio presidencial teve início com uma lisonjeira tergiversação sobre como os EUA tinham de mandar mais ajuda, e como a segurança nacional da Bolívia estava ameaçada. Nenhuma novidade.

O embaixador disse a Barrientos que discutiria o assunto com Tope, o general da força aérea que estava na Bolívia em missão de averiguação para o SOUTHCOM. Barrientos aquiesceu. Era uma boa manobra. O presidente gostava de Tope. Ambos eram oficiais da força aérea, e Barrientos podia falar francamente com ele — de militar para militar. Tope iria *compreender*, pensava Barrientos. No decorrer daquela semana, Barrientos encontrara-se duas vezes com Tope e outros comandantes bolivianos para discutir estratégia militar. Daquela vez, no entanto, os dois homens conversariam em particular.

Quando Tope chegou, Barrientos disse-lhe que o seu Exército necessitava de equipamento militar atualizado e de alto poder de fogo. Alegou que armas melhores iriam elevar o moral da tropa. Alertou Tope de que, se os guerrilheiros firmassem o pé na Bolívia, a revolução se espalharia feito um câncer para países vizinhos, e os EUA teriam de enfrentar outro dilema ao estilo Vietnã. Ele perguntou a Tope: poderiam os EUA ficar a distância, apenas observando, enquanto insurgências comunistas derrubavam a estabilidade das nações da América Latina?

Tope sentou-se por um momento e meditou sobre as suas ideias. Havia semanas que ele vinha entrevistando oficiais do Exército boliviano. Ele visitara postos avançados e observara os homens treinando. Num detalhado relatório sobre a crise boliviana que ele preparava para o SOUTHCOM, Tope concluía que o Exército boliviano era uma bagunça. A estrutura de comando era indicada na base da "lealdade pessoal e do apadrinhamento político", e "o treinamento nos níveis mais altos é, de forma geral, arcaico, impulsivo e autoenaltecedor". Além disso, não havia serviço de inteligência em campo ou equipamentos de comunicação. O Exército inteiro precisava de uma reforma, mas não havia tempo para isso. Tope qualificou a situação de "altamente volátil". As ameaças nas áreas urbanas e nas minas permaneciam bem reais, dizia ele, e o seu "impacto imediato tanto na economia quanto no governo poderia ser mais desastroso do que a presente atividade guerrilheira".

Sentado ali com o esperançoso presidente, Tope sabia que novos lança-foguetes não eram a solução. A sua resposta foi dura. Barrientos tinha de fazer uma mudança sistemática nas forças armadas bolivianas.

"Um recruta mal treinado irá deixar cair uma arma moderna tão rapidamente quanto um Mauser", disse ele ao presidente. Ele sublinhou que os guerrilheiros vietcongues abasteceram-se de armas, em larga medida, apanhando equipamento norte-americano derrubado por soldados sul-vietnamitas. Tope conduziu novamente a conversa para a presente crise. Quantos guerrilheiros havia ali?, perguntou.

Barrientos não sabia ao certo. Mas ele acreditava piamente haver centenas de paramilitares profissionais, obstinados e treinados por Cuba, espalhados por diferentes localidades do vale do rio Nancahuazu. Por alguma razão, o embaixador Henderson vinha deliberadamente subestimando a força do bando rebelde.

Tope estava do lado de Henderson, mas ele não dispunha de fatos para se contrapor a Barrientos. Ele não sabia o tamanho da força, e ninguém mais sabia, tampouco. Mesmo após anos de trabalho e milhões de dólares de ajuda à região, os EUA ainda não dispunham de uma rede de inteligência confiável na Bolívia. A coleta de informações era tão escassa quanto em outros países da América Latina. Eles não sabiam sequer com certeza se Che estava vivo ou morto.

Era imperdoável.

Tope tinha consciência de que era preciso mudar. As tropas norte-americanas estavam banidas da zona de combate na Bolívia. Mas isso não significava que a CIA não pudesse ajudar. Eles precisavam de um serviço de inteligência apropriado, e precisavam para já.

6

O revolucionário intelectual

Os galos cantaram para o sol nascente em Muyapampa, um povoado agrícola no sopé dos Andes. Araras e papagaios esvoaçavam por sobre as cabeças. Cerca de 2 mil camponeses e comerciantes viviam na cidade empoeirada, mas ninguém, a não ser um soldado, estaria de pé assim tão cedo.

O soldado trabalhava no posto de controle, parte do alerta de segurança regional. O seu pelotão chegara na noite anterior, e ele acabou pagando o pato. Quando avistou três homens caminhando pela estrada empoeirada rumo à cidade, não pôde ter certeza de que o sol não estivesse pregando peças em seus olhos cansados. Trajando sujas roupas civis, eles eram mais altos do que um camponês boliviano mediano. Certamente não eram dali. Quando se aproximaram, o soldado notou que um deles trazia uma câmera pendurada no ombro.

— *Alto o disparo!* [Alto ou eu atiro!] — gritou o soldado.

Os homens pararam e ergueram as mãos.

O soldado não fazia ideia se os três eram guerrilheiros. Sabia apenas que pareciam suspeitos. Quem diabos estaria andando pela estrada às cinco da manhã?

— Não atire. Somos jornalistas internacionais — disse o sujeito da câmera, que falava com sotaque estrangeiro.

O soldado pediu reforços, comunicou aos sonolentos companheiros:

— Dizem ser jornalistas.

Os forasteiros estenderam as mãos em um cumprimento, como se tivessem sido apresentados. Os soldados responderam com os punhos, até que um oficial finalmente chegasse e mandasse seus homens parar.

O sol já estava alto antes que o capitão Julio Pacheco se sentasse com os homens e começasse a fazer perguntas.

George Andrew Roth, aquele com a câmera, disse ser inglês. Fotógrafo em busca de uma história, ele contou ter trabalhado também sobre histórias do Exército boliviano.

O segundo homem disse ser Ciro Roberto Bustos, um pintor e comerciante argentino. O terceiro era magro e queimado de sol, com cabelo loiro-escuro e barba. Jules Regis Debray, um professor francês de filosofia de 26 anos, alegou estar a serviço, escrevendo sobre a guerrilha para uma revista do México. Pacheco transferiu-os para o quartel-general da 4ª Divisão, em Camiri, para novas averiguações.

O francês sabia que era só uma questão de tempo até que os bolivianos descobrissem quem ele era. Debray, um conhecido marxista, tinha laços estreitos com Fidel Castro. Ele literalmente escreveu o livro sobre a própria estratégia de guerrilha que estava sendo empregada na Bolívia, o amplamente lido *Revolução na revolução*. Ele mesmo se metera nessa confusão. Fora introduzido clandestinamente na Bolívia, em setembro último, por Tania, a agente infiltrada da Alemanha Oriental que estabelecera as rotas secretas de La Paz até o acampamento guerrilheiro, em Camiri. Finalmente, depois de anos de teoria e retórica, Debray seguiu para o refúgio na selva a fim de viver a vida de um revolucionário.

Não era nada daquilo que esperava. Na verdade, era horrível — meses de imundície, insetos e homens sem educação fazendo brincadeiras machistas num abafado e fétido acampamento de selva. Bustos estivera ali por mais tempo, inclusive, e mostrava-se igualmente farto.

Quando Roth apareceu no acampamento, Debray encarou-o como a sua passagem de volta à civilização. Roth era o único dos três com credencial de jornalista. Ele chegara à Bolívia semanas antes, vindo do Chile, empenhado em entrevistar guerrilheiros de verdade para uma história. Roth conseguira adentrar uma unidade do Exército boliviano e convencer os oficiais a deixá-lo ler um diário apanhado no esconderijo dos guerrilheiros no vale do rio Nancahuazu. Ali, ele compilou pistas suficientes para ajudá-lo a rastrear o grupo rebelde. Roth nutria um desprezo algo infantil pela própria segurança, e, numa tarde, ele simplesmente apareceu sem aviso no acampamento guerrilheiro.

O repórter teve uma recepção fria. A entrevista em função da qual arriscara a própria vida consistiu em lacônicas respostas, "sim" ou "não", para as suas muitas questões.

Assim que a entrevista acabou, Debray abordou o líder rebelde com o seu plano. Todos sabiam que ele e Bustos queriam ir embora. Roth, com a sua câmera e os seus cadernos, poderia ajudá-los a passar pelas patrulhas do Exército. Eles todos poderiam fingir ser jornalistas, uma vez que os seus sotaques estrangeiros sustentariam a história, e o líder não lamentava a sua partida.

Debray e Bustos ofereceram-se para divulgar as suas histórias de vida no acampamento em troca do auxílio de Roth. Visto que Roth não tinha muitas opções, concordou. O trio deixou o acampamento rebelde na noite de 19 de abril. Em algumas horas, eles já estavam sob custódia governamental.

O francês podia sentir a sua sorte indo embora.

Uma fila de rostos camponeses observava em silêncio enquanto ele era conduzido pela rua, atravessando os portões do posto policial. Em pé num dos lados do pátio se achava um fotógrafo local, que recebera indicações de que alguns guerrilheiros capturados estavam chegando. Ele deu um passo à frente, levantou sua câmera e tirou várias fotos, enquanto os soldados empurravam os três homens para dentro do posto. Debray convenceu-se de que iria morrer nas próximas horas. Ele não precisava revelar nenhum segredo antecipadamente. E assim, as horas seguintes consistiram numa torrente de socos, chutes e cotoveladas, e, na sequência, um súbito deslocamento até a cabine de um avião. Quando o avião sobrevoava o dossel de árvores da floresta, um oficial boliviano fez correr a porta da cabine e arrastou Debray até a beirada.

— Fale comigo, ou você vai para fora! — gritou.

Debray simplesmente fechou os olhos e tentou aproveitar o vento fresco no seu rosto. O blefe falhou, e o oficial puxou-o de volta da beira.

No dia seguinte, o governo boliviano soltou um comunicado dizendo que "três mercenários estrangeiros" foram mortos numa batalha contra a guerrilha. Mas quando apareceram fotografias do trio, o comunicado foi corrigido — os três homens estavam na prisão de Camiri, dizia o novo documento.

O fotógrafo local havia salvado as suas vidas, ao fornecer evidências de que estavam vivos e sob custódia.

Roth foi solto em julho, três meses após a prisão. Ele jamais foi acusado de crime, o que levantou suspeitas de que fosse um informante da CIA. Ex-professor de línguas do Corpo da Paz, Roth contou ter escolhido o jornalismo para ganhar mais dinheiro.

Nos primeiros dias, Debray e Bustos moviam-se entre a cela e as longas sessões de interrogatório. Debray manteve silêncio até que os bolivianos usassem um martelo para arrancar-lhe informações. Numa ocasião, um oficial boliviano esvaziou o pente de sua pistola .45 no chão imundo, por entre os joelhos de Debray.

De início, o francês manteve a sua versão, alegando ter ido ao acampamento guerrilheiro em busca de uma boa história. Depois de alguns dias, apareceu um funcionário cubano-americano da CIA, de nome Gabriel Garcia. Ele não agrediu Debray ou ameaçou jogá-lo de um avião. Em vez disso, sentou-se calmamente, pegou sua caneta e seu bloco de papel, e começou a fazer perguntas sobre o verdadeiro motivo de Debray estar na Bolívia. Ele queria saber sobre os guerrilheiros e os acampamentos.

Sentado em frente ao homem da CIA, Debray entregou os pontos. Fragilizado por seu martírio, com os ouvidos zunindo pelo bombardeio de perguntas à queima-roupa, o francês estava pronto para trocar informações pela sobrevivência. Talvez a CIA pudesse salvá-lo.

Garcia apenas fez perguntas e tomou notas. Demorou muito, mas, enfim, o assunto Che Guevara veio à tona.

Che fora a razão pela qual ele viera para a Bolívia, admitiu Debray. Ele sempre quis conhecê-lo e entrevistá-lo, e soube que Che estava ajudando a iniciar uma revolução na selva boliviana.

Garcia logo guardou o seu caderno e se desculpou. Na hora seguinte, o seu relatório viajou de volta para La Paz e Washington — um guerrilheiro capturado, com claras ligações com Castro, confirmara que Che Guevara vinha operando na Bolívia.

Ele poderia estar mentindo. Seriam necessárias mais provas.

O governo boliviano, entrementes, resolveu fazer de Debray um exemplo. Acusado de assassinato, incêndio criminoso, insurreição armada, conspiração contra o Estado e ingresso ilegal na Bolívia, Debray foi exibido diante dos holofotes da imprensa com o uniforme listrado dos criminosos condenados. Cartazes rotulavam-no de assassino. "Ele, que com o ferro mata, com o ferro será morto", dizia um cartaz.

Para Debray, a revolução chegara ao fim. Ele mofava numa cela imunda, imaginando se, algum dia, sairia vivo da Bolívia.

* * *

A prisão de Debray aumentou o frenesi presidencial.

Primeiro, as emboscadas. Depois, o alto-comando boliviano proclamando que centenas de combatentes treinados em Cuba brotavam da relva, e agora Debray, um forasteiro marxista, vagando pela mesma vizinhança com dois cúmplices.

Em público, o presidente Barrientos exibia uma serena confiança. Em particular, ele queria sangue. Ali estavam mais provas de que estrangeiros planejavam a sua derrubada.

No final de abril, Ovando finalmente admitiu que Debray, Bustos e Roth estavam vivos e sob custódia, e que os militares investigavam possíveis ligações com o movimento guerrilheiro. Aquilo era tudo. Não havia mais notícias sobre os homens, por enquanto.

O silêncio de pedra podia servir ao governo, mas o mundo lá fora não se satisfazia com tão pouco. Familiares e amigos de Debray faziam campanha por ele na imprensa internacional. O presidente francês Charles de Gaulle chamou Debray de "um jovem e brilhante estudante universitário", exigindo a sua libertação.

Barrientos estava enfurecido.

Debray e seus seguidores achavam-se envolvidos numa guerra que espalhava morte por toda a Bolívia, afirmou aos repórteres. Eles tinham de pagar o preço máximo, disse. Barrientos pretendia solicitar ao Congresso boliviano o restabelecimento da pena de morte. Criaram-se grupos para sustentar a posição de Barrientos, incluindo um formado por familiares dos soldados massacrados nas emboscadas. No seu pronunciamento à imprensa, lia-se:

A sra. Debray quer o seu filho de volta. Dizemos-lhe que ela o perdeu há muito tempo, antes ainda que ele chegasse na Bolívia. Ela o perdeu quando ele se distanciou de Deus e de sua mãe para se juntar ao grupo de criminosos sem Deus, sem lar, sem bandeira. Ela o perdeu quando ele se tornou o instigador de assassinatos torpes, quando ele virou o teórico de covardes massacres na Venezuela, no Peru e na Bolívia.

Agora, a mãe do guerrilheiro idealista deveria resignar-se e perceber que o seu filho já não lhe pertence. Ele será posto diante de um tribunal que julgará as suas façanhas de assassino em massa.

Eles queriam Debray morto.

Barrientos queria o mesmo, farto de histórias que pintavam tanto ele quanto a Bolívia em cores desfavoráveis. Desejava mostrar aos jornalistas que o Exército estava sob controle. Levou-os para inspecionar os postos militares na zona de guerra. Nas várias paradas, ele reuniu moradores locais para ouvi-lo denunciar as ações da guerrilha e prometer destruir o levante. Mas ele sabia restar ainda um longo caminho pela frente. A incerteza o estava enlouquecendo.

7

Bem-vindos à Bolívia

Os dois aviões de carga C-130 aceleraram na pista da Howard Air Force Base [base da força aérea], no Panamá, e decolaram um depois do outro. Enquanto eles subiam pelo claro céu noturno, Shelton esticava as pernas e tentava dormir.

Mas a sua mente continuava trabalhando em torno da missão. Eles tinham dezenove semanas para transformar um bando de recrutas em uma tropa de elite de Rangers. Não seria uma tarefa fácil, ainda que os seus comandantes tivessem lhe fornecido o dobro do tempo. Mas Shelton sentia-se bem em relação à sua equipe — dezesseis oficiais e sargentos das Forças Especiais. Aquela era uma missão de almanaque. Ele sabia que seus homens estavam prontos para o trabalho.

Pequenas equipes móveis de treinamento eram o coração das Forças Especiais. Shelton era o oficial no comando, e contava com um oficial de confiança como assistente e um experiente sargento para tratar dos detalhes. A equipe dispunha de sargentos requeridos para supervisionar as armas, as comunicações, as necessidades médicas, a engenharia e a inteligência. Designada para passar meses enfurnada em território hostil, a unidade poderia sobreviver sem um frequente reabastecimento vindo de fora. Os homens eram bem treinados uns nas especialidades dos outros, e a maior parte falava, no mínimo, uma língua estrangeira.

Fora uma longa jornada até os Boinas-Verdes, e cada homem tivera que provar seu valor para ser admitido. Tudo começava com um curso extensivo de treinamento no Forte Bragg, uma série de provas para determinar quais soldados possuíam a resistência física e mental necessária. Se eles superassem essa fase, poderiam prosseguir para o treinamento completo das Forças Especiais.

Treinar soldados de "nações anfitriãs" era uma parte importante da missão dos Boinas-Verdes, selecionando os melhores homens de uma força estrangeira e transformando-os em unidades de combate de elite. A estratégia era simples: treinar seus exércitos para que eles pudessem defender as próprias fronteiras. Assim, o comunismo poderia ser coibido sem que fosse preciso arriscar as vidas de soldados norte-americanos.

Shelton sabia que sua equipe poderia esgueirar-se através da selva e, eles próprios, derrubarem Che, mas estavam impedidos pela diplomacia de se aproximar da "zona vermelha" — a área de operações boliviana. Eles teriam que observar tudo do lado de fora. Isso estava bom para Shelton, porque ele já havia visto muitos homens sendo despedaçados no campo de batalha. Não havia glória na guerra, apenas carnificina e confusão. Ele conhecera a guerra de perto e não estava em busca de mais daquela horrorosa porcaria.

A equipe se achava bem informada sobre a Bolívia, consciente do quão delicada era a sua missão. Os sargentos da comunicação tomaram as mais rigorosas medidas de segurança. Eles eram simplesmente os dois melhores operadores de rádio da base no Panamá: o sargento Alvin Graham, homem vistoso, cujo espesso bigode conferia-lhe um certo ar hollywoodiano, e o segundo-sargento Wendell Thompson, um bem-apessoado afro-americano do norte do estado de Nova York.

Com equipes das Forças Especiais mobilizadas pela América Latina, o Centro de Operações do 8º Grupamento das Forças Especiais (OPCEN) mantinha um plantão de comunicações 24 horas por dia. A equipe estaria em constante contato com os quartéis-generais. Graham e Thompson garantiram a Shelton estarem preparados para qualquer coisa; haviam trazido baterias extras, antenas sobressalentes, válvulas e parafusos. Shelton fizera-os conferir o material duas vezes antes de deixarem o Panamá. Não dava para saber se os rádios funcionariam direito no interior da floresta, então eles carregaram também rádios civis, para o caso de necessidade. O avião estava abarrotado de equipamento, munição e comida.

— Somos uma equipe pequena — disse Shelton. — Isto é a ponta da lança. Se algo acontecer, teremos de estar em contato com o OPCEN. Eu quero 24 horas de contato.

Era um longo voo até Santa Cruz. Shelton tentou relaxar, mas o C-130 era feito para o transporte de carga, não de pessoas. Ele precisava tirar um cochilo. Encolheu-se todo, enterrou o seu boné sobre os olhos e respirou fundo. Só recobrou a consciência quando o avião estrondeou sobre a pista suja em Santa Cruz.

Um raio de sol varou o escuro depósito de cargas. Shelton esfregou as pálpebras e olhou pela janela a fim de visualizar a Bolívia. Uma frota de caminhões subutilizados jazia perto da instável torre de controle. Enquanto o avião ia parando, os subtenentes Milliard e Rivera-Colon mantinham-se próximos à porta do compartimento de cargas, com suas boinas sobre as cabeças.

— Merda! — Shelton murmurou para si. — Chega de discrição.

Decidiu, então, tirar o melhor partido da situação.

— Vamos fazer uma entrada triunfal — disse ele aos soldados que esperavam para descer do compartimento de cargas. — Ponham as boinas.

Graham, Thompson e o resto da equipe fisgaram suas boinas de dentro dos bolsos dos uniformes e ajustaram-nas bem sobre os cabelos cortados à escovinha. Os motores silenciaram, as hélices cortavam a luz da janela num lento pisca-pisca de luz e sombra, à medida que a rotação desacelerava. Depois de alguns guinchos, estrondos e rangidos hidráulicos, a tripulação da força aérea abriu a grande rampa traseira. O ar quente penetrou a imensa barriga do avião.

A equipe arrastou-se pela rampa, fazendo o sangue voltar a circular em suas pernas dormentes. Milliard e Rivera-Colon pararam para saudá-los. Milliard, um ianque grisalho de Massachusetts, passara as últimas semanas cortando mato e abrindo um campo de tiro, e organizando as entregas de comida e mantimentos para La Esperanza. Era muito trabalho, mas Milliard, com seu sotaque acentuado de Boston, era o soldado perfeito para a tarefa. Sua carreira espelhava a de Shelton — ambos serviram na Coreia e passaram um tempo no Vietnã. Milliard era, dentre os homens de Shelton, um daqueles sujeitos pau para toda obra.

A equipe das Forças Especiais e os soldados bolivianos esvaziaram os dois aviões de carga e encheram um comboio de caminhões. Ao meio-

-dia, o comboio sacolejava pela estrada acidentada que levava a La Esperanza, o novo lar da equipe.

Os soldados surpreenderam-se ao chegar. Achavam que teriam de começar do zero, mas o engenho de açúcar abandonado antecipou o início do treinamento. O prédio tinha um teto. O sistema elétrico original ainda estava lá, e, portanto, eles poderiam conectar geradores e ter iluminação nas suas pequenas tendas na vila. Quando cruzaram o vilarejo, os moradores pareceram genuinamente amigáveis, sorrindo e acenando para o comboio.

Assim que os caminhões foram descarregados, Milliard e Rivera-Colon resumiram a todos as últimas atividades da guerrilha ao sul de Santa Cruz.

As emboscadas de 23 de março e 10 de abril eram notícias antigas, mas haviam ocorrido alguns imbróglios menores desde então, além da descoberta de Bustos, Debray e Roth. De fato, Debray estava sendo mantido em La Esperanza, ainda que temporariamente.

Milliard e Rivera-Colon contaram-lhes que o país estava tomado pelo medo, mas que ninguém parecia mais assustado do que Barrientos e o seu alto-comando. Ninguém sabia o número exato de guerrilheiros, e o fantasma de Che Guevara assombrava todas as conversas.

Os relatos elevaram o senso de urgência dos americanos. Se Che estava lá, eles teriam que ser rápidos em treinar os bolivianos, que deveriam chegar nos próximos dias. Por ora, apenas uma pequena força de segurança boliviana estava designada para La Esperanza. Shelton revisou a sua missão: fornecer ao batalhão boliviano de Rangers "treinamento individual básico e avançado; treinamento de unidade básico e avançado". Todos aprenderiam técnicas de contrarrevolução, e os oficiais e sargentos seriam informados sobre técnicas de controle e comando.

Depois do apanhado de informações, Milliard e Rivera-Colon passearam com a equipe pelo vilarejo. Dois guardas armados faziam sentinela do lado de fora do discreto barracão onde Debray, preso, aguardava julgamento. Um dos guardas trouxe o prisioneiro para fora, para tomar ar. Ele vestia um macacão branco com listras verticais pretas, qual um prisioneiro de desenho animado. Parecia exausto, pensou a equipe.

Os homens exploraram o local do engenho de açúcar. A maioria deles estava preocupada com coisas mundanas — latrinas, alojamentos, mosquiteiros. Estavam acostumados com o clima tropical do Panamá, com suas cobras letais e insetos, mas lá, pelo menos, tinham as próprias barracas. Esse lugar era quase primitivo. Sim, eles fariam uma gambiarra e teriam luz nos barracões. Mas não havia ar-condicionado. Nem, tampouco, encanamento interno. Mosquitos e moscas surgiam assim que o sol se punha.

Quando chegaram à beira de um descampado, Rivera-Colon apontou para o campo de tiro ao alvo. O engenho de açúcar seria o ponto focal, com aulas de instrução nas oficinas, garagens e depósitos da gigantesca estrutura. Um armazém quadrangular de tijolos perto do engenho foi escolhido para as comunicações e para os mantimentos. Shelton sabia que teria de passar muito tempo ali. Ele entrou e olhou ao redor. Havia poucas portas e janelas, e uma cobertura de telhas. Ervas brotavam das rachaduras no piso, e pássaros se aninhavam nas madeiras do forro. Ali dentro era quente e detestável, mas ele sentiu-se em casa. Estivera em muitos lugares esquecidos por Deus. Realizara uma missão similar no Laos, treinando homens para combater os guerrilheiros do Pathet Lao, em condições ainda mais primitivas. Por falar em densas florestas, pensou — no Laos, havia locais em que a folhagem bloqueava a luz do sol por quilômetros, onde você podia esbarrar com tigres ou mesmo com um elefante. Em comparação, o que tinham no momento era até pitoresco, sedutor.

Shelton já vira o bastante. Saltou para fora e disse a seus homens que desfizessem as malas. Todos estavam cansados da viagem. A equipe precisava de um tempo para relaxar. Ninguém podia dizer quando eles teriam aquela chance novamente.

* * *

Dioniso Valderomas observava os caminhões militares roncando em seu vilarejo, espantando os galos e as galinhas, que, normalmente, eram os donos das ruas. Até os pintinhos saíram correndo do caminho.

Os moradores estavam igualmente preocupados, mas eles não tinham para onde correr.

Estranhos soldados de uniforme verde saltaram dos caminhões. Alguns esticavam as pernas para relaxar. Outros foram direto para um prédio rebaixado de tijolos brancos que havia sido abandonado alguns anos antes, junto com o engenho de açúcar. Dioniso olhava-os de seu quintal.

Não havia oficiais de polícia locais, nem soldados do Exército boliviano. Eles eram altos e bem barbeados, e traziam listras amarelas nas mangas. Levavam rifles sofisticados e descarregavam dezenas de caixotes cujas tampas traziam palavras escritas em tinta preta.

Seus vizinhos espiavam por detrás das árvores, imaginando o que os soldados estariam fazendo. Vinha ocorrendo muita coisa estranha em La Esperanza nas últimas semanas, e ninguém se dignava a contar aos moradores locais o que se passava. Caminhões e equipamento pesado chegavam, e homens de fora da cidade limpavam campos abandonados. Ninguém via tal tipo de atividade desde que o engenho de açúcar fora aberto.

Valderomas vivenciara a era do engenho e recordava aqueles dias com satisfação. Ele produzia carne e vegetais e os vendia aos homens que lá trabalhavam. Economizou dinheiro suficiente para construir uma casa de quatro quartos com um belo telhado de estanho. Ficava bem no centro da cidade, mas recuada o bastante para que as palmeiras a protegessem do sol. Ele se casou com a bela Helena, e os dois criaram quatro bebês. Dioniso tinha 35, mas parecia dez anos mais velho, com suas mãos fortes e os escuros olhos castanhos. O sol deixara sua pele curtida, e ele perdera alguns dentes ao longo dos anos. Mas levava uma boa vida. Toda manhã, ele e a mulher acordavam com o cantar dos galos. Era uma vida boa e pacata, e Dioniso não queria que ninguém viesse alterá-la.

Os homens reuniram-se na varanda do Quiosque do Hugo e discutiram sobre cada caminhão que passava, cada rumor, cada notícia que ouviam em seus rádios portáteis. Ninguém sabia como todas aquelas peças se encaixavam, e ninguém ligava muito. Ouviram falar do francês na casa velha, e de Che Guevara, o esquivo comunista que podia estar por trás das mortes no Nancahuazu. Seria ele o motivo pelo qual aqueles soldados estrangeiros estavam ali?

Valderomas escutava enquanto os alfabetizados contavam o que haviam lido nos jornais e os homens com rádio retransmitiam as notícias da manhã. O velho professor da escola dizia que os guerrilheiros tentavam derrubar o governo. Eles queriam melhores condições de vida e trabalho para os camponeses e os mineradores. Che era alguém que se importava com o povo, dizia — os guerrilheiros estavam certos.

Para Valderomas, aquilo não fazia sentido. A vida não era tão ruim em La Esperanza. O governo basicamente os deixava em paz. Eles eram livres para ir e vir como bem entendessem. Se tivessem dinheiro, podiam comprar uma terra e ganhar a vida. A política era coisa para pessoas que viviam em Santa Cruz e La Paz, pessoas infelizes.

Valderomas pensava na única coisa que mudaria no cenário local: a escola. Ele e sua geração forçavam as crianças a estudar. La Esperanza possuía uma escolinha, mas ela era tão malconservada que as aulas eram suspensas sempre que chovia. Em dias muito quentes, as turmas eram transferidas para o ar livre. Dioniso sabia que as crianças poderiam não querer a vida rural simples que ele escolhera, e que a educação era o único caminho para ampliar suas opções.

Muito zeloso que era com sua família, Dioniso advertira Helena e os *niños* que permanecessem dentro de casa quando os estranhos soldados estivessem nas redondezas. Não queria sua família perto deles em lugar algum.

— Isso não é nada bom. Esses estrangeiros não deviam estar aqui — disse ele à esposa.

Mas o tempo passou, e os soldados pareciam ter vindo para ficar por um longo período. As crianças não podiam viver para sempre dentro de casa. Dioniso não conseguia deixar de sentir que a sua vida tranquila, assim como a agitada época do engenho de açúcar, ficariam só na lembrança.

8

Os homens na Bolívia

O oficial da CIA Larry Sternfield enfiou alguns papéis dentro do seu caderno de notas e olhou para Félix Rodríguez, sentado à sua frente.

Cubano, descendente de bascos — cidadãos da Espanha que não se consideram espanhóis —, Rodríguez era robusto e bem-apessoado, com cabelos negros ondulados e a mente de um jogador de xadrez. Ele podia armazenar fatos e pensar muitos passos à frente dos demais — algo extremamente útil durante interrogatórios. Era descontraído, com um sorriso que desarmava as pessoas e gerava empatia. Rodríguez podia obter dados importantes até das fontes mais relutantes. Era destemido, com um profundo senso de responsabilidade e um caráter forte o bastante para suportar repetidas decepções. Rodríguez dedicara a maior parte de sua vida a combater comunistas. Era essa dedicação, aliada à sua aptidão para o trabalho de inteligência, que o mantinha no topo da folha de pagamento da CIA.

Nos últimos dias, Sternfield estivera alocado numa casa em Homestead, Flórida, onde entrevistava cubanos para uma missão secreta na Bolívia. A umidade enchia o ar, e os dois homens podiam ouvir o ar-condicionado pingando e trabalhando na janela da cozinha.

Sternfield gostou do que viu.

Nascido na ilha em 1941, Rodríguez era o filho único de uma família de classe média alta que mantinha laços sociais com o ditador cubano Fulgencio Batista. O seu tio, José Antonio Mendigutia Silvera, fora ministro de Obras Públicas. Rodríguez veio para os EUA em 1954, para estudar numa escola na Pensilvânia. Em 1958, foi a Cuba para uma visita, mas parou no México, no meio do caminho, para passar o Ano-Novo com seus pais.

Enquanto o mundo cantava *Auld Lang Syne*, a família Rodríguez soube que Batista fugira e que os guerrilheiros liderados pelo Movimento 26 de Julho, de Castro, haviam tomado o poder em Cuba.

Os pais de Rodríguez, junto com outros milhares de refugiados cubanos de classe média, saíram aos montes da ilha caribenha para Miami, onde estabeleceram uma sociedade bizantina no exílio, destinada a durar por gerações.

O jovem Félix jamais regressou a Cuba. Ele largou a escola para se juntar à Legião Caribenha Anticomunista, criada pelo presidente da República Dominicana, Rafael Trujillo. A Legião pretendia derrubar Fidel Castro, mas a invasão foi um vergonhoso fracasso. Rodríguez graduou-se, finalmente, em junho de 1960, e foi viver com os pais em Miami.

Desejos de libertar sua terra natal consumiram sua vida. Em setembro, ele entrou para um grupo de exilados cubanos fundado pela CIA para receber treinamento militar. Foram chamados de Brigada 2506, e deveriam ter se infiltrado em Cuba semanas antes que a América promovesse o seu próprio ataque guerrilheiro à ilha.

A administração Eisenhower concebeu o plano em fevereiro de 1960. A unidade de Rodríguez estava treinada para ingressar sorrateiramente no país e operar na resistência na Serra de Escambray, treinando recrutas com vistas a criar uma força guerrilheira grande o suficiente para controlar o território. Uma vez que o Estado rebelde fosse criado, o restante da brigada aportaria com um governo provisório já pronto. Os EUA reconheceriam imediatamente o novo governo.

Mas o presidente Kennedy descartou o plano logo após sua eleição em 1960. Ele preferia uma invasão integral, começando pela cidade de Trinidad e, posteriormente, expandindo-se até a Serra de Escambray. Mas invasões são muito óbvias, e a América queria que o mundo pensasse que os próprios cubanos, por si mesmos, orquestravam a tomada do poder. O plano Trinidad também foi abortado, e os planejadores voltaram as atenções para um pantanoso fim de mundo chamado Baía dos Porcos.

De lá, os exilados poderiam controlar o espaço aéreo, vigiar a região e receber o governo provisório. Mas quando Adlai Stevenson, o embaixador dos EUA nas Nações Unidas, soube que pilotos norte-americanos seriam responsáveis pelo ataque aéreo — e não desertores cubanos —, exigiu da administração que o ataque fosse cancelado, caso contrário demitir-se-ia. O reforço aéreo era crítico para o plano, mas o pessoal no comando decidiu seguir em frente mesmo sem ele.

A decisão foi fatal.

Rodríguez já se achava em Cuba dois meses antes da planejada invasão. Em 17 de abril de 1961, ele ouviu no rádio notícias da invasão naufragando na praia. Imediatamente, buscou refúgio na embaixada venezuelana de Havana. Após cinco meses e meio de esconderijo, ele finalmente retornou a Miami. Desde então, Rodríguez trabalhou lado a lado com forças anticastristas e a CIA. Sua mulher, Rosa, apoiava totalmente suas atividades.

Às vésperas da Crise dos Mísseis, em 1962, Rodríguez manteve-se em alerta durante dias, pronto para saltar de paraquedas na zona rural de Cuba com um sinal de rádio, para guiar um ataque aéreo norte-americano. Enquanto o marido aguardava um sinal verde num quarto de hotel em Miami, Rosa Rodríguez acompanhava em casa, pela televisão, especulando sobre qual parte da crise em curso o envolveria. Passaram-se os dias, e o impasse foi solucionado. A ligação de Rodríguez não veio. Logo, quando a CIA entrou novamente em contato, o expatriado já não estava tão animado.

Sternfield sabia que Rodríguez era qualificado para a missão na Bolívia, mas o que ele queria saber era se Rodríguez estaria disposto a encarar uma nova decepção.

— Você deverá ficar na América do Sul por um bom tempo — disse Sternfield. — Está pronto para isso?

Rodríguez acenou afirmativamente. Sabia que Rosa estava disposta a esperar, e essa não seria a primeira vez em que ele fora solicitado a pegar um voo além-mar de uma hora para outra.

Sternfield perguntou a Rodríguez sobre sua estada na República Dominicana e sua familiaridade com equipamento de rádio. A entrevista foi padrão. Sternfield não revelou nenhum detalhe da missão até perto do fim.

— Há uma boa possibilidade de que Che Guevara esteja envolvido nas atividades guerrilheiras na Bolívia. — Sternfield viu Rodríguez redobrar a atenção. — Sua tarefa será ajudar os bolivianos a rastreá-lo e capturá-lo. Se eu o escolher, quando estará apto para viajar?

Os batimentos cardíacos de Rodríguez aceleraram quando ele ouviu o nome do revolucionário. Se Che estava na Bolívia, ele também queria estar lá. Respirou fundo e tentou manter-se calmo. Não queria ficar muito empolgado com uma missão que poderia vir a ser cancelada por ordens futuras.

— Bem, se eu tiver tempo, só quero ir para casa despedir-me da minha mulher. Apanho a minha bagagem e podemos partir agora mesmo — disse ele. — Se não tivermos tempo para isso, telefonarei a ela e direi que preciso ir.

Sternfield sorriu. Rodríguez continuou:

— Se você me disser que temos só algumas horas, eu telefonarei para ela do aeroporto dizendo que ficarei fora por alguns meses. Se você disser "agora mesmo", então, entremos logo no carro. No caminho para o aeroporto, lhe dou o número do meu telefone para que avise Rosa por mim.

Sternfield voltou a sorrir. O senso de urgência de Rodríguez o impressionou. O homem da CIA sabia que acabara de conseguir o primeiro dos dois membros da equipe requeridos para o trabalho. Mas Sternfield não daria o braço a torcer assim tão cedo.

— Telefonaremos em alguns dias — disse ele a Rodríguez.

Ao dirigir para casa, Rodríguez não poderia saber se impressionara Sternfield ou conseguira o trabalho, mas fez as malas assim que chegou. Quando a ligação ocorreu, dois dias depois, ele beijou Rosa e afirmou que a veria em breve.

Bill, o contato usual de Rodríguez na CIA, o aguardava no apartamento alugado pela agência no centro de Washington D.C. Ele nem esperou Rodríguez se sentar.

— Você conhece Gustavo Villoldo? — perguntou. — Importa-se de trabalhar com ele?

— Conheci-o no Forte Benning, na Escola do Exército das Américas. Éramos ambos segundos-tenentes — respondeu Rodríguez. — Não faço nenhuma objeção a ele.

— Certo — disse o oficial do caso. — Vá dar um passeio. Volte em algumas horas.

Rodríguez guardou sua bagagem e deixou o apartamento.

Villoldo chegou minutos depois. Mostrava-se igualmente animado com a perspectiva de caçar Che na Bolívia, mas ele também decepcionara-se no passado. Dois anos antes, Villoldo viajara para o Congo com a missão de rastrear o velhaco argentino. Depois de três meses escutando as mensagens de Che pelo rádio, achava-se prestes a localizar a sua posição. De repente, Che adoeceu e fugiu para a Tanzânia. Villoldo foi mandado para casa.

Quando começaram a circular boatos de que Che reaparecera na Bolívia, o contato de Villoldo na CIA insistiu para que ele "se voluntariasse" para a nova missão.

Nesse ínterim, Rodríguez passeou pelos memoriais de Lincoln e de Jefferson, parando para fitar o Capitólio no extremo oposto da alameda. Rodríguez amava seu país adotivo mais do que muitos americanos, porque experimentara a dor de perder sua própria terra natal. Castro encontrava-se no poder em Cuba, e ali estava Rodríguez, vivendo confortavelmente nos EUA. Aqueles sublimes monumentos só faziam aumentar a sua dor.

A CIA oferecia-lhe chances de se vingar de Castro. Enquanto esperava em Havana pela Invasão da Baía dos Porcos, Rodríguez voluntariara-se três vezes para assassinar Castro com um rifle de longa distância. Se ele não pôde pegar Castro, Che seria um prêmio tão valioso quanto. Che comandara os revolucionários que haviam invadido a província de Las Villas, onde Rodríguez nascera, e onde estariam sua casa e sua terra se os marxistas não tivessem tomado tudo. Che habitava um lugar especial nos corações de esquerdistas românticos ao redor do mundo, e um canto diferente nos corações dos exilados cubanos. Para eles, Che era um bandido, um assassino, "o carniceiro de La Cabaña".

La Cabaña era uma cinzenta prisão de pedra. Em janeiro de 1959, os homens de Che tomaram-na e utilizaram-na como um quartel-general dos revolucionários. Durante os seus cinco meses de estada ali, Che supervisionou os julgamentos forjados e as execuções sumárias de centenas daqueles que ele qualificava como criminosos de guerra, traidores, delatores e ex-membros da polícia secreta de Batista. Foi um banho de sangue, um expurgo de qualquer um que pudesse ter se oposto à Revolução Cubana.

Para Rodríguez, aquela missão seria a sua melhor chance de vingança.

Rodríguez voltou ao apartamento. O planejamento teve início e estendeu-se por muitas semanas. Eles precisavam contornar uma série de obstáculos colocados pelos próprios EUA. O embaixador Henderson proibira que americanos operassem na área da guerrilha; os Boinas-

-Verdes já estavam na Bolívia treinando o Batalhão de Rangers boliviano, mas não poderiam acompanhá-los até a zona de combate. Mas Villoldo e Rodríguez eram cubanos, não americanos. Eles podiam passar ao largo da instrução. Os dois viajariam secretamente como cidadãos cubanos residentes nos EUA em busca de oportunidades de negócios na Bolívia.

— Vocês voarão para La Paz — Bill deu-lhes as diretrizes. — Os bolivianos sabem quem são vocês, mas esse disfarce deverá despistar a imprensa e os agentes cubanos.

Uma vez em solo, Villoldo e Rodríguez deveriam se separar.

— Gustavo conduzirá um curso de treinamento em coleta de informações para dez soldados bolivianos. Você, Félix, vai operar em Santa Cruz, no quartel-general boliviano. Você entende de rádio; deverá manter todos conectados e informados — explicou Bill.

O homem da CIA entregou a Rodríguez dossiês sobre os seus correspondentes bolivianos: o coronel Joaquín Zenteno Anaya e o major Arnaldo Saucedo.

— Apresente-se a esses caras — disse Bill.

Rodríguez sabia que a brutalidade era comum na Bolívia. Os oficiais tratavam severamente as suas tropas, e pior ainda os prisioneiros. No topo da lista de prioridades de Rodríguez estava convencer Zenteno e Saucedo de que tratar bem os prisioneiros era mais eficaz do que espancá-los ou ameaçá-los.

Ele também estava ansioso por dar uma olhada nos documentos apreendidos nos acampamentos guerrilheiros abandonados no vale do rio Nancahuazu. Félix sabia que papéis eram, frequentemente, o que havia de mais valioso; e que guerrilheiros eram acumuladores, que levavam consigo livros, papéis, diários e cadernos de códigos.

Por duas semanas, Villoldo e Rodríguez estudaram a Bolívia. Os relatórios resumidos, ocorridos no apartamento alugado, deram conta da situação política e militar corrente. Eles foram atualizados sobre o passado e as atitudes de todos os personagens principais. Rodríguez criou um circuito de transmissão e um código Morse para os rádios. Os sinais seriam retransmitidos via uma estação em La Paz, para superar as altas montanhas.

Os dois trabalharam com mais afinco no dossiê Debray, o marxista francês capturado. Eles vasculharam as transcrições do interrogatório de Debray, esperando encontrar algum fragmento de informação útil.

Debray fora vítima das táticas policiais bolivianas, que consistiam em espancar lentamente até a morte. O funcionário da CIA, Gabriel García, aparecera e salvara a vida de Debray. García interrogara Debray por dias a fio depois da sua prisão, e o francês entregara tudo o que sabia sobre as operações da guerrilha.

Rodríguez prestou particular atenção a um rebelde de nome Castillo Chávez, conhecido como Paco. Debray contara que o jovem boliviano reclamava frequentemente ter sido enganado pelo Partido Comunista. Paco era um estofador de 32 anos que fora recrutado sob promessas de uma educação em Havana e Moscou. Em vez disso, os comunistas enviaram-no para um acampamento guerrilheiro, onde lhe entregaram uma arma e uma pesada mochila, e, em seguida, forçaram-no a marchar pelas montanhas. Rodríguez sabia que, se pudesse chegar até Paco, ele seria uma fonte valiosa.

Paco era o seu alvo.

Após semanas de estudo e discussão, Rodríguez estava ávido por chegar à Bolívia e começar o trabalho. Não havia dúvidas em sua mente de que, se Che estivesse na Bolívia, eles o encontrariam. Mas, antes de deixar Washington, tinham de definir o que fazer quando pegassem Che.

Traga-o vivo, disse-lhes Bill.

— Se, por acaso, Che for capturado vivo, o que será difícil, tentem mantê-lo vivo — Bill ordenou. — Mantenham-no vivo a todo custo, e daremos um jeito de transportá-lo ao Panamá. Aviões e helicópteros estarão de prontidão caso surja a oportunidade.

Parte II

A preparação

9

Os instrutores

Os aspirantes a Rangers chegaram a La Esperanza no início de maio, em jipes e caminhões da tropa. Apanhados em cidades ao redor da Bolívia, eram quase todos analfabetos e subnutridos. Os uniformes bege e sujos, de tão largos, dançavam sobre a sua esquelética estrutura.

Shelton observou-os descer dos veículos e precisou conter um ataque de desespero. Tinha apenas quatro meses e meio para torná-los Rangers.

As primeiras seis semanas seriam as mais duras: treinamento individual básico — campo de treino. Os bolivianos aprenderiam a lidar e atirar com armas, além de suportar um puxado treino físico. Atirar, mover-se e comunicar-se — as habilidades básicas de um soldado. Eles só tinham uma direção a seguir: para cima. Precisavam melhorar.

Mesmo falando espanhol, Shelton precisava de uma conexão com os bolivianos, um oficial em quem pudesse confiar, alguém com alguma experiência. Shelton dirigiu-se ao capitão Margarito Cruz:

— Vamos conversar com os oficiais bolivianos.

Cruz acompanhou Shelton do centro de operações até o engenho de açúcar, onde os bolivianos se reuniam. No meio daqueles pobres soldados, havia um oficial boliviano, alto, num viçoso e recém-passado uniforme. Outros oficiais gravitavam ao redor dele. Parecia ser benquisto.

— *Hablas inglés?* — perguntou Shelton ao oficial.

— Sim, senhor — respondeu o homem.

Shelton apertou-lhe a mão.

— Eu sou o major "Pappy" Shelton, das Forças Especiais dos EUA.

— Sou o capitão Gary Prado Salmón, do Esquadrão Braun, 8º Grupamento de Cavalaria, senhor.

Shelton sorriu.

— Cavalaria, é?

Eles conversaram em inglês durante meia hora, discutindo táticas e contrarrevolução. Shelton disse ser o comandante da equipe de Boinas-Verdes. Prado contou-lhe sobre o seu treinamento no Panamá, e que o seu pai era um general boliviano. Quanto mais conversavam, mais Shelton gostava de Prado.

— Olhe ao redor — disse Shelton. — Tenho dezenove semanas para treinar esse batalhão. Não temos tempo de aprofundar as habilidades de ninguém. Preciso saber como os homens estão reagindo às aulas. Eu preciso de um oficial boliviano que relate para mim os seus avanços. Você pode fazer isso, capitão?

— Com prazer, senhor. — Prado sentiu-se corar de excitação.

Shelton informou que teriam encontros todos os dias ao fim da tarde. E ele queria uma avaliação honesta. Sem balelas.

Prado sorriu.

— Direi sempre o que estou achando.

— Vamos ver agora o que podemos excluir desse treinamento. Não vou perder tempo com coisas que eles não irão usar. Não precisamos de exercícios de marcha e parada. São desnecessários. Temos que treiná-los para lutar.

Naquela noite, Shelton e Prado iriam se encontrar com os comandantes bolivianos para examinar a programação e definir metas semanais. Todo o 2º Batalhão de Rangers — os 650 homens — estariam em La Esperanza no dia 8 de maio, quando o treinamento começaria para valer. Prado seria o auxiliar de Shelton, para adequar o regime às necessidades e capacidades dos bolivianos.

— Você será uma parte importante desse treinamento, capitão — disse Shelton ao jovem oficial.

Prado estava orgulhoso. Acabara de chegar e já conquistara a confiança daquela importante figura.

— Gostei dele de cara — Prado recordou mais tarde. — Os outros oficiais eram reservados, mas Shelton era mais aberto.

O próximo assunto a ser resolvido pelo comandante eram os moradores do vilarejo. Relatos locais eram vitais para as missões das Forças Especiais, porque os vizinhos viam e ouviam coisas que um estrangeiro poderia facilmente deixar escapar. O disse me disse do vilarejo era, por si só, uma rede de inteligência, um sistema de alerta. Se os aldeões soubessem de algo, e confiassem nos americanos, poderiam, voluntariamente, fornecer informações sobre os guerrilheiros. Eles precisavam ter uma ideia do que diabos os americanos estavam fazendo lá. Eles mereciam algumas respostas, pensou Shelton.

Assim, enquanto o resto da equipe arrumava os cabos de comunicação e cavava latrinas, Shelton decidiu fazer um pouco de relações públicas. Ele voltou ao seu quarto, abriu o estojo do violão e pegou o seu Gibson usado. E pediu a Milliard que o levasse até a cidade.

— Você já conhece os figurões — disse Shelton. — Vamos encontrá-los.

Ao lado dos capitães Fricke e Cruz, Shelton e Milliard saíram de porta em porta, apresentando-se a alguns dos comerciantes e anciãos do vilarejo. Conversaram com o prefeito — Edwin Bravo — e outros comerciantes. Apresentaram-se a Jorge, professor da escola dilapidada.

Shelton explicou-lhes por que os soldados estavam lá, quanto tempo permaneceriam, e o tipo de treinamento que realizariam. Os Rangers ficariam até o final de setembro, e, quando terminassem ali, conduziriam exercícios com outras unidades bolivianas. Shelton falou que os instrutores queriam estar em casa para o Natal. Lá pelo Ano-Novo, a vida no vilarejo já teria voltado ao normal.

Enquanto isso, eles pretendiam beneficiar La Esperanza no que pudessem. Médicos das Forças Especiais ofereceriam tratamento gratuito para os aldeões. Quem tivesse dúvidas ou problemas poderia ser encaminhado diretamente a Shelton, que comandava toda a operação.

Além disso, os soldados precisariam contratar moradores locais para cozinhar, lavar roupa e levar recados. Os americanos tinham dinheiro. Eles o gastariam lá, na vila.

O prefeito disse a Shelton que eles estiveram desconfiados dos estrangeiros e confusos pela falta de informação. Agora que ele dispunha de fatos, poderia transmiti-los aos moradores. O prefeito, então, conduziu um passeio pelo vilarejo, terminando na escola de três salas no limite da cidade. Cerca de 280 crianças de La Esperanza e aldeias vizinhas estudavam ali, mas a construção estava caindo aos pedaços. Não havia verba pública para manter a casa, disse o prefeito encolhendo os ombros.

Shelton meneou a cabeça de incredulidade. Não queria prometer nada, mas sentia-se impelido a tomar uma atitude. Ele pensaria sobre o problema, afirmou.

O passeio encerrou-se no Quiosque do Hugo. O estabelecimento era o centro da vila, onde todo mundo parava para uma bebida gelada e um bate-papo. Shelton caminhou para a varanda e afinou o seu violão. Era um autodidata. Não tocava lá essas coisas, mas não ficava tímido em tocar em público. Gostava de todo tipo de música: blues, rock and roll, country. Uma vez tendo aprendido a tocar, nunca mais sentiu falta de diversão.

Assim, parado ali do lado de fora daquele armazém boliviano, Shelton arranhou os acordes de uma das suas músicas favoritas: "Mr. Shorty", uma canção country de Marty Robbins sobre vida e morte em um velho bar do Oeste.

Os bolivianos sorriram e se aproximaram. Marcaram o ritmo com os pés e cantarolaram junto. Shelton não acertava uma nota, mas não tinha problema. Alguns aldeões correram para casa e voltaram com os seus próprios violões, e, depois que Shelton terminou, eles começaram a tocar músicas folclóricas bolivianas. Shelton tentou acompanhar. Errou uns acordes aqui e ali, mas foi em frente, mexendo a cabeça e exibindo o seu sorriso enquanto tocava. Shelton arrasou. Com apenas alguns acordes, ele começou a ganhar toda a gente.

* * *

O sargento Mario Salazar pulou da traseira do caminhão da tropa e largou a mochila de lona no chão de terra. Era isso. Chegara a La Esperanza. Um depósito no engenho de açúcar seria a caserna, e se ele corresse poderia conseguir um bom beliche. Mas Salazar ficou parado. Precisava de um tempo para pensar.

Aguardava esse momento desde que entrou para o Exército. Quando soube das emboscadas, Salazar levou a sua fúria patriótica até o escritório de recrutamento. Quando ouviu falar da nova unidade de Rangers, ele pediu para também se juntar a ela. Se tinha de arriscar a vida, queria que fosse ao lado dos melhores. E, agora, ali estava ele, pronto para dar os primeiros passos daquela jornada.

Eu posso fazê-lo, pensou ele.

Salazar era um homem baixo, de braços musculosos, com 21 anos de idade. Usava o seu cabelo preto curto e penteado para o lado. Suas mãos grossas traziam profundas cicatrizes do trabalho no campo. Salazar era um agricultor, assim como fora o pai antes dele. Nunca conheceu o pai — que morreu antes de ele nascer —, mas sua mãe, Angelina, encheu-o de histórias sobre a honestidade e a disposição para o trabalho pesado do velho.

Salazar era o homem da casa. Sua mãe teve outros dois filhos depois que seu pai morreu, mas era Mario quem cuidava das plantações de melão, pimenta, milho e feijão, que sustentavam todos.

Salazar havia, de fato, pensado em se alistar no ano anterior, quando um amigo o fez, mas havia ainda colheita no campo. Depois dos ataques, ele não pôde mais esperar.

Chegou o dia da sua partida, e a sua mãe chorou. Salazar serviu-lhe uma xícara de café e sentou-se com ela à mesa da cozinha. Prometeu se cuidar, e disse que lhe enviaria ao menos dez dos 25 bolivianos que receberia por mês. "Todo jovem na Bolívia era eventualmente recrutado", disse ele. Era o seu dever servir por um ano.

"Sim", respondeu ela entre lágrimas, mas eles não haviam encarado um combate de verdade. Eles apenas treinavam, marchavam e brincavam de soldado. Não tinham que enfrentar Che Guevara.

Os camponeses tinham certeza de que Che estava lá. Alguns espalhavam boatos sobre roubos, sequestros, assassinatos de civis inocentes. As rádios e os jornais se achavam coalhados de tantas histórias sobre os guerrilheiros que Salazar já não sabia em que acreditar. Mas ele sabia que não podia ficar em casa.

Mario seria um Ranger — um soldado de elite num país de fraca tradição militar. Salazar sentia-se orgulhoso por se juntar a uma unidade que poderia revolucionar o conturbado Exército boliviano. Era por isso que estava ali — para se preparar para a ação. Como tantos outros bolivianos, ele queria vingar as mortes dos seus compatriotas, expurgar aqueles comunistas estrangeiros do interior do país.

Salazar olhou para o engenho de açúcar sob a luz decrescente e sussurrou uma prece: "Jesus todo-poderoso, tenha piedade de mim e faça-me forte." Era a reza que costumava fazer nos campos da família quando o sol esgotava as suas energias, e ele sentia que não podia mais trabalhar.

Mario acrescentou uma frase por conta própria. Prometeu a Jesus que treinaria duro — custasse o que custasse. Que seguiria em frente, por mais cansado que estivesse.

Salazar fez o sinal da cruz, apanhou as suas coisas e seguiu rumo à caserna.

10

179 dias

O general Ovando, comandante das forças armadas bolivianas, decidiu que era hora para uma ação decisiva. Ovando e Barrientos eram amigos de longa data, próximos em idade, mas Ovando assumiu decididamente uma função parental. Enquanto Barrientos tinha um carisma exibicionista, Ovando contava com uma serena gravidade — e com o inabalável apoio da elite boliviana.

Ovando impunha respeito. Tinha a aparência de um general, alto, magro e calvo, com um fino bigode, como se traçado a lápis. Estava sempre bem-vestido — o uniforme bem-talhado e as camisas recém-passadas.

Tinha 49 anos, e a sua carreira militar iniciara-se nos tempos da Guerra do Chaco. Quando os ataques guerrilheiros puseram o país e o presidente num estado frenético de pânico, foi Ovando quem pediu calma e manteve as nações estrangeiras a par da insurgência. Enquanto Barrientos jactava-se de que iria esmagar a guerrilha, Ovando convencia os vizinhos da Bolívia de que prestar auxílio mediante o envio de armas serviria aos seus próprios interesses. Se a Bolívia caísse, eles poderiam ser os próximos.

Ovando encorajou Barrientos a manter os EUA atualizados. Barrientos recorreu ao embaixador da Bolívia em Washington, Julio Sanjinés-Goytia, formado em West Point [Academia Militar dos EUA] e dotado de ligações com o Pentágono. Rico e charmoso, Sanjinés-Goytia era amigo de muitos senadores e homens importantes do Exército norte-americano, que frequentavam as suas fabulosas festas em Washington. Agora era o momento de solicitar alguns favores.

Sanjinés-Goytia apelou ao secretário de Estado norte-americano, Dean Rusk, pedindo que os EUA, por ora, não fizessem nada em relação à insurgência, mas que aumentassem a ajuda financeira à Bolívia. Barrientos queria US$ 6 milhões — incluindo US$ 4 milhões em dinheiro vivo para despesas militares.

Rusk gostou da ideia. Haveria pouco apoio para uma intervenção militar norte-americana enquanto a Guerra do Vietnã continuasse em curso. Rusk expôs o plano em 9 de abril, durante um encontro com membros do Estado-Maior a respeito da crise Che Guevara.

O diretor da CIA, Richard Helms, derrubou a ideia, alegando que os bolivianos não eram confiáveis em se tratando de dinheiro. Ele viera preparado, com gráficos e tabelas. Helms mostrou como os financiamentos norte-americanos, enviados para manter atualizada a folha de pagamento do serviço civil, haviam desaparecido. Funcionários do governo boliviano, disse ele, não recebiam fazia meses.

Os bolivianos também haviam desperdiçado verba para adquirir veículos de *cross-country*, essenciais para operações de contrarrevolução. Em vez de comprar resistentes veículos de tração 4x4, os bolivianos investiram numa frota de Mini Mokes — jipes militares leves. As pequenas rodas dos Mokes e a sua carroceria baixa tornavam-nos impraticáveis para trafegar em terreno acidentado. Não havia como um Mini Moke atingir a distância necessária para um disparo contra o esconderijo de Che.

O chefe de pessoal do Exército, general Harold Johnson, levantou outra questão:

— Uma das lições mais importantes que aprendemos no Vietnã foi que as chamas da guerrilha devem ser apagadas imediatamente, sem tempo a perder. — Johnson disse que o Exército já planejava enviar alguns instrutores, e talvez tropas.

Rusk interrompeu Johnson, recordando-lhe a posição do presidente: sem unidades norte-americanas de combate na América do Sul. Sem soldados norte-americanos no terreno. Tratava-se de uma política defendida pelo embaixador Henderson, com apoio do Departamento de Estado.

— Desejamos que essa política de não envolvimento seja mantida — explicou Rusk aos generais sentados à mesa. — Sei que algo deve ser feito em relação a esse problema, mas mandar tropas para a Bolívia, ainda que com mera função de instruir, significaria que a vaca foi para o brejo.

Os Boinas-Verdes eram a única tropa norte-americana indo para a Bolívia, e apenas como instrutores.

Quando Barrientos soube do recuo de Washington, ficou enfurecido. Queria recursos militares e dinheiro — não Boinas-Verdes treinando camponeses. Que bem traria aquilo?

Ovando disse a Barrientos que solicitaria ajuda militar de outras nações. Garantiu a Barrientos que as forças armadas bolivianas prevaleceriam. E, quando os guerrilheiros tivessem sido expulsos, e a estabilidade, recuperada, o Exército boliviano contaria com novas armas e equipamentos.

Ovando sabia que era mais fácil dizer que fazer. Eles ainda nem tinham ideia de quantos guerrilheiros estavam enfrentando. E era certo que os comunistas aproveitavam-se da agitação para recrutar novos soldados.

Depois da última emboscada, o major Sánchez trouxe da selva uma nota dos guerrilheiros, destinada à divulgação pela imprensa. Em vez disso, o major enviou-a aos oficiais militares, em Cochabamba, para análise. Mas alguém vazou a carta para um jornal local, que a publicou em 1º de maio.

O Exército de Libertação Boliviano dizia querer revelar a verdade por trás da primeira emboscada — que os guerrilheiros haviam infligido um golpe decisivo às tropas do governo.

> *Sentimos muito pelo sangue inocente derramado dos soldados que tombaram, mas caminhos pacíficos não se fazem com foguetes e metralhadoras, como afirmam os fantoches em seus uniformes decorados. Não há, nem haverá, um único camponês que possa reclamar de como os tratamos ou da maneira pela qual obtemos suprimentos, a não ser aqueles que, traindo a sua classe, se voluntariaram para servir de guias ou delatores.*
>
> *Hostilidades estão a caminho. Em comunicados futuros, exporemos claramente nossa posição revolucionária; hoje, fazemos um apelo aos trabalhadores, camponeses, intelectuais, a todos aqueles que sentem que é chegada a hora de responder à violência com violência, de resgatar um país vendido paulatinamente aos monopolistas ianques, e de elevar o padrão de vida de nosso povo, que, a cada dia, se torna mais e mais faminto.*

Barrientos ordenou a prisão do editor, mas já era tarde. O estrago estava feito.

Ovando sabia que a carta iria comover os mineiros e os sindicatos. As minas do noroeste do país eram a força vital da economia boliviana. Elas forneciam boa renda para os trabalhadores, mas os mineradores haviam sempre trazido problemas para o governo boliviano, mesmo depois da revolução de 1952. Os sindicatos de mineradores eram poderosos e faziam lobby para melhorar as condições de vida e de trabalho dos mineiros. A tensão cresceu enormemente após o golpe militar de 1964. Em maio de 1965, o governo prendeu e exilou vários líderes sindicais de esquerda, matando, no mínimo, um. Tropas ocuparam as minas, desencadeando um confronto sangrento, que se estendeu por muitos dias, nas minas e nos arredores de La Paz. Quando se chegou a uma trégua, 48 mineiros haviam sido mortos, e 284, feridos.

Ovando e Barrientos estavam receosos de que o confronto viesse novamente a se inflamar e que os guerrilheiros capitalizassem sobre os descontentes. E também não ajudava o fato de que órgãos internacionais de imprensa vinham publicando artigos negativos contra eles. Uma manchete do *Washington Post* retumbava: GUERRILHEIROS ISOLADOS IMPÕEM UM PERIGO CRESCENTE À BOLÍVIA. A matéria alertava que a guerrilha ameaçava a estabilidade boliviana:

> *O significado da força da guerrilha reside em seu potencial de agir como catalisadora de elementos altamente voláteis da estrutura política boliviana. Ficando simplesmente à margem, a guerrilha pode, ainda assim, disparar uma reação explosiva num país sem paralelos na América do Sul, pelo caráter sangrento e instável de sua história política.*

Os comentários mais duros foram reservados aos militares: "Reforçar a possibilidade tem sido a reação das forças armadas à ameaça, como se estivessem seguindo o roteiro de uma película dos *Keystone Kops*.* Oscilando entre a censura de notícias e pronunciamentos contraditórios e estapafúrdios, os militares conseguiram confundir a todos a respeito da ameaça e da campanha para combatê-la."

---

* Os *Keystone Kops* (Guardas Keystone) foram personagens de uma série de comédia pastelão dos tempos do cinema mudo, exibida na década de 1910. Eram policiais incompetentes e trapalhões. (*N. do T.*)

O artigo concluía qualificando as forças armadas de "pequenas, mal equipadas e, em grande parte, mal treinadas".

Ovando sabia haver ali uma dose de verdade. Vinha tentando havia anos reconstruir o Exército, que perdera poder depois da revolução de 1952. O governo antimilitar foi a razão pela qual ele e Barrientos arriscaram tudo no golpe de 1964. Por isso os Boinas-Verdes norte-americanos estavam na Bolívia, treinando os seus soldados.

Então, quase dois meses após a primeira emboscada, Ovando queria saber quando os soldados estariam prontos — não apenas para caçar os guerrilheiros, mas para esmagar um levante nas minas. Era hora de visitar La Esperanza.

* * *

Em meados de maio, as ruas e os campos de La Esperanza achavam-se coalhados de homens de uniforme. Mas, com toda a comoção, não havia dúvida sobre quem estava no comando.

O major Shelton era visto em toda parte, pulando de reunião em reunião com sua prancheta. Estava nos campos, acompanhando de perto os trabalhos dos soldados das Forças Especiais, que utilizavam ferramentas de mão para construir um grande campo de treinamento para os Rangers. Haviam erguido uma pista com barreiras, um percurso com obstáculos, um estande de reação rápida — onde trilhas na floresta eram equipadas com alvos no formato do inimigo, que surgiam subitamente —, um circuito pelo rio, um campo de tiro ao alvo.

Shelton inspecionou o trabalho. Chegou mesmo a ajudar na construção, trabalhando lado a lado com seus homens e os soldados bolivianos no calor tropical.

Shelton aproveitava cada minuto. Por onde andasse, abria sempre aquele seu largo e amigável sorriso, enquanto conversava com soldados, oficiais e aldeões. Ouvia e oferecia soluções. Estava frequentemente exausto no fim do dia, mas que importava? Orgulhava-se de resolver problemas e extrair o melhor dos seus homens. Sua conduta tranquila era estimulante. Todos trabalhavam duro e, mais tarde, iam relaxar no Quiosque do Hugo.

Uma das primeiras providências de Shelton foi criar um "canal" para trazer mantimentos indispensáveis a La Esperanza. Normalmente, as equipes das Forças Especiais iam a campo com caixotes, e eram reabastecidas uma ou duas vezes por mês, mediante um avião cargueiro C-46 de longas distâncias. Nesta missão, eles contavam com um C-130 à sua disposição. Shelton fez uso dele.

Dias após a sua chegada, ele adquiriu um refrigerador trazido no avião de carga, pedido especial feito por um piloto local de monomotores contratado para a equipe. Depois disso, não havia nada que o piloto não fizesse pelo grupo. Ele voava por toda a região, apanhando homens e mantimentos.

Uma vez providenciado o canal, Shelton utilizou-o para suprimentos críticos. Desde o início, notara que os Rangers mostravam-se hesitantes em puxar o gatilho nos exercícios de combate, e pareciam não levar muitas balas consigo. Ele questionou o capitão boliviano Julio Cruz:

— Quantos projéteis por atirador estão sendo utilizados para o percurso? — perguntou ele a Cruz. — Quanto de munição verdadeira o seu Exército fornece para o treinamento de cada homem?

— Estão autorizadas dez balas para cada recruta.

— Dez balas? — Shelton ficou perplexo. — Como você pode ensinar-lhes alguma coisa assim?

O capitão Cruz explicou o método boliviano de treinar soldados:

— Primeiro, nós falamos com eles. Depois, os mandamos agir.

Shelton ouvira o bastante. Se era para esses fazendeiros aprenderem a atirar, eles precisavam de prática. Assim, solicitou munição suficiente para garantir a cada atirador 5 mil balas de verdade.

Shelton percebeu também que os soldados bolivianos só dispunham de um uniforme cada, e não tinham cantis, ponchos, ou rações embaladas para o campo. Aquilo tinha que mudar. E suas rações eram um lixo: café e um pouco de pão para o desjejum e o almoço. O jantar não era melhor. Os cozinheiros do Exército boliviano — remanescentes da Guerra do Chaco — começavam a preparar o jantar enchendo tambores com mais de 200 litros de água. Ali, eles jogavam arroz, batatas e alguns pedaços de carne — por vezes uma sucuri retalhada, quando conseguiam pegar alguma. Acendiam um fogo sob os tambores e, cerca de uma hora mais tarde, serviam aquele caldo nas tigelas. Era uma clássica gororoba.

Os homens não ingeriam calorias suficientes para suportar o rigoroso treinamento. Não tinham a estamina e a força corporal necessárias para completar alguns dos exercícios, especialmente os de subir pela corda.

Shelton espiou a lista de coisas por fazer em sua prancheta. Obter mais fundos para comprar comida de qualidade estava no topo.

Conversou com Prado, que ia ao seu escritório ao fim de cada dia. Eles revisavam o treinamento e a programação, e o *feedback* que Prado recebia dos soldados.

— Você é meus olhos e ouvidos lá fora, Gary — disse-lhe Shelton depois de uma reunião. — Para que esta missão seja bem-sucedida, vou precisar da sua ajuda. Você é tão importante quanto qualquer homem nesta missão.

Prado ficou radiante. Décadas mais tarde, ele ainda se lembraria daquelas palavras elogiosas.

Shelton convenceu Harry Singh, americano da Agência dos Estados Unidos para o Desenvolvimento Internacional (USAID), de que ajudar os Boinas-Verdes a construir uma área de treinamento e uma escola melhoraria as relações com os habitantes locais. Então, Singh, encarregado para um projeto de construção de uma estrada em La Esperanza, financiado pela USAID, utilizou suas escavadeiras para abrir uma via conectando o campo de treinamento àquela estrada. E, de uma hora para outra, La Esperanza contava com acesso direto à via expressa que levava até Santa Cruz.

Shelton disse a Singh que projetos cívicos como o dele eram parte da estratégia de contrarrevolução americana. Singh concordou em ajudar Shelton e os seus Boinas-Verdes a reconstruir a escola de La Esperanza até o fim do ano. Os americanos programaram-se para partir em dezembro, e a escola seria o seu legado para o vilarejo.

O temperamento populista de Shelton servia-lhe bem. Ele era dotado de um senso de justiça social — a crença de que os americanos tinham a obrigação de melhorar a vida dos outros. E saber ser aquela a sua última missão era algo libertador. Não precisava ter cautela ao solicitar o auxílio de outras agências. Já não tinha que se preocupar em agradar oficiais superiores para que eles não retardassem uma promoção.

Shelton parara de aturar bobagens. Estava fazendo a coisa certa, a sua missão era de alta prioridade, e, sendo assim, os burocratas dos altos escalões basicamente deixavam-no em paz. Ajudava o fato de contar com o respeito do alto-comando do SOUTHCOM, que conhecia o seu trabalho. Shelton gozava da sua confiança e, todos os dias, fazia uso de um dos poderosos rádios da equipe para atualizá-los sobre o seu progresso. Os encontros musicais prosseguiam no Quiosque do Hugo. Quase todas as noites, aldeões chegavam com seus instrumentos. Os vaqueiros locais adoravam aquilo, e paravam sempre para uma cerveja e um bate-papo com os homens. Contavam a Shelton as fofocas que andavam circulando em La Esperanza e arredores.

Quando o capitão Harvey Wallender chegou do Panamá para assumir a seção de inteligência da equipe, no outono, descobriu que o seu trabalho em La Esperanza já estava feito. Os homens de Shelton haviam construído uma relação amigável entre o vilarejo e os Rangers. Wallender maravilhou-se ao perceber como os bolivianos viviam ao redor de Shelton, rindo de suas piadas. Segundo Wallender, parecia que o idolatravam.

E aquilo tudo ajudou quando Shelton teve de enfrentar um problema de saneamento.

Os bolivianos não sabiam nada a respeito de saneamento rural. Não havia banheiros internos no campo de treinamento, e muitos dos homens jamais haviam visto papel higiênico. Em La Esperanza, quando tinham de fazer as necessidades, eles urinavam e defecavam do lado de fora de suas tendas, no depósito. O fedor era de chorar, e a imundície trazia risco à saúde. Logo, a equipe de Shelton ensinou aos bolivianos a cavar — e usar — um fosso como latrina, a maneira mais simples de se fazer um banheiro. Mas os bolivianos foram ainda relutantes em usá-lo. O sargento Dan Chapa, finalmente, deu-lhes um empurrãozinho — não era mais permitida a presença de fezes e urina dentro de um perímetro de 20 metros dos prédios habitados, e as mãos deveriam ser lavadas com água e sabão após o ato consumado. Aqueles que não o fizessem teriam de cavar sozinhos o próximo fosso.

Era bem básico, mas Shelton pôde notar o progresso.

No dia 10 de maio, Ovando introduziu-se de surpresa no campo. Shelton ficou feliz por tudo estar em ordem. Uma vez dentro do escritório de Shelton, Ovando questionou-o detidamente sobre o andamento dos trabalhos.

Shelton foi honesto. Era ainda 10 de maio, o treinamento mal começara, mas tudo corria bem. Haviam passado as duas últimas semanas se estabelecendo e construindo a estrutura para o treinamento. Ovando franziu a testa. Esperava bem mais.

— Mostre-me o local — pediu ele.

Enquanto caminhavam para o campo de treino, Shelton descreveu as quatro fases do programa, e como haviam recém-iniciado a primeira: seis semanas de treinamento básico.

Um grupo de soldados estava aprendendo a montar, desmontar e limpar os seus rifles M-1 Garands. Não era incomum ver os soldados, no início, tendo problemas com exercícios básicos. Afinal, a escolaridade de um recruta Ranger padrão era o ensino fundamental. O general tamborilava com os pés e parecia tenso.

— Devo regressar a La Paz — disse, virando-se em direção à sua comitiva. — Quanto tempo mais?

— Senhor, nosso treinamento requer 179 dias. Isso é quanto vai durar. Mas, quando tiverem terminado, eles estarão prontos para cumprir qualquer missão — garantiu Shelton.

O general encolheu os ombros.

— Tanto tempo assim?

Shelton foi firme:

— Sim, senhor. — Esforçando-se por manter a compostura, olhou Ovando direto nos olhos. — Podemos fazer da maneira certa ou da maneira errada. Quando eu faço algo, faço da maneira certa.

— A Bolívia precisa desses homens no terreno agora — afirmou o comandante. — Não há tempo a perder.

— Senhor — falou Shelton —, eles acabaram de iniciar o treinamento. Não estão prontos.

Ovando notou que Shelton estava sendo honesto. E concordou com ele: era muito arriscado enviar mais homens destreinados para a selva.

— Muito bem, major! — exclamou Ovando. — Prossiga com o bom trabalho.

Shelton observou enquanto o comboio voltava a Santa Cruz. Ele não disse nada

* * *

Valderomas parou sob um céu iluminado de estrelas, sentindo-se bem. Passara a noite no Quiosque do Hugo, bebendo cerveja e cantando com os seus amigos e o alegre violonista americano. Os soldados pareciam trazer uma excitação dentro de si, e o receio inicial dos moradores havia sumido. Um homem do acampamento pagara-lhes bem, acima do preço médio, por um carrinho cheio de frutas, e pedira-lhes que trouxessem cebolas da próxima vez — era como os trabalhadores do engenho de açúcar costumavam fazer. Um grupo de militares foi visto na escola abandonada, medindo paredes e janelas — o prefeito contou que eles consertariam o local.

Valderomas sentia-se feliz com aquilo. Mesmo assim, não gostava inteiramente da situação. Muita gente convergira para lá ao mesmo tempo, muitos estrangeiros. Algo de ruim estava para acontecer.

Valderomas ainda proibia a família de manter qualquer contato com os soldados — especialmente os americanos. Dos seus assuntos cuidava ele.

Nem todas as famílias pensavam daquele jeito. Cozinheiras e empregadas, garotas locais, estavam lá todos os dias, servindo os soldados americanos. Valderomas podia notar o modo como alguns soldados olhavam para elas. A família Roca, um clã respeitável, achava-se um tanto preocupada com a sua filha Dorys. Ela estava obviamente flertando com aquele americano alto, de bigode. Valderomas não era cego. A moça era jovem e bonita. Procurava encrenca, aquela ali.

E havia muito barulho. Tiros, escavadeiras, caminhões, gritos — ininterruptamente, noite e dia. Ainda que fossem bons para todo mundo, Valderomas esperava que os soldados fossem embora logo, para que pudesse voltar a dormir.

11

"Não temos certeza"

Lá pelo início de junho, o treinamento dos Rangers tornara-se penoso para Mario Salazar. Ele pensava estar em boa forma quando chegou a La Esperanza, mas o trabalho no campo não o preparara para os longos dias de corrida, escalada e mergulho. No fim do dia, cada músculo do seu corpo doía e latejava. Agora eles davam início às manobras noturnas, e, assim, haveria menos tempo para se recuperar nos intervalos do suplício.

Ele ficou em pé do lado de fora das barracas improvisadas, sob o nascer do sol, e observou os homens dirigindo-se aos campos de treino. Alguns enchiam os bolsos com pedaços de pão, energia para mais tarde. Salazar olhou para o céu, uma confusão de tons pastel — vermelho, laranja e amarelo. Ele estava designado para mais um dia quente na pista de obstáculos. Subida de corda.

Mario sofria com a subida de corda. Bem, quase todos sofriam. Era algo novo para todo mundo, eles não compreendiam o sentido daquilo, e muitos simplesmente não tinham força para se erguer.

A corda pendia de uma viga de aço situada 8 metros acima do piso do engenho de açúcar. Alguns tinham medo da altura, mas, para Salazar, o problema eram as queimaduras nas mãos.

Ele finalmente pegou o jeito na sua última subida. Enrolou a extremidade inferior da corda em torno da sua panturrilha direita, e pressionou-a com o pé esquerdo para se manter no lugar. Mas, quando estava subindo, ele escorregou. Deslizou corda abaixo, agarrando-se por sua vida. Atingiu o solo sem quebrar nenhum osso, mas a fricção causou-lhe profundas queimaduras nas palmas de ambas as mãos. Mario era muito orgulhoso para procurar o médico. Lavou as queimaduras cuidadosamente, mas, durante a noite, mosquitos e outros insetos atacaram-lhe as feridas. Agora, as suas mãos estavam inchadas. Saía pus das crostas enegrecidas das feridas. Salazar cerrou os punhos de dor e rumou para o campo.

Prado percebeu e disse-lhe que cuidasse das feridas.

— No fim do dia, senhor — respondeu ele. — Não quero perder o ritmo.

Nada iria desviá-lo dos trilhos. Ele queria conquistar o respeito dos oficiais. Se saísse para tratamento, poderia ser afastado durante dias.

Mario achou o seu lugar na formação, e um dos americanos começou a cantar: "*Lo mas duro! Lo mejor!*" "Quanto mais duro, melhor!" Os soldados acompanharam. Era o jeito das Forças Especiais de elevar o moral, criando confiança. Se gritassem bastante, passariam a realmente acreditar naquilo. Era como uma preleção motivacional antes de um grande jogo de futebol, e começava a funcionar.

Algumas semanas antes, os soldados baixavam a cabeça. Eram hesitantes em disparar suas armas ou mesmo olhar os oficiais nos olhos. Não mais. Salazar deu-se conta de que acabara de recusar a ordem de um oficial. Estava adquirindo confiança.

Ao entrar na fila, Salazar notou que o coronel do Exército boliviano Jose Gallardo, comandante de todo o novo regimento de La Esperanza, vinha em sua direção. Salazar sentiu ainda mais a pressão.

O soldado à frente de Salazar agarrou a corda e começou a se erguer, enquanto o instrutor americano gritava palavras de incentivo. Quando o soldado chegou no topo, o americano bateu palmas de satisfação. O homem desceu pela corda feito um macaco, e entregou-a a Salazar. Era a sua vez. Iria mostrar a eles que também era capaz de fazê-lo. Mario enrolou a corda entre as pernas. Segurou a corda com tanta força que as palmas das mãos ficaram dormentes, e pôs-se a subir lentamente. Quando cansado, enroscava os pés de modo a se manter no lugar. A dor em suas mãos era excruciante — como um enxame de formigas-lava-pés. Ele suportou a dor. De algum modo, Mario reuniu forças até que, sem fôlego, com a pele em carne viva, finalmente chegou ao topo. Olhando ao redor, pôde ver toda a área de treino — os campos de tiro, o "escorregue pela vida", ou tirolesa, em que soldados deslizavam por uma roldana até uma poça. Com o americano aplaudindo, ele foi descendo palmo a palmo até o chão. Os outros soldados deram-lhe tapinhas nas costas. Prado puxou-o de lado, comentou "muito bom", e disse-lhe que fosse ao centro de primeiros socorros. Lá, o médico lavou e medicou as suas mãos, enfaixando-as com gaze e esparadrapo. O alívio foi espetacular. Quando o médico acabou, a unidade de Salazar já havia passado da subida na corda para um outro obstáculo — este ainda mais intimidador.

Os soldados subiram no alto de um grande reservatório — a mais de 3 metros do solo — e saltaram. Depois de alguns bolivianos terem torcido os tornozelos, os soldados das Forças Especiais puseram colchões infláveis para amortecer a queda. Era outro exercício para fortalecer a confiança e a resistência. Salazar observou os amigos subindo e saltando, rolando e erguendo-se novamente. A sua condição médica o dispensava das atividades pelo resto do dia, mas subir no tanque e pular? Ele não precisava das mãos para aquilo. Correu, então, para o fim da fila.

Quando chegou ao topo do reservatório, Salazar pulou sem hesitar. Na primeira vez, as suas pernas curvaram-se ao atingir o solo. Na segunda, porém, ele aterrissou perfeitamente. Ele sorriu e correu para saltar de novo. Em todos os exercícios, a repetição era o segredo. Eles treinavam seguidamente, até que a prática virasse uma segunda natureza.

Naquela noite, Salazar equilibrou um lápis em sua mão enfaixada e rabiscou uma carta para a mãe. "Tenho trabalhado duro, mas estou me acostumando", escreveu. "Depois de muitas tentativas, eu finalmente consegui subir numa corda, e, em outro exercício, pulei de uma alta beirada e caí em pé. Após semanas, todos estamos pegando o jeito. Estamos nos unindo. Tenho fé de que tudo dará certo. Sentimos como se estivéssemos fazendo algo grandioso."

Salazar pediu-lhe que não se preocupasse. Ele estava fazendo algo nobre. Encerrou a carta dizendo à mãe que sentia a sua falta e que pensava em todos da família. Em seguida, fechou os olhos e adormeceu.

* * *

Os médicos James Hapka e Jerald Peterson faziam todo o possível para manter os bolivianos com saúde. Ao longo das semanas, realizaram exames nos soldados. E não gostaram do que viram.

Alguns dos homens nunca haviam sido examinados por um médico. Os médicos das Forças Especiais não eram doutores em medicina, mas tinham formação mais que suficiente para prevenir doenças, tratar feridas e manter os soldados vivos no campo. Agora era o momento da prevenção, quando havia tempo suficiente para isolar e tratar condições que poderiam prejudicar a missão mais à frente. Hapka e Peterson tinham uma tarefa à sua altura.

Antes de embarcar para a missão, ambos haviam pesquisado sobre doenças locais, parasitas, escorpiões, aranhas e cobras. Aprenderam que o sudoeste da Bolívia era um foco de hepatite B e febre amarela. Eles deveriam curar doenças e ferimentos no campo de treinamento, organizar uma clínica para atendimento aos aldeões e treinar soldados bolivianos para trabalhar como médicos em suas companhias. Com o passar do tempo, os médicos americanos descobriram problemas de saúde de longa data minando a força da tropa. Higiene dental era algo de que os recrutas nunca tinham ouvido falar. Suas bocas doíam constantemente graças a gengivite e dentes podres. Era preciso ordenar para que alguns soldados tomassem banho ou lavassem as roupas, além de ensiná-los como fazer. O problema da higiene agravava-se quando eles se feriam durante os treinos.

Nas primeiras semanas, dezenas de homens arranharam-se ou cortaram-se ao trabalhar e treinar nos campos repletos de espinhos. As *venchugas* [barbeiros], um tipo enervante de inseto, atacavam as feridas e pioravam as infecções. Moscas depositavam ovos nas feridas, que viravam dolorosos furúnculos, os quais precisavam ser estourados e limpos.

Os soldados das Forças Especiais não estavam imunes. Os homens de Shelton encontraram escorpiões venenosos, além de cobras e aranhas, especialmente nas áreas mais arborizadas. Tentavam se proteger à noite por meio de mosquiteiros, mas eles não ajudavam muito. Os homens viviam cobertos de manchas e picadas, que coçavam um bocado.

Os médicos sabiam que, com todas aquelas armas e munição ao redor, eles deviam estar preparados para mais do que simples picadas de inseto. Mantinham as suas bolsas médicas repletas de bandagens, torniquetes, líquidos intravenosos, talas e analgésicos. Em algum momento, eles sabiam que tudo aquilo seria necessário.

* * *

Em La Paz, era crise atrás de crise — e Barrientos pondo a culpa de tudo em Che e nos malditos guerrilheiros, que estariam incitando distúrbios nas cidades. Tinham de estar, pensava ele. Tudo parecia desabar ao mesmo tempo, logo, alguém havia de se encontrar por trás daquilo. Uma greve de professores paralisara as escolas, e os sindicatos de mineradores faziam novas demandas a cada dia.

Em princípios de junho, Barrientos, irritado, tomou medidas fortes para exercer o controle total. Primeiro, ele pôs toda a nação sob estado de sítio. Todos os direitos individuais — e, para começo de conversa, já não havia muitos — foram suspensos. Quem quer que protestasse contra o governo era preso. Ninguém ousava chamar o presidente de ditador, mas a palavra de Barrientos era lei.

Em uma manobra para enfraquecer professores grevistas, ele decretou "férias de inverno adiantadas". As crianças foram mandadas para casa, e as escolas, fechadas. Portanto, não importava que os professores estivessem em greve.

Dias depois, Barrientos perdeu a paciência com os mineiros.

Eles não poderiam ter sido mais provocadores. Em assembleia no dia 6 de junho, os mineiros de Huanuni deram uma demonstração aberta de desafio, declarando solidariedade aos guerrilheiros. Protestos em outras regiões denunciavam as arriscadas condições de trabalho e práticas injustas. O presidente enviou o Exército. As tropas ocuparam os distritos de Catavi e Siglo XX — importantes centros mineradores de estanho. Mas nada preparara o país para o próximo passo de Barrientos.

Na noite de 23 de junho — véspera da festa de São João, importante feriado na Bolívia —, trabalhadores da mina Siglo XX reuniram-se com líderes sindicais e políticos de esquerda. Fizeram um comício, pedindo reajuste salarial e a recontratação de mineiros demitidos. Na manhã seguinte bem cedo, enquanto os mineiros e suas famílias dormiam, tropas invadiram o acampamento. Quando os mineiros resistiram, os soldados abriram fogo.

O governo informou que dezesseis pessoas foram mortas e 71 feridas. Mas os mineiros falaram em aproximadamente noventa mortos, muitos deles mulheres e crianças. Eles chamaram o ocorrido de Massacre do Dia de São João. Barrientos não demonstrou remorso. Acreditava possuir a autoridade não apenas para enviar tropas, mas também para empregar força letal. Os mineiros, argumentou, tinham provocado os soldados. Eram eles os culpados.

E os oficiais norte-americanos elogiaram a ação. O embaixador Henderson disse que ela se justificava. Em Washington, Walt Rostow, assistente especial do presidente para assuntos de segurança nacional, encaminhou um relatório de três páginas tranquilizando o presidente Johnson, e informando que a crise precipitada pelos mineiros havia, aparentemente, "chegado a termo".

Ele pintou um retrato colorido da Bolívia: as passeatas de estudantes estavam diminuindo, e os mineiros pareciam haver capitulado desde que Barrientos assumira uma atitude mais dura. Qualquer ameaça bem-sucedida vinda de outro distrito era preventivamente afastada, porque o governo e as forças armadas mantinham-se unidos. Rostow disse que a vida na Bolívia voltava ao normal e que os problemas restantes eram "uma queda na receita do governo" e "a guerrilha".

O relatório nunca explicou que a queda da receita dava-se, em parte, porque o regime de Barrientos estava tomado pela corrupção. Ou que Che Guevara liderava a guerrilha.

Os EUA tentavam havia anos localizar o rastro de Che, perseguindo o seu fantasma pela África, América Latina e Sudeste Asiático. Analistas do serviço de inteligência haviam traçado um extenso perfil. O ícone barbudo entrara na cena internacional quando Castro chegou ao poder em Cuba. Che e Castro eram quase como irmãos e partilhavam um fervor missionário na ideia de Cuba como suporte de outras revoluções. Che era um comunista evangelizador, e o seu desprezo pelos EUA e por sua hegemonia econômica era parte de seu atrativo numa era de rebeldia juvenil e paranoia da Guerra Fria.

Che fora também um adolescente rebelde, naqueles dias de estudante numa confortável escola de classe média na Argentina. Seus amigos o chamavam de "Chancho", ou "Porco", porque ele vestia sempre roupas sujas e amarrotadas. Era tudo jogo de cena. Che gostava de se apresentar como um fora da lei.

Ele adorava bancar o solitário, o rebelde. Ganhou o apelido Che — que significa "e aí?" em espanhol — porque vivia usando a interjeição. Era o equivalente de "*Yo!*".

Os americanos sabiam tudo de Che, exceto onde ele estava. A CIA afirmava que ele morrera, seu corpo jazendo em alguma cova rasa na República Dominicana. O embaixador Henderson acreditava firmemente que Che não estava na Bolívia.

Mas a Bolívia dispunha de mais informações. Dias após o Massacre do Dia de São João, Ovando convocou a mídia nacional e internacional para uma coletiva de imprensa. Ele revelou as informações passadas por Debray às autoridades a respeito das atividades de Che Guevara na Bolívia.

Aparentemente, Debray "havia falado mais do que o necessário, embora ainda não saibamos as implicações disso tudo, nem as circunstâncias em que ele teria dito o que disse", informou-lhes o general.

Em outras palavras, Debray confessara que Che estava ativamente envolvido na guerrilha. Debray, o intelectual marxista, delatara o seu herói.

Ovando não disse mais nada. Nem precisava. Suas declarações foram suficientes para atrair ainda mais atenção internacional para a Bolívia.

A CIA rejeitou as declarações de Ovando. Henderson desdenhou-as. Mesmo assim, ele solicitou à embaixada norte-americana que preparasse um estudo chamado *Che Guevara está na Bolívia?*, de modo a amainar os temores americanos.

A conclusão do estudo era: "Não temos certeza."

Mas Barrientos não tinha dúvida de que Che estava vivo e na Bolívia, criando-lhe todo aquele desastre. Não era uma questão de saber "se" Che atacaria novamente — mas "quando".

12

Estado de sítio

Os homens barbados, em uniformes verdes, saltaram da picape e apontaram os seus rifles para o rosto do tenente Juan Vacaflor.

Perplexo, o oficial boliviano não teve tempo de reagir. Em dado momento, ele e alguns dos seus soldados lanchavam numa birosca ao lado de aldeões; no momento seguinte, meia dúzia de guerrilheiros gritavam "mãos ao alto" e agitavam suas armas.

Não tiveram escolha. Ergueram as mãos e se renderam. Os homens armados ordenaram-lhes que sentassem em fila no chão e mantivessem as mãos visíveis.

Aqueles não eram contrabandistas de drogas, pensou Vacaflor. Alguns tinham sotaque cubano. Ele se encontrava diante dos mercenários estrangeiros que a sua unidade vinha caçando no interior da floresta. E ali estavam eles, em plena luz do dia, nos arredores de Samaipata.

Samaipata, um vilarejo quéchua, situava-se a aproximadamente 120 quilômetros ao sudoeste de Santa Cruz, no sopé dos Andes. Seu clima frio, de elevada altitude, fazia dela um popular refúgio para os habitantes da cidade. Era também um ponto estratégico, bem no alto da estrada principal ligando Cochabamba a Santa Cruz.

Se os guerrilheiros assumissem o controle de Samaipata, poderiam obstruir a principal artéria entre as duas cidades.

Vacaflor observava cautelosamente enquanto mais guerrilheiros surgiam da picape, espalhando-se e encurralando os aldeões junto à birosca. Por semanas, ele escutara que os guerrilheiros moviam-se pela região. Pareciam estar sempre um passo à frente do Exército, mesmo com os camponeses informando sobre os seus movimentos.

Ele tinha de avisar os seus homens na cidade.

O Exército boliviano estava distribuído em pequenas unidades ao longo da estrada. Vacaflor não dispunha de rádio. Seu único meio de comunicação era o sistema de telégrafo do estado, que frequentemente não funcionava. Estava isolado, sem meios de alertar os seus homens e as outras unidades vizinhas.

Vacaflor escutou os guerrilheiros conversando sobre comida e suprimentos médicos. Aquele não era um ataque para valer, mas uma missão de reabastecimento, uma ida às compras.

Ainda assim, Vacaflor sabia que corria perigo. Estava a par dos homens mortos nas emboscadas da primavera, e todos sabiam que aqueles ali eram assassinos frios. Havia seis guerrilheiros na picape: Ricardo, Chino e Pacho eram estrangeiros. Os demais, bolivianos.

Havia uma caminhonete da petrolifera norte-americana Gulf Oil Company estacionada próxima à birosca. Pacho, um cubano, estava sentado dentro da cabine. Moradores locais e dois homens da Gulf Oil observavam. Ninguém se movia. Assim como os soldados, eles também estavam chocados de ver os guerrilheiros pessoalmente.

Um dos guerrilheiros foi até a birosca e comprou bebidas para todos. Ao andar, os braços carregados de garrafas, ele sorria como o anfitrião de uma festa. Parou perto de Vacaflor e entregou-lhe uma bebida. Antes que ele pudesse terminar de beber, quatro guerrilheiros apontaram-lhe as armas, ordenando-lhe que se levantasse.

As pernas de Vacaflor tremeram, e os guerrilheiros levaram-no, junto com o seu sargento, para a picape. Dois guerrilheiros permaneceram na estrada, vigiando a rodovia.

— Leve-nos à sua caserna — ordenou um guerrilheiro a Vacaflor.

Ele não podia fazer nada além de obedecer. A picape desceu pelo caminho acidentado até o centro da cidade. Vacaflor observava os edifícios coloniais e podia sentir o pavimento das ruas sob os pneus. A picape parou em frente à porta da escola usada como caserna pela unidade do tenente. Chocado, sem proferir uma palavra, ele viu quando os guerrilheiros agarraram o sargento e o empurraram através do portão até o pátio.

— Qual é o código? — sussurrou um guerrilheiro. — Diga o código. Peça-lhes para abrir o portão.

Vacaflor não podia ouvir o que estava sendo dito, mas viu o sargento parar diante da porta e inclinar-se como se falasse com alguém às suas costas.

O portão abriu-se lentamente, e os quatro guerrilheiros entraram rápido, empunhando as armas, gritando para que os homens lá dentro se rendessem. O estampido de um Mauser cortou o som dos gritos feito uma motosserra. Vacaflor escutou os guerrilheiros devolvendo os tiros. O tiroteio durou alguns segundos, até que ele viu muitos de seus soldados sendo conduzidos para fora da escola com as mãos sobre as cabeças.

Dirigindo-se ao portão, Vacaflor correu para a guarita que ficava dentro do pátio. O corpo do soldado José Verezain jazia estendido no chão. A mancha de sangue em sua túnica crescia enquanto o coração de Verezain pulsava ainda umas poucas vezes antes de parar. Vacaflor fez o sinal da cruz sobre o homem, e então virou-se, indo se juntar aos demais soldados no lado de fora da escola.

Dois guerrilheiros esbarraram nele com um carregamento de rifles Mauser e uma metralhadora leve. Os soldados bolivianos mantinham as cabeças baixas. Se Vacaflor achou que os guerrilheiros talvez o executassem lá na birosca, estava certo de que o fariam agora. Não conseguia afastar da mente a imagem do corpo de Verezain, os seus olhos vazios. Pelo menos, o soldado tivera a oportunidade, e a coragem, de contra-atacar.

Depois de abastecer a picape com as armas, três guerrilheiros foram até Vacaflor.

— Venha conosco — disse-lhe um deles.

Era o fim, pensou Vacaflor. Os guerrilheiros deixaram dois homens vigiando os seus nove soldados. Os outros dois conduziram-no até o mercado e a farmácia. Compraram comida enlatada e doces, pagando em dinheiro vivo. Na farmácia, pegaram ataduras, álcool e aspirinas. Pediram ao farmacêutico algum remédio contra asma, mas a farmácia só dispunha de medicamentos corriqueiros, nada para asma. Os homens pagaram e seguiram novamente para a picape.

Vacaflor ouviu um dos guerrilheiros apressando os companheiros, pois uma patrulha do Exército poderia chegar e eles não queriam ser surpreendidos em plena cidade. Ele sabia não haver patrulhas naquela região, mas não contaria aquilo aos guerrilheiros.

Os homens jogaram os suprimentos dentro da picape e mandaram Vacaflor entrar na cabine. Recolheram seus companheiros na escola e na birosca, arrebanhando também seus homens. A picape abarrotada chafurdava na pista barrenta. Vacaflor não tinha ideia de para onde o estavam levando. Rezava em silêncio para que ele e os seus homens fossem poupados — os guerrilheiros já haviam soltado prisioneiros antes. Depois de quase 1 quilômetro, os guerrilheiros encostaram e mandaram os soldados descer.

Colocaram-nos em fila e ordenaram que se despissem. Os guerrilheiros apanharam roupas, documentos e dinheiros dos soldados, subiram de volta na picape e partiram.

Vacaflor ficou olhando até que as luzes traseiras da picape desaparecessem no horizonte. Respirou fundo. Sobrevivera. Os soldados voltaram caminhando para a cidade. Estavam gratos por terem sobrevivido, mas temiam pelo futuro. Vacaflor começou a elaborar mentalmente o vexaminoso relatório que teria de entregar aos seus comandantes. Seis guerrilheiros haviam invadido a sua cidade, matado um dos seus homens, tomado à força uniformes e armas e, em seguida, desaparecido. Não houve como persegui-los. Tratava-se de uma terrível derrota.

O tenente acrescentou um adendo ao relatório. Em lugar de meros seis guerrilheiros anônimos, o próprio Che Guevara, em pessoa, participara do ataque a Samaipata. O revolucionário abrira caminho até a escola, matara o soldado, e roubara todo o equipamento de Vacaflor.

* * *

O ataque virou notícia internacional.

Os relatos da imprensa, de uma hora para outra, passaram a descrever guerrilheiros sanguinários invadindo a região sudeste do país. Residentes de Samaipata alegaram que cerca de quarenta a setenta guerrilheiros haviam realizado o ataque — liderados por um Che de olhos ardentes e boina preta. Alguns relatos diziam que os guerrilheiros bloquearam a rodovia entre Cochabamba e Santa Cruz — uma rota vital para o transporte de açúcar, arroz, milho, madeira, álcool e turistas.

Barrientos e o alto-comando boliviano estavam em choque. Mais de três meses após os primeiros tiros terem sido disparados, os guerrilheiros ficavam mais fortes e insolentes. Em certo sentido, o alto-comando dava-se até por satisfeito: o que teria acontecido se um trem de passageiros estivesse passando por Samaipata quando do assalto guerrilheiro? E se tivessem parado o trem e roubado os passageiros? Barrientos tentava desesperadamente evitar que as coisas saíssem de vez do controle. Já havia pânico suficiente. Famílias do campo fugiam para a cidade, e os que ali viviam consideravam seguir para o norte, escapando das zonas problemáticas.

A imprensa internacional cobria o caos. O *New York Times* afirmou que o governo boliviano estava "com sérios problemas", enfrentando rebeliões ostensivas dos guerrilheiros, políticos rivais, negociantes insatisfeitos, agitação estudantil, e os mineiros. "Como o governo de Barrientos poderá resistir enquanto a Bolívia é varrida pela violência e a discórdia passa agora a ser a questão principal", entoava o editorial.

A política norte-americana era manter Barrientos no poder o máximo possível, a teoria sendo a de que "o bonitão ex-general da força aérea" era "o melhor de uma safra medíocre". Mas a paciência de Washington aos poucos esgotava-se.

Mantendo-se apenas a distância, o governo estava permitindo que os guerrilheiros vencessem militarmente. Especialistas norte-americanos mostravam-se aturdidos com a "baixa qualidade e fraca motivação dos soldados de infantaria bolivianos".

"É difícil imaginar como um golpe de Estado contra o presidente Barrientos ajudaria a resolver quaisquer dos violentos problemas do país", escreveu um jornal. "No entanto, um golpe não parece algo remoto. Mas, depois dele, o futuro da Bolívia estaria totalmente indefinido."

Frustrado, Barrientos renovou os pedidos por mais equipamento norte-americano. Ovando pressionou nações vizinhas por mais recursos. Barrientos voltou-se para os Rangers em treinamento. Precisava deles para agora, não para depois. O país enfrentava um perigo sem precedentes.

Barrientos ordenou-lhes que se apresentassem de imediato para o dever.

Mas ele não contava com a vigorosa resistência de Shelton. Os Rangers ainda não eram Rangers, disse Shelton ao SOUTHCOM. Se eles fossem para o terreno agora, seria uma grande lambança. Precisavam de mais treinamento. O oficial mais alto no Panamá disse "não" ao presidente. Os Rangers permaneceriam em La Esperanza.

Barrientos não gostou, mas não havia muito o que pudesse fazer. Os EUA forneciam a maior parte da verba para manter o seu país à tona. Ele torceu apenas para que, quando os Rangers estivessem prontos para a ação, ainda lhe restasse um país.

13

Entrando em forma

Após dois meses de treino intenso naquele calor grudento, os recrutas bolivianos estavam pegando o jeito na arte militar. Muitos deles jamais haviam manuseado um rifle antes de chegar ali, e agora podiam desmontar e remontar diversas armas em questão de segundos. Conseguiam escalar cordas e mover-se rapidamente por um labirinto de obstáculos sem perder o passo. Os Rangers iniciavam suas manhãs com cantos de guerra, seguidos por trinta minutos de exercícios. Em seguida, corriam para o campo de tiro e voltavam para novas tarefas.

Os Boinas-Verdes mostravam-lhes como delimitar trilhas na floresta com objetos tais como latas de café e cordas. Aprenderam a ler mapas, usar bússolas e como contra-atacar durante uma emboscada. Estavam exaustos no fim do dia, mas havia pouco tempo para descanso — à noite, realizavam manobras. As coisas estavam se ajustando.

A preparação ficara mais complicada. Eles passaram às fases avançadas do treinamento individual, que incluíam rapel na lateral do prédio de cinco andares do engenho de açúcar. Estava tudo dentro da programação. Logo, eles passariam ao treinamento de unidade, aprendendo a trabalhar em equipe. Então, após duas semanas de exercícios de campo, eles seguiriam rumo à selva para a hora da verdade.

Numa noite, em princípios de julho, Prado foi ao escritório de Shelton para a sua resenha cotidiana. Prado tornara-se inestimável para Shelton. Relatava-lhe caso soldados de alguma unidade demonstrassem ter problemas com conceitos ou táticas, e, então, os dois homens elaboravam uma agenda para fornecer àqueles instrução extra ou mais tempo no campo de tiro. (O campo era sempre um problema delicado, porque, não raro, os aldeões e o seu gado atravessavam inesperadamente a caminho dos pastos.) Prado sentou-se em sua cadeira de sempre. Shelton serviu-lhe um drinque e perguntou ao colega como andavam as coisas.

— Hoje, tudo está indo bem — disse Prado, pegando o seu copo.

— Você não está apenas dizendo o que eu quero ouvir? — perguntou Shelton.

— Não. Posso ver a diferença. Quando chegaram aqui, não eram soldados. Não tinham nenhum treinamento. Olhe para eles agora.

Shelton sorriu e virou sua dose de uísque.

— O que devemos fazer a seguir?

Prado respirou fundo.

— Bem, ainda temos de colocar na cabeça de nossos soldados que não se trata apenas de um exercício de treinamento. Que não voltarão para casa depois disto, pois estamos indo lutar, matar pessoas. Creio que ainda temos de enfiar essa ideia em suas cabeças. Eles têm de estar mentalmente fortes para entrar na selva.

— E o que você sugere para isso?

— Temos de insistir em dizer-lhes o que está em jogo. Que isto é muito mais do que um simples treinamento. Eles estão se tornando a força de elite da Bolívia.

Prado parou por um instante para amarrar as ideias.

— Você perguntou-me como andam as coisas.

Shelton acenou afirmativamente.

— Encerrado o treinamento, esses homens serão soldados — disse Prado. — Não estou preocupado quanto a isso. Minha preocupação é se eu estarei apto a comandá-los. Estes homens confiaram-me as suas vidas. Estou pronto para isso? Poderei liderá-los como eles merecem?

Shelton abriu o seu largo sorriso.

— Gary, sei que você está mais do que pronto. Tenho observado você com os seus homens. Eles o respeitam. Eu o respeito.

Prado estava perplexo. Nenhum de seus superiores jamais dissera tais coisas. Ouvir aquelas palavras de Shelton encheu-o de orgulho. Mas ele ficava constrangido com elogios.

— Eu nunca estive no campo de batalha. Não sei como irei reagir.

Shelton não vacilou:

— Gary, eu estive no campo de batalha. E tenho um sexto sentido para soldados e oficiais. Posso prever quem irá fugir e quem irá encarar a luta. E posso assegurar-lhe que, quando chegar o momento, você irá encarar. Você é um bom oficial. — Shelton olhou nos olhos de Prado. — Acho que conseguiremos. Vamos entregar esse batalhão.

Prado concordou.

— Sim. Eu também acho.

Os oficiais eram muito importantes para o sucesso, e os comandantes ainda mais. E cada um deles, em qualquer unidade militar, costumava ter um ego do tamanho do Texas. Shelton estava convicto de que os EUA podiam vencer a guerra no Vietnã, mas os comandantes precisavam deixar que os soldados lutassem. Os EUA contavam com os melhores soldados do mundo, mas os comandantes, sob pressão política, os estavam retendo. Não era nada surpreendente que a opinião tivesse se voltado contra a guerra. E isso só dificultou as coisas para os soldados. Eles lutavam como loucos para tomar uma colina ou aldeia e, então, no dia seguinte, já tinham de abandoná-las. A guerra do Vietnã era uma clássica guerra de guerrilha e, em larga medida, os EUA a estavam lutando de maneira convencional.

Não é assim que se vence, pensou Shelton. É preciso fazer como as Forças Especiais. Ir a campo. Treinar tropas. Conviver com as pessoas. Conquistar confiança. O que estavam fazendo na Bolívia servia de exemplo do que deveria estar sendo feito no Vietnã. Ora, ele fizera a mesma coisa no Laos. Conquistara a confiança dos aldeões. E repetia o feito na Bolívia.

Prado molhou a garganta e pousou o copo vazio.

— Nós vamos pegar Che — Shelton garantiu-lhe. — Sei que as coisas parecem difíceis agora. Os guerrilheiros têm feito o jogo do ataque e fuga. Sei que alguns bolivianos estão preocupados.

— Você se refere ao presidente?

— Sim. Barrientos. Ovando. Todos eles. Mas Che não tem nenhuma chance. E, depois que isso acabar, você poderá voltar para sua mulher e seus filhos e contar-lhes o que fez: que ajudou a treinar o batalhão que deu cabo de Che Guevara. Sabe, você lhes dirá que liderou o batalhão que pegou o desgraçado!

— E quanto a você, o que fará quando tudo isto terminar, Pappy?

— Eu? — Shelton abriu um sorriso. — Vou voltar para casa de vez. Já basta para mim. Sigo para o meu ocaso. — O sorriso sumiu-lhe do rosto. — Eu realmente não sei o que vou fazer. Talvez entrar para a faculdade.

Faculdade? Que diabos! Aquela era a sua vocação. Mas prometera a Margaret que iria parar. E, se prometia fazer algo, ele cumpria. Além do mais, sentia falta dos filhos. Enquanto estava lá sendo o "Pappy" do maldito exército, seus filhos cresciam sem o deles.

— Antes de irmos embora, eu quero assegurar que a escola seja construída — disse Shelton. — Eis aí uma coisa que pode efetivamente ajudar estas pessoas.

Os materiais de construção para a escola começaram a chegar a La Esperanza. A Agência dos Estados Unidos para o Desenvolvimento Internacional (USAID) fornecia a maior parte da verba, e a Construção Bartos, empresa de Singh, providenciava equipamentos e expertise. A população de La Esperanza comprometeu-se a ajudar na construção. No dia 25 de junho, o vilarejo deu o pontapé inicial para o projeto, com uma festa na qual o padre local abençoou o terreno. Shelton torcia para que finalizassem os trabalhos antes de acabar o dinheiro.

Shelton teve notícia de que o embaixador Henderson estava segurando parte da verba. Não fazia ideia do porquê. Mas, caso a situação não melhorasse, ele mesmo confrontaria o desgraçado. Pouco importava que, tecnicamente, Henderson fosse o seu patrão. Assim como Sidney Poitier no filme *Uma voz nas sombras*, Shelton daria um jeito de construir o diabo da escola.

* * *

Para o médico Peterson, as longas horas de treinamento eram exaustivas, mas a presença de Hapka as tornava mais fáceis. Os médicos americanos conheceram-se poucas semanas antes da missão. Mas, enquanto se preparavam para a tarefa, logo ficaram amigos.

Peterson e Hapka vinham de mundos diferentes; Hapka cresceu em Milwaukee, Wisconsin — uma cidade com 740 mil habitantes em 1960. Naquele tempo, ela era a 11ª maior cidade do país. Peterson passou a sua infância em Bradford, Pensilvânia, uma cidade rural nos Montes Allegheny; na escola, a turma de Peterson não alcançava uma dúzia de alunos.

Mas os dois tinham algumas coisas em comum. A diferença de idade entre eles era de apenas um ano: Peterson tinha 25 anos, Hapka, 26. E os dois adoravam caçar.

Quase todos os dias, os médicos davam aulas de primeiros socorros, ensinando aos soldados bolivianos como tratar ferimentos de bala e outros procedimentos de emergência. Também cuidavam de soldados e aldeões doentes. Por vezes, iam de cavalo a vilarejos vizinhos para fornecer atendimento médico básico. Mas, nos finais de semana, eles se embrenhavam no mato à procura de pássaros, principalmente pombos e codornas. Passavam horas longe dos demais. Falavam sobre coisas habituais de soldados, é claro. Mas também sobre suas famílias e suas vidas.

O extrovertido Hapka, que ostentava um bigode, formou-se na West Milwaukee High School em 1959. Na época, a cidade enchia-se de fábricas. E havia equipes de esporte — os Milwaukee Braves haviam participado da World Series* em 1957 e 1958. E, na vizinha Green Bay, Wisconsin, os Packers — sob o comando do lendário técnico Vince Lombardi — tornaram-se a grande força da Liga Nacional de Futebol Americano. Depois de formado, Hapka alistou-se no Exército e juntou-se às Forças Especiais em 1962.

Peterson trilhou um caminho diferente. Ingressou num colégio estadual, mas acabou abandonando os estudos quando ficou sem dinheiro. Alistou-se no Exército em 1961, entrando para as Forças Especiais um ano mais tarde.

Ambos entraram no Exército graças a seu senso de patriotismo, e porque a vida militar oferecia boas oportunidades financeiras.

Para Peterson, tratava-se, além disso, de perpetuar uma tradição de família. Seu pai ingressara na Marinha em 1942 — ano em que Peterson nascera. Alguns de seus irmãos também haviam servido.

Peterson treinava para ser médico em San Antonio, Texas, quando, numa boate, conheceu a mulher que viria a ser sua esposa. Foi um período agitado em sua vida. Em 1965, fora mandado à Venezuela por dois meses, para treinar soldados naquele país sul-americano. E agora estava na Bolívia.

---

* A World Series (ou "série mundial") é a fase final do campeonato promovido pela Grande Liga de Beisebol dos EUA (MLB — Major League Baseball), que reúne anualmente os campeões da Liga Americana e os da Liga Nacional. (*N. do T.*)

Os dois homens não conheciam Shelton antes da missão. Mas gostaram do major. Shelton era um sujeito de temperamento fácil, que não tentava impor a sua perspectiva sobre ninguém, recordava Peterson. Ele confiava em seus homens.

Shelton costumava parar na enfermaria onde Peterson e Hapka passavam parte de seu dia. Ele dizia: "Vocês são responsáveis por fazer isso." Em seguida, perguntava-lhes como estavam passando e se precisavam de algo.

Normalmente, eles respondiam: "Não, senhor. Está tudo bem."

Shelton, então, sorria e ia embora.

Apesar do clima hostil, Peterson e Hapka tentavam manter a disposição. À noite, eles iam ao Quiosque do Hugo beber, tagarelar com os outros soldados e ouvir Shelton tocar o seu violão. Quando embriagados, costumavam cantar junto. Não havia muita coisa para fazer. Eles estavam isolados.

Por isso, aquelas expedições de caça com Hapka eram tão especiais. Elas ofereciam-lhes a chance de uma necessária escapada. Numa delas, Peterson topou com um fazendeiro que estava vendendo um mosquete de 1842. Comprou-o, planejando levá-lo para casa. Mas tentava não pensar tão a longo prazo. Ainda mais sabendo que o treinamento estava longe de acabar. Que os guerrilheiros ainda se encontravam à solta. Que ocorrera o que ocorrera em Samaipata.

***

Prado correu até o círculo formado por homens. Dentro do anel estava Chapa, sargento de armas, cavando uma trincheira para instalar uma metralhadora leve Browning .30. A certa distância, um jornal pendia de um galho — era o alvo.

O americano disse a um sargento boliviano para entrar na trincheira. Era a sua vez.

Ao longo da última hora, Chapa ensinara aos sargentos como atirar com a arma. Treinar sargentos era uma parte crítica da instrução das Forças Especiais. Uma vez treinados, eles transmitiam o seu conhecimento aos soldados carentes de um auxílio adicional.

Prado sabia usar a metralhadora M-1919A6, mão na roda para o Exército. Ela foi peça importante na Segunda Guerra, na Guerra da Coreia e no Vietnã. Pesava 14,5 quilos sem o tripé e podia disparar centenas de projéteis por minuto.

O sargento boliviano olhou através do visor de ferro fixado no corpo quadrangular da arma e efetuou o primeiro disparo. Ajustou a mira e comprimiu o gatilho. A arma emitiu um estrondoso ronco quando as balas jorraram do cano. Os disparos eram rítmicos e compassados, os projéteis traçando um arco até o alvo. O jornal foi estraçalhado.

O sargento ergueu o punho em comemoração. Prado ficou impressionado. Os homens começavam a ficar mortalmente eficientes, e os sargentos levavam consigo aquela confiança ao trabalhar com os recrutas.

Para Prado, aquele era o começo do renascimento das forças armadas bolivianas. Durante os últimos anos — sob a liderança de Barrientos e a bênção de Ovando —, o Exército fora reerguido. Mas havia um longo caminho pela frente. Prado achava que a mudança mais crítica, a mais urgente, era na própria cultura militar. Existiam muitos dinossauros em posições de poder, homens que serviram após a Guerra do Chaco. Haviam perdido toda batalha em que estiveram metidos, e o seu pessimismo contaminava as unidades de combate. Mesmo os soldados das Forças Especiais trombavam com o passado boliviano.

O treinamento com armas era um bom exemplo. O sargento Chapa vivia demandando mais munição ao oficial boliviano responsável pelos suprimentos. E o bastardo ranzinza mostrava-se relutante em repartir a "sua" munição.

"A cada vez, ele sempre me dava metade do que eu solicitara", relembrou Chapa. "Era um esforço constante obter o necessário para treinar os soldados de maneira apropriada."

Os homens mais hábeis no manejo dos rifles foram recrutados como atiradores de elite. Chapa acolheu-os sob a sua asa. Ensinou-lhes a disparar com precisão e encontrar o melhor ponto de alcance. Vento, distância, sombra e luz — tudo podia fazer diferença na precisão do tiro.

Ao final de cada sessão, Chapa mantinha-se por perto caso alguém precisasse de mais ajuda.

A equipe das Forças Especiais também treinava soldados para os esquadrões de morteiros, que forneciam à infantaria leve um grande poder de fogo, de maneira portátil. Provavelmente a mais importante arma de defesa no arsenal de um batalhão, uma boa equipe de morteiros podia repelir um ataque com uma firme artilharia de projéteis altamente explosivos.

Além das armas, os Boinas-Verdes estavam treinando um pelotão de oficiais de inteligência. Aprendiam a desaparecer em seus trajes civis e a se misturar com a população local. Teriam que se dispersar pela zona de operações em busca de informações essenciais, determinar a sua relevância e transmiti-las à pessoa certa com o máximo de eficiência.

Prado sabia que nada poderia mudar o terrível passado militar boliviano, e que uma real transformação viria apenas com uma nova geração. Mas ali, ao lado da metralhadora, no campo de treinamento, ele viu o plano entrando nos eixos. Em breve, o Exército disporia de um batalhão de três companhias altamente proficientes e ágeis. E, com elas, seria possível derrubar os guerrilheiros.

* * *

O Quiosque do Hugo estava ficando cheio. Soldados das Forças Especiais reuniam-se nas mesas do lado de fora, bebendo e conversando. O violão de Shelton estava lá, recostado numa mesa, pronto para ser pego e dedilhado. Os homens cantavam junto se sabiam a letra — especialmente em "Mr. Shorty", convertida em hino da equipe. Todos riam e bebiam um pouco mais.

Trabalhar muito e divertir-se muito. Não havia muito mais a fazer.

Graham estava na varanda, conversando com Dorys Roca, uma garota de uma importante família local — sendo que catorze deles viviam numa choupana de três quartos. Dorys era uma coisinha miúda, provavelmente adolescente ainda, com longos cabelos negros e grandes olhos castanhos.

Roca não se encontrava quando os soldados chegaram a La Esperanza. Estivera trabalhando fora da cidade, cuidando de um parente doente. Quando regressou, e viu o campo tomando forma no velho engenho de açúcar, ela enxergou uma oportunidade de ajudar a família. Roca arrumou um trabalho limpando a área e lavando as roupas dos soldados das Forças Especiais.

Foi assim que conheceu Graham — o alto e bonitão operador de rádio de Phoenix, Arizona, que sempre a brindava com um sorriso. Assim como a maioria dos Boinas-Verdes, ele usava chamativos óculos escuros. Tinha apenas 23 anos. Aquela era a sua primeira missão como Boina-Verde.

O casal forneceu aos fofoqueiros do vilarejo algo sobre o que falar. Os dois faziam passeios ao luar, batendo papo e rindo na escuridão da noite. Era fácil conversar com Dorys. Graham contou-lhe sobre a sua vida em casa e disse esperar que, algum dia, ela pudesse ver por si mesma. Dorys sonhava em poder ir — o Arizona parecia tão diferente e excitante. Por enquanto, porém, Graham tinha sua missão. Precisavam treinar os Rangers, e então voltar ao Panamá, em dezembro. Mas, até lá, eles tinham tempo. Depois daquilo, ele prometeu voltar a La Esperanza para vê-la. Os curiosos mostravam-se céticos. Ele era um soldado, um estrangeiro, um americano — de forma alguma se casaria com uma garota simples de uma cidade nos cafundós da Bolívia. A pobre Dorys terminaria com o coração partido, mas ninguém ousou alertá-la. Não queriam estilhaçar os seus sonhos.

* * *

Valderomas chegou-se à janela e olhou para a escuridão. Era fim de julho, e ele não conseguia dormir. Não se lembrava da última vez em que dormira a noite toda. Perdera o curso dos dias.

Eram aqueles malditos soldados em suas malditas manobras noturnas. Uma coisa era atirar, marchar e fazer barulho durante o dia, mas nenhuma pessoa decente ficaria acordada a noite inteira, gritando, atirando com armas e explodindo coisas. E era exatamente isso o que estava ocorrendo em La Esperanza. Parecia que os soldados treinavam em tempo integral. O barulho vinha dos campos até a sua casa. Sua mulher e filhos pareciam não ligar, mas aquilo enervava Valderomas. Ele se sacudia e se revirava por toda a noite. Alguns outros aldeões pensavam como ele. Apreciavam o dinheiro gasto pelos soldados, mas estavam preocupados. E se houvesse um acidente? Se pusessem fogo no vilarejo? Se os guerrilheiros triunfassem e La Esperanza fosse punida por receber os estrangeiros e instrutores?

Valderomas conversou com o prefeito sobre o assunto, mas as suas inquietações foram descartadas. O prefeito olhou-o e disse:

— O que quer que eu faça? Mande-os embora?

— Sim — respondeu ele.

Não iria acontecer.

Os soldados bolivianos preparavam-se para algo grande. Para o que mais teriam chamado os americanos?

14

"Ele não sairá vivo da Bolívia"

O DC-8 Braniff amarelo-limão sobrevoou os cumes das montanhas e começou a se preparar para a aterrissagem no aeroporto situado no vale abaixo. A aeronave parecia fluorescente em contraste com a paisagem castanho-escura da Bolívia. Rebelando-se contra a sobriedade das imagens tradicionais das linhas aéreas, Braniff tingiu sua frota com cores vivas, tais como turquesa, limão e azul-bebê. Era uma chegada ostensiva para dois agentes cubanos da CIA em missão secreta, mas aquele era um dos únicos voos diretos para a pequena república sul-americana.

Rodríguez estava mais do que pronto para desembarcar. Eles partiram de Miami, voando inicialmente para a cidade do Panamá e, em seguida, para Lima, no Peru, antes de descer em La Paz. O novo passaporte de Rodríguez registrava-o como "Félix Ramos Medina". Villoldo, no assento ao lado, era agora "Eduardo Gonzalez".

Pisaram em solo apressados. Bill, o contato deles da CIA nos EUA, e um oficial boliviano da imigração encontraram-nos no portão de embarque. "Ele pegará seus documentos e bagagem e carimbará tudo", disse Bill. "Vocês podem apanhar as suas malas no hotel. Temos um encontro agora mesmo na casa do presidente."

Na rodovia que levava à cidade, Rodríguez e Villoldo conheceram John Tilton, chefe da central da CIA em La Paz. Rodríguez notou um cobertor elétrico bem dobrado no assento ao lado de Tilton.

Rodríguez estava curioso.

— Para que você precisa de um cobertor elétrico? — perguntou.

— Você verá em breve — respondeu Tilton.

A casa do presidente ficava numa esplêndida praça no centro de La Paz. A construção colonial possuía uma fileira de janelas e colunas em frente às entradas principais.

Rodríguez e Villoldo foram escoltados para dentro. O frio atingiu Rodríguez feito um tiro. A casa, como a maioria delas em La Paz, era congelante em seu interior — "devido à altitude e às paredes espessas", disse-lhes Tilton. Eles foram conduzidos a um pequeno escritório e apresentados a Barrientos. Tilton entregou o cobertor elétrico ao presidente, que sorriu e aceitou-o polidamente. "Era para a sua mulher", explicou. Os seus pés estavam sempre gelados.

Os homens sentaram-se em torno de uma mesa. Foi servido café numa bandeja.

Como bom agente da CIA, Rodríguez aprendera tudo o que podia sobre o governo boliviano. Sabia que Barrientos assumira a presidência havia apenas um ano e que era muito próximo a Ovando, o líder das forças armadas bolivianas.

Apesar da atual crise, Barrientos gerenciava a reviravolta econômica da Bolívia. Ele disse que a Comibol, a companhia estatal de mineração de estanho, havia dado lucro em 1966. O seu regime encorajava investimentos estrangeiros, e a Gulf Oil Company estava assinando um contrato que lhe daria direito a exportar petróleo e gás natural a partir da Bolívia.

Mas Rodríguez sabia que o governo de Barrientos enfrentava problemas. Os mineiros odiavam-no. Os sindicatos desprezavam-no. Ele enfrentava um implacável movimento guerrilheiro — tão poderoso que combatentes treinados em Cuba faziam compras em Samaipata. Isso foi um grande baque psicológico. E, como se não bastasse, Barrientos sofria uma crescente pressão pela soltura de Debray. Ele jamais atrairia investimento estrangeiro naquelas condições instáveis. Se não assumisse o controle em breve, Barrientos acabaria caindo.

O presidente também fizera o dever de casa. Consultou dossiês sobre os dois agentes da CIA: Rodríguez e Villoldo eram veteranos da Brigada 2506, a força exilada da Invasão da Baía dos Porcos e outras missões cubanas. Aqueles homens poderiam caçar o agitador comunista. Mas antes, Barrientos queria saber de suas outras batalhas contra Castro e Che.

Como quase todo soldado da antiga, ele adorava uma boa história de guerra.

Rodríguez foi o primeiro. Sentado em sua cadeira, ele se permitiu relaxar. Era fevereiro de 1961 e ele integrava a segunda equipe avançada de sete homens enviada da Flórida para Cuba a fim de preparar a invasão.

Eles partiram em um grande barco de 7,5 metros de comprimento, carregado de armas e explosivos. Cruzando de Key West a Cuba por mares turbulentos, os homens foram castigados no decorrer da viagem de quatro horas. Rodríguez sentiu-se melhor logo que avistou a sua terra natal no horizonte. Viu os pescadores no píer, os casais e as famílias fazendo piquenique na areia.

A tripulação de dois homens mantinha o barco paralelo à costa, aguardando o sinal — três feixes de luz — para que a equipe seguisse em direção à praia. Rodríguez cuidava do equipamento do grupo. Já em terra, uma dezena de fazendeiros e trabalhadores de um engenho de açúcar local ajudaram-nos a desembarcar as armas na praia isolada e rochosa.

Grupos contrários a Castro percorriam a rodovia entre Matanzas e Havana, a intervalos de 15 minutos, esperando a chegada de Rodríguez e sua equipe. Em pouco tempo, chegou o primeiro de muitos carros. Os homens ficaram surpresos ao verem Rodríguez de uniforme, mas ele logo se trocou. A CIA instruíra a equipe a se esconder na mata e aguardar a invasão, mas eles logo souberam que a resistência anticastrista dispunha de locais seguros e uma rede de mensageiros já estabelecida. Aquele era um país civilizado.

Rodríguez fez contato com a resistência. O plano da invasão era abrir duas frentes, forçar Castro a separar suas tropas, e dividir a ilha.

Mas, em 17 de abril de 1961, Rodríguez despertou com o sobrevoo de uma aeronave e as notícias da invasão no rádio. A emissora de rádio de Cuba transmitia mensagens de emergência, ordenando aos soldados que se reportassem às suas bases. Rodríguez tentou contato com os outros soldados da resistência, mas ninguém respondeu. As forças de segurança de Castro já haviam detido a maior parte deles.

Em seguida, Villoldo contou o que fez naquele dia — o mais afortunado de sua vida, e também o mais doloroso. Piloto desde a juventude, Villoldo guiou um bombardeiro B-26 por sobre a praia da Baía dos Porcos, mas a bomba de napalm em sua asa recusou-se a ser lançada. Por vários minutos, ele e o seu copiloto tentaram menear as asas da aeronave para liberá-la. Sem sorte. Em solo, a invasão fracassava. Lá em cima, os pilotos tinham de pensar no que fazer em seguida. Eles podiam sacrificar o avião e saltar de paraquedas até o chão, ou proceder a uma arriscada aterrissagem com a bomba presa à asa. Optaram por esta, e regressaram ao "Vale Feliz", a base nicaraguense da unidade.

Assim como Rodríguez, Villoldo escapara para Miami meses após a revolução e fora recrutado por exilados cubanos anticastristas. A CIA logo ofereceu-lhe um emprego como piloto em missões de bombardeio aéreo, de modo a dar suporte à invasão.

Villoldo circulava por sobre a precária pista de pouso, preparando-se para descer. O trem de pouso tocou o solo primeiro, e depois a bomba, que se arrastou pela pista lançando faíscas por debaixo. Villoldo preparou-se para a explosão. O avião derrapou até parar. Villoldo lançou-se atabalhoadamente para fora da aeronave, tropeçou até a beira da pista, e chorou.

A bomba não explodiu, mas Villoldo ficara consternado. Acreditava ter falhado em sua missão e com a sua família, que permanecera em Cuba.

Nesse ínterim, Rodríguez permaneceu três dias enfurnado em seu abrigo. Através da janela, ele pôde observar caminhões apinhados de soldados, e, na televisão, ver os seus companheiros, os homens com quem treinara, sendo levados para a prisão. Pareciam abatidos.

Quando as forças de Castro começaram a revistar casa por casa, Rodríguez correu para a embaixada da Espanha em busca de asilo político. Por toda Havana, diplomatas da Espanha e da América Latina ofereciam asilo para agentes infiltrados e combatentes da resistência. Depois de alguns arranjos, Rodríguez finalmente recebeu asilo dos venezuelanos, com a condição de que ele desse um jeito de ir até a sua embaixada. Alejandro Vergara, um diplomata espanhol, cuidou de tudo.

— Pegaremos o carro do embaixador — disse ele. — O chofer nos levará direto para a embaixada venezuelana. Você sentará comigo no banco de trás. Não olhe para os lados. Não dê atenção aos soldados cubanos à frente. Apenas aja como um diplomata.

Rodríguez não estava convencido de que o plano daria certo. Não se barbeava havia dias, e o seu cabelo estava comprido e desalinhado. Ele não se parecia em nada com um diplomata.

— Você não estará seguro até que tenha entrado, de fato, no prédio da embaixada — explicou Vergara. — Vamos passar direto pela guarita cubana, até a entrada da garagem, na lateral da embaixada, próxima à porta da cozinha. Eu vou sair do carro e entrar no prédio. Você vai esperar no carro e enquanto permanecer ali dentro, você estará sob proteção da embaixada espanhola. Portanto, não se mexa, mesmo que a milícia cubana comece a esmurrar as portas ou quebrar os vidros. Em seguida, quando eu abrir a porta da cozinha e fizer sinal, você terá que correr como um louco até mim.

Sentado no antigo Mercedes verde-claro com bandeira espanhola, Rodríguez não conseguia crer que entrara sorrateiramente em Cuba, num barco, ao anoitecer, apenas para deixar agora o país num carro, em plena luz do dia, bem diante dos soldados cubanos.

A carona durou poucos minutos. Durante todo o tempo, Rodríguez concebeu diferentes cenários de fuga. Poderia saltar para o banco da frente e acelerar com o carro? Talvez conseguisse tomar o rifle de algum soldado. A mente de Rodríguez estava em modo de sobrevivência. Vergara surpreendeu-o nesses pensamentos, a mão sobre a maçaneta da porta. Haviam chegado.

— Só espere, Félix — disse. — Não corra para nenhum lugar que não a porta. E não até que eu faça sinal.

Félix suava. Ainda havia tempo. Soldados cubanos estavam por perto, observando o carro.

E, então, ele ouviu o grito: "Félix! Corra!"

Rodríguez atirou-se do carro em desabalada carreira até a cozinha, quase se chocando com Manuel Urrutia Lléo, o ex-presidente de Cuba que havia sido instalado e, em seguida, removido por Castro.

— Bom dia, sr. presidente — disse Rodríguez, recuperando o fôlego.

Cinco meses depois, as questões burocráticas foram resolvidas, e Félix voltou a Miami. Villoldo passou duas semanas no Vale Feliz antes de voltar. Os dois conheceram-se meses depois no Forte Benning, onde se tornaram segundos-tenentes ao mesmo tempo. De volta a Miami, Rodríguez e Villoldo começaram a trabalhar no plano da CIA de infiltração em Cuba. Villoldo voluntariou-se para caçar Che no Congo. Agora, cá estavam na Bolívia, buscando a recompensa.

Depois do encontro, Barrientos presenteou Rodríguez e Villoldo com cartões assinados por ele, destinados a todo o pessoal civil e militar. A mensagem era clara: os bolivianos deveriam cooperar com Rodríguez e Villoldo.

Logo depois, seguiu-se uma reunião formal com Ovando, na qual os agentes receberam a patente de capitão e foi expedida identificação militar oficial. Por um ou dois dias, eles descansaram e habituaram-se à altitude, e então foram enviados aos seus postos.

Villoldo seguiu para a "zona vermelha", a região controlada pelos guerrilheiros e cercada pelas tropas bolivianas. Rodríguez ficou em Santa Cruz, trabalhando com o major Arnaldo Saucedo, o oficial boliviano encarregado da inteligência, e com vários outros comandantes bolivianos. No começo, eles seguiram as orientações vindas de Washington, encontrando-se secretamente e usando apenas trajes civis. Mas, entre os encontros em Santa Cruz, Rodríguez ia diariamente a La Esperanza em veículos militares. Lá, as suas roupas civis o destacavam. Sendo assim, quando na companhia de soldados, Rodríguez e Villoldo logo passaram a vestir uniformes do Exército boliviano, apenas sem as patentes e as insígnias.

Uma das primeiras sugestões de Rodríguez a Saucedo, homem magro de bigode bem aparado, foi consolidar e compartilhar os fragmentos de informação recolhidos no terreno. O acampamento dos guerrilheiros situava-se na parte sul do rio Grande, na área de operações da Quarta Divisão. Mas, até aquele momento, os ataques dos insurgentes haviam se dado no outro lado do rio, na porção da 8ª Divisão. Che sabia quão competitivos eram os comandantes, que ocultavam avaramente pistas e informações, de modo a que o crédito não acabasse recaindo sobre os homens errados. Em todo o mundo, movimentos guerrilheiros usavam aquilo contra eles. Comandantes americanos estavam presenciando a mesma coisa no Vietnã.

Quando Rodríguez perguntou ao comandante da 4ª Divisão a respeito de atividades da guerrilha em sua área, a resposta foi aquela que esperava. "Não temos problemas com a guerrilha aqui", disse o homem.

Me engana que eu gosto, colega, pensou Rodríguez.

Ele tinha de convencer os bolivianos a trabalharem em conjunto.

Rodríguez saía toda manhã às sete rumo ao quartel-general da divisão, onde passava horas vasculhando cada pedaço de papel recolhido junto aos guerrilheiros. Lia relatórios da inteligência e transcrições de interrogatórios. Abriu um arquivo para cada um dos guerrilheiros conhecidos, incluindo nome, apelido, patente, idade e cidadania. Os arquivos detalhavam as características que permitiram a Rodríguez formar um perfil de cada um daqueles homens. Ele pôde saber quem fumava, que tipo de armas portavam, o que vestiam, como falavam.

Rodríguez queria conhecer as panelinhas e as idiossincrasias. Precisava descobrir as fissuras no bando guerrilheiro. Quem gostava de quem? Eles gostavam de Che? Se conseguisse pôr as mãos em qualquer um daqueles homens, precisava saber o máximo possível a fim de planejar cada movimento. Quem ele mais queria era Paco, o jovem combatente boliviano convencido a ingressar no grupo de Che em troca de promessas de uma educação universitária.

Quando não estava estudando os guerrilheiros, Rodríguez trabalhava nos rádios. A sua meta era conectar os soldados bolivianos para que pudessem simplesmente coordenar as operações. Uma peça crucial do quebra-cabeça eram os pilotos que faziam os voos de reconhecimento — eles não tinham como comunicar aos homens em terra aquilo que observavam do alto. Rodríguez improvisou uma antena, permitindo aos pilotos usar um rádio PCR-10 para falar com as tropas em solo. Estabeleceu também uma conexão de rádio para a base da CIA em La Paz.

Ao longo das semanas, os dois homens da CIA foram lentamente construindo redes de informantes, e recolhendo todo fragmento de informação. Ocasionalmente, eram convocados a La Paz, onde o presidente sempre lhes pedia que contassem casos de suas elegantes aventuras. Numa noite, após o jantar, Villoldo contou a história da morte de seu pai.

A família Villoldo fazia parte da alta sociedade de Havana. Quando ele nasceu, em 1936, sua família possuía uma fábrica da General Motors e uma fazenda de 30 mil acres no noroeste de Cuba.

Quando Villoldo tinha 11 anos, seu pai ensinou-lhe como pilotar uma aeronave, e, tal como Rodríguez, o garoto foi mandado para uma escola nos EUA. Lá, Villoldo prosperou, mas regressou a Cuba em 1952. Ele começou a trabalhar na concessionária da GM de sua família e fez um curso de negócios na Universidade de Havana.

Após a revolução de 1959, as forças de Castro começaram a confiscar a propriedade e perseguir os ricos donos de terras. O pai de Villoldo estava na lista. Uma tarde, guerrilheiros barbados cercaram a casa da família, pegando Villoldo Júnior sob custódia.

Depois de três dias tentando fazer com que o jovem chamasse o seu próprio pai de traidor, os guerrilheiros o soltaram. Mas isso não pôs fim ao assédio. Por semanas a fio, os guerrilheiros vinham interrogar o pai de Villoldo. Che foi duas vezes até a casa. A segunda visita deu-se em fevereiro de 1959. Villoldo Júnior achava-se no escritório da família, no centro de Havana, quando Che encontrou-se com o seu pai.

Naquela noite, pai e filho deram um passeio para discutir o encontro com Che. O velho estava abalado. Durante o encontro, Che impusera-lhe uma escolha: ou Villoldo pai morria convenientemente, deixando os bens familiares para o Estado, ou os seus dois filhos teriam de encarar o pelotão de fuzilamento.

Na manhã seguinte, Villoldo encontrou o pai morto num quarto de hóspedes. Próximo a ele, um frasco vazio de barbitúricos. Villoldo jurou vingar o seu pai. Che iria morrer. Castro tinha de pagar.

Fez-se silêncio sobre a sala.

— Lamento por sua família — disse Barrientos.

Villoldo virou-se para o presidente.

— Se você me disser que pretende enviar Che de volta a Cuba após a sua captura, eu pego o primeiro avião de volta para Miami — disse.

Barrientos ficou quieto por um instante, e em seguida respondeu.

— Você tem a minha palavra, na qualidade de presidente do país, que, se capturarmos Guevara, ele não sairá vivo da Bolívia.

15

Mão Santa

Shelton estava sentado dentro do centro de operações, sentindo-se animado. Um débil ventilador soprava o ar quente, mas pouco fazia para aliviar o abafado calor de agosto. Durante semanas, ouvira a respeito dos dois agentes da CIA que coletavam informações sobre Che, e agora ele iria encontrá-los.

Não invejava o trabalho deles.

A inteligência norte-americana vinha rastreando Che por anos a fio, e se o homem estava mesmo ali, liderando os guerrilheiros bolivianos, as décadas de trabalho revelar-se-iam um total fracasso. Nos idos da Guerra Fria, tempos de *espião versus espião*, seria impensável que agentes secretos não soubessem o paradeiro de seu homem, ou pelo menos se estava vivo. Como pudera Che ter desaparecido tão discretamente e por tanto tempo? Não fazia sentido.

Os jornais pareciam saber mais de Che do que a própria CIA. Repórteres enfiavam-se no terreno, conversando com camponeses e publicando as mais ousadas histórias sobre os guerrilheiros. Os jornais norte-americanos especulavam mais e mais sobre a possível presença de Che na Bolívia. Num artigo de 23 de julho, Jack Anderson e Drew Pearson escreveram:

Quando o presidente da Bolívia, René Barrientos, anunciou que o misterioso homem de Cuba, Che Guevara, estava comandando as forças guerrilheiras nas montanhas bolivianas, a história foi desconsiderada. No entanto, a inteligência militar dos EUA informa agora que o braço direito de Fidel Castro encontra-se nas montanhas bolivianas, liderando cerca de cem tropas bem equipadas e treinadas.

A importância dessa operação não escapou a vários presidentes latino-americanos. A Bolívia é o país mais montanhoso do hemisfério ocidental, e o melhor para quem busca se esconder. Igualmente importante é o fato de estar rodeada pelas regiões mais pobres do Brasil, Peru, Paraguai, Argentina e Chile.

Se uma revolta bem-sucedida pode ser organizada na Bolívia, isso significa que ela poderia vir a transbordar para as zonas mais pobres daqueles países vizinhos, possivelmente para as suas capitais. Presumivelmente, essa é a estratégia de Castro.

Àquela altura, Shelton já não tinha dúvidas de que Che liderava o bando rebelde. Mas sabia que o pessoal da inteligência não estava ainda tão convencido — mesmo após o audacioso ataque a Samaipata. Seus pensamentos foram interrompidos quando dois homens vestindo uniformes do Exército boliviano entraram na sala. Ele levantou-se imediatamente da cadeira.

— Pappy Shelton? — perguntou um dos homens.
— Sou eu. E você, quem é?
— Félix Rodríguez.

Villoldo também se apresentou, e todos se sentaram para uma conversa. A princípio, falaram amenidades. Shelton perguntou-lhes sobre a viagem e o encontro com Barrientos. Em seguida, conversaram sobre o passado. Shelton contou-lhes de sua longa trajetória, incluindo a época em que esteve na Coreia e no Laos. Rodríguez e Villoldo expuseram as suas histórias de vida. Os três homens deram-se bem. Os cubanos respeitavam Shelton porque ele enfrentara comunistas na Coreia, no Laos e na República Dominicana. Era um soldado modelo. E, aos olhos de Shelton, Rodríguez e Villoldo eram patriotas, que faziam a sua parte para derrubar Castro e o seu regime repressivo.

Os homens da CIA relataram os seus planos a Shelton. Villoldo ficaria em La Esperanza ajudando a treinar a unidade de inteligência dos Rangers. Uma vez treinada, a unidade vestiria roupas civis e operaria com os aldeões, buscando informações sobre as localidades da guerrilha. Eles seriam os olhos e ouvidos dos Rangers. Enquanto isso, Rodríguez trabalharia em Santa Cruz com a 8ª Divisão.

Para Shelton, a missão da CIA fazia sentido. A inteligência era essencial. Sem ela, você acabava expondo-se a emboscadas, como aqueles pobres bolivianos. Eles nem faziam ideia de que os guerrilheiros estivessem em seu país até que o tiroteio começasse.

Shelton disse a Rodríguez e Villoldo que o treinamento dos Rangers seguia conforme o planejado, mas que gostaria que as coisas fossem diferentes. A sua equipe poderia facilmente entrar na selva e capturar Che em pouco tempo. Rodríguez concordou. Os EUA estavam de mãos amarradas pelas leis. Em guerras de guerrilha, você tinha de utilizar a sua própria tática. Sim, a contrarrevolução funcionava. Mas havia momentos em que era preciso apenas ir atrás dos delinquentes e matá-los.

Ao final da reunião, Shelton sabia que poderia trabalhar bem com os homens da CIA.

* * *

Um mês após o fiasco de Samaipata, a enxurrada de críticas seguia desabando sobre Barrientos. As tropas do Exército continuavam a caçar os guerrilheiros na zona de operações, gerando protestos a todo momento. O país estava ainda abalado pelo Massacre do Dia de São João. Havia pedidos para que se suspendesse a lei marcial, a fim de que a vida voltasse à normalidade. Os repórteres continuavam a inundar o país, questionando-se por quanto tempo Barrientos se manteria no poder. Muitas das histórias incluíam citações anônimas de diplomatas norte-americanos.

Barrientos conhecia a fonte: Henderson. Na sua presença, o embaixador era condescendente. Henderson estava sempre admoestando Barrientos, como se o presidente fosse uma criança petulante: Não, você não terá mais ajuda. As suas tropas podem lidar sozinhas com a guerrilha. Nos bastidores, Henderson costumava criticar Barrientos por sua incapacidade de eliminar a ameaça guerrilheira.

Barrientos tinha amigos no comando militar norte-americano. Eles queriam enviar armas, e até mesmo tropas, para a Bolívia. Mas Washington agia com cautela. Se não desejavam que a guerrilha virasse um conflito regional, seria bom que removessem as amarras, argumentava Barrientos. Ele ficou particularmente contrariado quando pressões norte-americanas impediram que a Argentina enviasse tropas auxiliares. Não era comum na América Latina que um país solicitasse a outro que deslocasse tropas para dentro do seu território. Lembranças de disputas fronteiriças e roubos de terra estendiam-se por gerações, mas Barrientos mostrava-se cada vez mais preocupado com a ameaça guerrilheira. Ele chegou-se ao presidente argentino Juan Carlos Onganía, que era tão paranoico em relação a Che quanto o próprio Barrientos.

Barrientos perdeu de vez a cabeça quando uma reportagem do *New York Times* alardeou a solicitação para todo mundo. O jornal dizia que o apelo boliviano

> *parecia demonstrar a crescente preocupação do governo do presidente René Barrientos [...] em relação à eficiência dos guerrilheiros, tanto em combate quanto em criar um sentimento nacional de alarme.*

A matéria acrescentava que os guerrilheiros no sudeste da Bolívia eram "bem organizados, equipados com armas modernas, e liderados por comunistas treinados em Cuba".

O presidente culpou Henderson pelo vazamento da notícia. Suas negociações com a Argentina deveriam ter sido mantidas em segredo. Ninguém gozava do privilégio de estar a par daquelas conversas exceto os americanos, e eram os EUA quem, mais uma vez, frustravam os seus planos. A Argentina já enviara armas, comida, equipamentos, e soldados deveriam, logicamente, ser o próximo passo. A Argentina temia que a guerrilha transbordasse pela fronteira. Sabiam que Che — caso estivesse mesmo vivo — adoraria ter a chance de conduzir uma revolução no país em que nascera.

Como afirmou um oficial do Exército argentino:

> *Não dispomos, no momento, de tropas suficientes para enviar à Bolívia. Os militares estão muito frustrados, pois todos acham que uma nova Sierra Maestra está começando na Bolívia, e, nas atuais circunstâncias, nós realmente não podemos fazer nada a respeito.*

(Castro e Che haviam preparado a sua subida ao poder nas montanhas cubanas de Sierra Maestra.)

Em público, Barrientos tentava ser diplomático a respeito dos vazamentos. Nenhuma das matérias às quais se referia mencionava Henderson. Ainda assim, a origem da informação negativa era evidente. Tal como a maioria dos diplomatas, Henderson falava com a imprensa norte-

-americana sobre questões secundárias, sob a capa do anonimato. Não era incomum que jornalistas visitassem e entrevistassem Henderson na embaixada. O *New York Times* era provavelmente o jornal mais influente do mundo. Era o primeiro jornal que políticos e burocratas em Washington pegavam pela manhã. Quando repórteres bolivianos perguntaram a Barrientos sobre as matérias do *Times*, ele manteve a calma e mencionou de passagem o possível responsável, empregando apenas suaves evasivas diplomáticas:

> *Assim como o sr. Henderson tem a sua opinião, baseada em alguma informação, eu também posso garantir absolutamente a todo cidadão boliviano que os guerrilheiros não terão sucesso neste país. Tudo o que o sr. Henderson diz, se é mesmo como se noticiou, é completamente falso. Mas eu duvido que ele tenha dito tais coisas... Porque eu não creio que o sr. Henderson dissesse algo tão sem sentido.*

Henderson procurou remendar a sua relação com o presidente, garantindo-lhe não saber quem havia feito os comentários ou vazado os documentos. Barrientos não era idiota. Sabia como o jogo era jogado. Aceitou as desculpas de Henderson, e mandou uma mensagem telegráfica ao Departamento de Estado dizendo: "Quero deixar claro que Henderson é meu amigo, e eu não acredito que ele diria as coisas que eu qualifico de sem sentido."

O telegrama acalmou a tempestade, mas Barrientos sabia que não dava para confiar em Henderson. Ele chegou então ao núcleo da questão: não poderia esperar muita ajuda das potências estrangeiras. Ninguém resolveria os problemas da Bolívia a não ser os próprios bolivianos. Sim, eles podiam receber auxílio e treinamento norte-americano. Mas, naquele conflito, o fato é que estavam sozinhos.

* * *

No início de agosto, tropas bolivianas espalharam-se e vasculharam a área em torno do acampamento original dos guerrilheiros, em Nancahuazu. Esquadrinharam cada centímetro à caça de algo que pudesse ter passado despercebido nas buscas anteriores. Mas, ao contrário das expedições passadas, agora eles tinham um mapa — graças a Ciro Roberto Bustos.

Ele estivera na prisão desde a sua captura junto a Debray e Roth, em abril. Se o comunista argentino achara dura a vida no acampamento dos guerrilheiros, seus captores bolivianos mostraram-lhe quão piores as coisas podiam ficar. Após uma quase execução por recrutas bolivianos, ele passara os meses seguintes numa cela imunda, aguardando julgamento ou, talvez, a execução oficial. Bustos tinha sido um revolucionário diletante, feliz por tagarelar horas a fio sobre Marx e Stalin, usando o seu estilo de combatente rebelde para conquistar mulheres em festas. Mas isso fora há muito tempo. A realidade era completamente diferente lá no front, e significava carregar armas, marchar pelas montanhas, viver na selva. Ele não fora feito para aquilo.

Os psicólogos dizem que cada pessoa tem um jeito próprio de lidar com o medo. Alguns conseguem assimilá-lo e sair-se bem, enquanto outros sucumbem à pressão. Tudo tem a ver com a trajetória e a criação. Se o seu filho é ensinado a caçar e pescar desde novo, ele ficará confortável diante de armas e carcaças de animal — coisas que pessoas mais melindrosas acharão perturbadoras. Se a criança é protegida contra experiências duras, ela tenderá a evitar o confronto e a violência. Daí porque, numa batalha, algumas pessoas correm para o fogo, enquanto outras recuam. Bustos percebeu que não fora criado para o regime da rebelião. Não tinha estômago para a revolução *real*, mesmo sem ter presenciado combate algum durante os meses que passou com o bando rebelde. Ser um revolucionário era desconfortável, sujo e brutal. Sentado na sua cela, especulando se morreria naquele dia, Bustos desmoronou. Contou aos bolivianos tudo o que sabia.

Bustos disse que os guerrilheiros haviam abandonado o acampamento original, mas que voltavam a ele de tempos em tempos. Lá, eles possuíam depósitos repletos de suprimentos essenciais. Ele desenhou uma série de mapas detalhados do acampamento, apontando tudo o que os bolivianos precisavam. Uma vez que começou a falar, ele não pôde mais parar.

No começo, os militares bolivianos moviam-se cautelosamente pela área, temendo minas terrestres ou guardas. Mas, no dia 6 de agosto, as tropas tiraram a sorte grande: vários esconderijos de armas, incluindo submetralhadoras, granadas e um lança-morteiros. Encontraram suprimentos médicos, passaportes e itinerários de viagem, uma lista de contatos na Bolívia, mensagens de rádio decodificadas provenientes de Havana, e cadernos de códigos. E também instantâneos, dezenas de fotos pessoais dos guerrilheiros. Havia até uma guimba de cigarro.

Foi um extraordinário achado. Barrientos ficou em êxtase. Havia ali mais provas de que Cuba — e, mais especificamente, Che — estava por trás dos problemas da nação.

Para Barrientos, as evidências mais incriminadoras eram as fotos. Uma mulher que aparecia nos instantâneos era Loyola Guzmán, jovem de 25 anos, membro da Juventude Comunista Boliviana. Ela foi presa imediatamente e levada para o prédio do Ministério do Interior, em La Paz. Durante o interrogatório, ela forneceu informações sobre onze membros da rede de suporte à guerrilha na capital. Quando os guardas deixaram-na sozinha por um instante, Guzmán atirou-se pela janela do terceiro andar. Uma cornija do prédio amparou a queda, e ela ficou apenas levemente ferida.

A polícia levou-a ao hospital, onde ela contou à imprensa preferir suicidar-se a entregar os companheiros.

Tenho plena consciência da minha situação. Encontro-me nela devido à minha convicção. Apesar do erro que cometi, já que muitos documentos apreendidos poderão servir para que as autoridades prendam muitas pessoas, eu mantenho as minhas ideias. Embora tenhamos sofrido este golpe, a luta vai continuar, mesmo que muitas outras pessoas venham a morrer.

A polícia já havia começado a cercar os prováveis contatos da guerrilha em La Paz. Guzmán sabia o que lhes aconteceria. Seriam torturados e mortos. Barrientos não tinha paciência para deslealdade.

Barrientos não era o único intrigado com os papéis e documentos apreendidos. Irritado com a resistência americana aos seus pedidos de ajuda, o presidente barrou o envio dos materiais para os EUA — ele e outros membros do seu gabinete temiam que jamais fossem devolvidos. Após um cabo de guerra com Henderson e oficiais do Departamento de Estado, Barrientos concordou em entregar alguns dos itens, mas só depois de os bolivianos haverem catalogado cada fragmento.

Oficiais do Exército norte-americano queriam particularmente os passaportes. Em especial, o de um homem de meia-idade, bem barbeado, de óculos e com uma calvície incipiente. Suspeitavam saber quem ele era, mas queriam ter certeza.

A notícia da descoberta chegou até o presidente Johnson. Rostow, o assistente do presidente para assuntos de segurança nacional, acrescentou uma breve nota ao documento, explicando por que os bolivianos desejavam a pronta devolução do material: planejavam usá-lo para processar Debray.

Como tudo o mais na relação entre EUA e Bolívia, a custódia dos materiais tornou-se contenciosa. Barrientos pressionava pela devolução, mas os EUA solicitavam mais tempo. Finalmente, os documentos foram devolvidos — mas com a ausência de um item fundamental: a guimba de cigarro. Os bolivianos perguntaram ao Departamento de Estado onde ela estava, mas os oficiais disseram não saber. Perguntaram à CIA. E a resposta foi simples: "Consumida em análise."

* * *

Quando o sol se pôs por detrás dos campos, os Boinas-Verdes largaram os apetrechos e se acomodaram nas cadeiras do Quiosque do Hugo. Parecia que a unidade inteira estava ali, junto com Rodríguez e Villoldo.

Desde a chegada em La Esperanza, os homens da CIA haviam tentado misturar-se aos demais soldados. Dentre estes, poucos sabiam quem eles eram, e por que estavam ali.

Villoldo passava a maior parte do tempo com o capitão Cruz, das Forças Especiais, treinando a unidade de inteligência dos Rangers. Rodríguez vivia em Santa Cruz, trabalhando com o major Saucedo, chefe de inteligência da 8ª Divisão, reunindo as notícias que chegavam do interior. Rodríguez esmiuçava as pistas e engrossava os arquivos sobre guerrilheiros individuais. Ele e o major formavam uma equipe importante. No desenrolar da missão, Rodríguez fez recorrentes viagens a La Esperanza, apenas para arejar a cabeça e refrescar o espírito.

Shelton e Rodríguez bebericavam cervejas no bar provisório. Rodríguez gostava da companhia de Shelton. Numa manhã de domingo, Rodríguez foi acordado ao som de música e aplausos. Ao sair do dormitório, ele viu Shelton dedilhando o violão, acompanhado por um soldado que usava uma tina como contrabaixo, outro que tocava o tanque de lavar roupa, e um Boina-Verde batendo um par de colheres. Os bolivianos adoraram.

No bar, havia sempre muita conversa sobre o Vietnã. Todo mundo, inclusive os bolivianos, queriam saber o que acontecia por lá, e como andavam as coisas. Os EUA estavam vencendo? Shelton não tinha problemas em falar sobre o assunto. Mas, como bom soldado, ele não se detinha no porquê de estarem lutando. Uma vez iniciada a guerra, isso realmente não importava.

Rodríguez via a coisa de maneira diferente.

O vice-presidente boliviano Adolfo Siles entrega certificados e diplomas pelos serviços prestados aos integrantes da equipe dos Boinas-Verdes. A cerimônia ocorreu em Santa Cruz, Bolívia, 1967. JERALD PETERSON

Os homens do major Ralph "Pappy" Shelton em formação durante uma cerimônia em Santa Cruz, Bolívia, 1967, na qual recebiam as honras de oficiais bolivianos pelo treinamento das companhias nacionais de Rangers. JERALD PETERSON

Acima: Os homens de Shelton durante a cerimônia de honras militares, em Santa Cruz, setembro de 1967. JERALD PETERSON

À direita: O brasão usado pelos integrantes do 2º Batalhão de Rangers, força de combate treinada pelos Boinas-Verdes norte-americanos, comandados pelo major Ralph "Pappy" Shelton. JERALD PETERSON

Félix Rodríguez à esquerda ao lado de Che, no pátio externo da escola em La Higuera, onde o revolucionário fora mantido prisioneiro. FÉLIX RODRÍGUEZ

Após ser assassinado, o corpo de Ernesto "Che" Guevara foi lavado e exibido na lavanderia de um hospital de Vallegrande. JERALD PETERSON

À esquerda: O major Ralph "Pappy" Shelton em 1967. Ele foi o líder da equipe de Boinas--Verdes que treinou o 2º Batalhão de Rangers em La Esperanza. ARQUIVO PÚBLICO DE FOTOS DO COMANDO DE OPERAÇÕES ESPECIAIS DO EXÉRCITO DOS EUA

À direita: O capitão Gary Prado nas montanhas bolivianas em 1967. GARY PRADO

À esquerda: Foto do passaporte usado por Che para entrar na Bolívia. No documento, Che identificava-se como um homem de negócios uruguaio, chamado Adolfo Mena González. GARY PRADO

À direita: Sentado em um quarto de hotel em La Paz, em novembro de 1966, Che posa para um autorretrato antes de seguir para o acampamento na selva boliviana. GARY PRADO

Os remanescentes do bando guerrilheiro atravessam o rio Grande em meados de setembro de 1967. GARY PRADO

Casa com teto de estanho – o primeiro acampamento guerrilheiro de Che.
GARY PRADO

Tamara Bunke Bide, conhecida como Tania, ajudou Che a estabelecer uma rede de suporte urbano na Bolívia. GARY PRADO

À esquerda: Regis Debray, intelectual francês marxista que se juntou a Che na Bolívia e foi preso ao abandonar o acampamento dos guerrilheiros. GARY PRADO

À direita: Ciro Roberto Bustos, pintor e comerciante argentino que esteve com Che; foi preso com Debray. GARY PRADO

O presidente René Barrientos Ortuño em visita às tropas no campo. GARY PRADO

Soldados bolivianos transportam em mulas os corpos de três guerrilheiros até a vila de Pucara, em 26 de setembro de 1967. GARY PRADO

Um grupo de Boinas-Verdes em La Esperanza, Bolívia, 1967.
GARY PRADO

Integrantes da Companhia B dos Rangers bolivianos em La Higuera. GARY PRADO

Os homens do capitão Gary Prado capturam Camba, um dos guerrilheiros de Che. GARY PRADO

Che após sua captura em La Higuera.
GARY PRADO

Um Ranger boliviano vigia a escola em La Higuera, onde Che foi mantido preso e depois executado. GARY PRADO

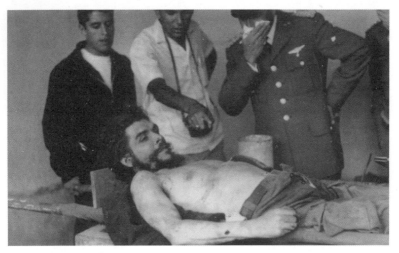

O corpo de Che exibido na lavanderia em Vallegrande. GARY PRADO

Acima: O presidente Barrientos visita as tropas dos Rangers após a captura de Che.
GARY PRADO

À direita: O general Alfredo Ovando Candía visita Vallegrande após a morte do revolucionário. GARY PRADO

O Vietnã era outra frente na ampla guerra contra o comunismo. Desde que Castro e Che tomaram o seu país, Rodríguez prometera lutar por liberdade para os seus "irmãos e irmãs vivendo como escravos sob a opressão comunista".

Mas, o mais importante, ele jurara manter-se firme até o limite de suas forças, defendendo os valores dos EUA, seu país adotivo. A sua terra natal fora-lhe arrancada, e a sua família lançada à própria sorte. Mas Rodríguez não estava cego pela raiva. Ao contrário, ele descobrira um propósito na luta para corrigir os males trazidos pelo comunismo. E isso significava enfrentar sujeitos como Che na Bolívia, ou até na Ásia, se preciso fosse.

Aquela noite, Rodríguez contou a Shelton sobre o seu papel no desastre da Baía dos Porcos. Relatou como o plano original teria libertado 2 mil prisioneiros políticos, e como ele foi alterado depois de Kennedy ter sido eleito. O presidente mudou o local da aterrissagem da cidade de Trinidad para a Baía dos Porcos — esta possuía uma área de pouso, e ficava distante das grandes aglomerações de civis. A brigada de exilados cubanos desembarcou numa praia chamada Playa Girón.

A invasão de abril de 1961 foi um desastre — tudo deu errado. Castro capturou mais de 1.100 soldados da Brigada 2506, a força exilada apoiada pelos EUA. Rodríguez veio a descobrir mais tarde por que tudo dera tão errado. Antes da invasão, exilados cubanos em Miami vinham dando com a língua nos dentes. Agentes soviéticos interceptaram o falatório e alertaram os seus aliados cubanos sobre o ataque planejado. Assim, quando os exilados puseram os pés em Playa Girón, o Exército de Castro os aguardava.

Rodríguez não estava lá. Permaneceu em Havana, contou, onde passara meses organizando uma rede de resistência e contrabandeando armas. "Tive sorte de conseguir acessar a embaixada venezuelana em Havana", disse. Ele passou cinco meses e meio na embaixada antes de escapar.

Após o fiasco da Baía dos Porcos, qualquer pessoa vagamente suspeita de integrar uma conspiração era executada em Cuba. Muita gente ao redor do mundo engoliu a imagem de Che como um revolucionário romântico. Mas, para Rodríguez e os exilados cubanos, Che era responsável pelos assassinatos; ele não passava de um bandido.

O pior era a arrogância de Che. Em agosto de 1961, durante uma conferência econômica da Organização dos Estados Americanos (OEA), no Uruguai, Che enviou uma nota ao presidente Kennedy, por meio de um dos assessores do presidente, Richard Goodwin. Dizia: "Grato por

Playa Girón. Antes da invasão, a revolução estava fraca. Agora, está mais forte do que nunca."

Shelton apenas balançou a cabeça. Rodríguez estivera no inferno, pensou. Talvez fosse a cerveja, ou o suave ar da noite, mas, naquele momento, tudo o que Shelton podia pensar era que Rodríguez "é um dos nossos". Queria demonstrar-lhe o quanto apreciava o seu serviço. Shelton apanhou o seu canivete e fez um pequeno corte no próprio dedo, suficiente apenas para fazer brotar uma gota de sangue. Espremeu a gota em seu copo de cerveja. Olhos nos olhos de Rodríguez:

— Irmãos de sangue?

Rodríguez sorriu, encantado com o gesto.

— Sim, irmãos de sangue.

Ele imitou Shelton. Cortou o seu dedo com a faca e deixou verter o sangue na cerveja. Em seguida, Shelton e Rodríguez trocaram os copos.

Shelton ergueu o dele e gritou:

— *Salud!*

— *Salud* a você! — respondeu Rodríguez.

Eles beberam toda a cerveja e bateram com os copos na mesa. Com isso, Shelton fazia uma promessa para Rodríguez: se Che estivesse mesmo operando na Bolívia, ele não escaparia com vida.

— A brincadeira acaba aqui — disse Shelton.

* * *

Mesmo com todas as evidências, a CIA continuava recusando-se a admitir que Che estivesse vivo na Bolívia. Che era o rosto dos movimentos revolucionários mundo afora, e os analistas da CIA simplesmente não conseguiam vê-lo arriscando tudo isso num país isolado como a Bolívia. Não era o seu estilo.

É certo que os rumores eram abundantes. Os bolivianos possuíam documentos e cartas recolhidos num acampamento isolado. Todas as evidências apontavam para uma mesma direção. Mas nada que levasse a uma conclusão definitiva. Ninguém havia, de fato, visto o homem. Ninguém podia confirmar coisa alguma.

A guerrilha invisível conseguia ainda operar nas sombras. Na conferência de agosto da Organização Latino-Americana de Solidariedade (OLAS), em Cuba, Che foi nomeado presidente honorário. O nome de Guevara foi invocado tantas vezes que era como se ele estivesse no salão. Delegados da confederação de 27 movimentos comunistas e progressistas latino-americanos tiveram de suportar um dos intermináveis discursos de Fidel Castro, no qual prometia exercer maior influência no hemisfério. Em torno dele, pendiam gigantescas faixas ornadas com a imagem de Che. A conferência logo converteu-se num vigoroso comício em favor da revolução. Delegados pediam o "fortalecimento do laço de solidariedade militante entre os combatentes anti-imperialistas latino-americanos, e o estabelecimento de relações básicas para o progresso da revolução continental". Aldo Flores, representante do Partido Comunista Boliviano, disse à audiência que os combatentes de Che apenas cumpriam o seu dever patriótico quando se opunham aos instrutores e materiais norte-americanos enviados em auxílio às "forças opressivas" da Bolívia.

O ativista negro Stokely Carmichael inflamou a multidão ao prometer que "nós estamos levando a guerra de guerrilha para dentro dos EUA, já que não há outro meio de obtermos nossas casas, nossas terras e nossos direitos". Louvando Che, Carmichael ecoou o líder guerrilheiro ao declarar que "quando os EUA sofrerem com cinquenta Vietnãs dentro de casa, e outros cinquenta lá fora, isto significará a morte do imperialismo".

Ao fim do encontro, o grupo declarou Che Guevara "O Cidadão da América Latina".

A conferência atraiu a atenção de Helms, diretor da CIA, que, em 8 de agosto, repassou ao presidente Johnson um relatório da agência. A análise sobre o Exército boliviano era contundente e inflexível. O ataque de Samaipata causara uma profunda impressão.

O relatório informava que todas as cinco nações fronteiriças com a Bolívia partilhavam das dúvidas norte-americanas sobre a capacidade dos militares bolivianos em deter a guerrilha. Se os guerrilheiros conseguissem derrubar Barrientos, Argentina e Paraguai concordaram em considerar uma intervenção militar.

A CIA afirmava que a insurgência parecia "mais sofisticada e profissional do que outras tentativas similares ocorridas na América Latina", e que a conferência da OLAS fornecera assistência na guerra de propaganda. Devido à "alegada presença de Che Guevara" e à captura de Debray, a CIA previa que a insurgência permaneceria sob "os olhos do público". "Poderia vir a se tornar um foco do contínuo e polêmico debate, corrente no mundo comunista, a respeito dos méritos respectivos da ação revolucionária política *versus* a militante."

O relatório dizia que a guerrilha boliviana, em sua habilidade de tomar a iniciativa nos encontros com o Exército, contrastava com as guerrilhas pró-Castro na Venezuela, Guatemala e Colômbia. Que os guerrilheiros eram "bem treinados e disciplinados" e "bem versados" nas técnicas de insurgência de Che — ele estando ou não entre aqueles. Analistas atribuíam o sucesso da guerrilha às "totalmente ineptas" operações bolivianas de contrarrevolução, e sublinhavam a necessidade de Barrientos de obter uma rápida e decisiva vitória.

Eles também especulavam que os postos do Exército boliviano tendiam a alienar as populações em torno, aterrorizando moradores locais, molestando mulheres, e "expondo-se a uma desfavorável comparação com os bem-disciplinados guerrilheiros".

No final, o relatório concluía que os bolivianos perdiam terreno de maneira acelerada. "Se os guerrilheiros continuarem a obter sucesso na Bolívia, os seus métodos e experiências serão certamente emulados em outros países da América Latina."

* * *

Num domingo à noite, em fins de agosto, Mario Salazar aprontava-se para a dança. Todo fim de semana, os homens bolivianos reuniam-se em torno de uma pequena banda na praça de La Esperanza. Quando a música apropriada tinha início, eles formavam pares e dançavam a *cueca*, tradicional dança folclórica boliviana.

Lembrava um pouco as quadrilhas dos americanos — os pares rodavam e giravam um ao redor do outro, e todos se moviam juntos numa simples coreografia em volta da praça, com lenços brancos balançando feito pombas em cada mão direita. Os pares jamais se tocavam, mas mantinham contato através de expressões faciais e movimentos espelhados.

Era uma dança de corte, e bastante sedutora quando o ritmo era lento. E em La Esperanza, quando os soldados dançavam, eles dançavam uns com os outros. Aos instrutores bolivianos era proibido qualquer contato com as mulheres locais.

Para o grupo de Shelton, aquilo era um tanto estranho. De onde eles vinham, homens não dançavam com homens, muito menos abanando lenços.

Mas Salazar não ligava para o que eles pensavam. Dançar era um outro modo de relaxar após uma longa semana de treinamento. "Não podíamos ter contato com as mulheres do vilarejo. Era proibido. Estávamos isolados. Para nós, aquilo fazia-nos sentir em casa", recordou ele.

Salazar estava feliz em La Esperanza. Aqueles tinham sido os melhores meses de sua vida, os mais significativos. Toda manhã, ele acordava e apressava-se para começar o treino. A parte mais importante era, para ele, a crescente camaradagem com os seus colegas. Quando um Ranger caía no campo, todos os outros corriam para reerguê-lo. Quando alguém tinha um dia ruim no tiro, outros se voluntariavam para ajudá-lo.

A vida no campo era hermética e intensa, por vezes trágica. Em julho, um dos homens foi morto quando uma arma disparou acidentalmente dentro da caserna. Algumas semanas depois, um sargento boliviano levou seu pelotão para um treinamento com morteiros, num domingo à tarde, sem informar do exercício a seus pares. Um morteiro errou o alvo, matando o sargento e ferindo vários de seus homens. Porque nenhum oficial sabia da ocorrência do treino, a explosão fez com que todos saíssem correndo do acampamento.

Hapka e a equipe médica foram na frente, dando início à triagem de emergência e aplicação de intravenosos. Trabalharam freneticamente para estancar o copioso sangramento de alguns homens. Os soldados puseram os feridos num caminhão, que partiu a todo vapor para um hospital em Santa Cruz. Mas, quando os soldados feridos chegaram, não havia médicos em serviço. Um dos soldados morreu ali, mas os outros sobreviveram.

O acidente confirmava a seriedade do treinamento, lembrou Salazar.

— Aquele não era um treino regular do Exército. No passado, os soldados treinavam, mas sabendo que voltariam para casa. Aqui, tinha-se a consciência de que você talvez nunca mais voltasse. Você poderia estar em combate. Você poderia morrer.

Os soldados sabiam que estavam juntos nessa, que seriam requisitados para salvar a nação dos insurgentes. Partilhavam um senso de hombridade — eram futuros heróis. Ao mesmo tempo, continuavam sendo nostálgicos garotos do interior. À noite, quando não estavam em manobra, os homens deitavam-se nos beliches e, na escuridão, falavam de suas cidades e famílias. Os laços familiares eram fortes, e o ritmo da vida aldeã estava no sangue da maioria daqueles soldados.

Era por isso que dançavam — ou não dançavam. Luis, amigo de Salazar, era de um pequeno vilarejo fora de Vallegrande. Salazar perguntou-lhe se iria à *cueca* naquela noite. Luis disse não, por estar muito cansado.

Salazar sentou-se na beira do beliche do amigo e deu-lhe um cutucão.

— O que há, cara?

— Bem — disse Luis —, quando estou dançando, lembro-me da minha mulher. Ela está sozinha em casa, e eu me pergunto se irei vê-la novamente. Se tornarei a abraçá-la. Logo, se eu for à dança, acabarei ficando triste. Vou começar a pensar nela. É melhor que eu fique aqui.

Salazar sorriu.

— Eu não tenho mulher, mas compreendo. Penso muito na minha mãe. Essa dança me mantém ocupado. Faz com que eu não pense nela e nos demais familiares. Afasta a minha mente de tudo. É por isso que estou indo.

— Sei que estamos aqui porque precisamos lutar. Mas eu também quero rever a minha mulher. Pergunto-me se isso vale a pena — disse Luis com um suspiro.

Salazar não tinha resposta. Mas entendia o medo de Luis. Não sabiam o que aconteceria quando deixassem La Esperanza. Se enfrentassem os guerrilheiros, provavelmente muitos morreriam. Soldados de ambos os lados estavam morrendo.

Salazar caminhou para a praça, perdido em pensamentos sobre a família. Havia-lhes escrito, mas ainda não obtivera resposta. Tentou tirar isso da cabeça — ninguém na família era muito de escrever. Mas Luis fizera-o lembrar de casa, e, por um momento, ele se sentiu sozinho.

Viu Prado do lado de fora do cassino, espécie de clube para os figurões da cidade.

Prado o saudou. "Como está indo, meu amigo?"

Tinham ficado amigos durante o treinamento. Prado gostava do modo como o jovem soldado portava-se no campo. Para Salazar, Prado representava tudo o que havia de correto no Exército boliviano.

Caminharam juntos rumo à praça. Salazar disse a Prado estar ansioso por entrar no terreno e encontrar os guerrilheiros. O oficial disse que agora não demoraria muito; dentro de mais umas poucas semanas, eles encerrariam em La Esperanza e sairiam para a caça. Então, descobririam se todo o treinamento tinha valido a pena — se estavam mesmo prontos. Mas não era preciso perguntar a Salazar se ele estava pronto. Ele partiria naquela mesma noite, se assim lhe ordenassem. Ainda que tivesse de perder a dança.

* * *

O treino noturno era fundamental. Rangers poderiam precisar mover-se na escuridão, através de densas florestas e águas profundas, subindo e descendo montanhas. A habilidade de se deslocar à noite é uma vantagem tática durante a batalha; permite a uma unidade estar um passo à frente do inimigo.

À medida que o treinamento avançava, os homens passavam mais noites em manobras.

Era a vez de Chapa guiar a companhia C. Simulavam um ataque noturno. Ele conhecia o exercício.

Não havia luz da lua. Nuvens tapavam as estrelas.

Chapa ordenou aos homens que se mexessem. Na total escuridão, os soldados esgueiraram-se pela trilha o mais silenciosamente possível, esforçando-se por enxergar o caminho sinuoso. Andaram até um bosque que margeava o campo de treinamento. Chapa mantinha-se especialmente cauteloso à noite. Nunca dava para saber o que se escondia à frente. Às vezes, o guincho de um pássaro ou bicho fazia-se ouvir na escuridão, dando um baita susto em todos.

Chapa tinha um bom sexto sentido para as manobras noturnas. De olhos bem abertos, ele estava atento a cada passo. Viu o homem à sua frente baixar a cabeça sob um galho de árvore arriado, e, quando foi a sua vez de passar por baixo, Chapa sentiu algo pesado bater-lhe na testa. *Que diabos*, pensou. Um quente formigamento percorreu-lhe braços e pernas. Sentiu-se incrivelmente fraco — seus joelhos dobraram. Salazar vinha logo atrás, e viu quando Chapa desabou no chão. Ele deu o alerta.

— Ele caiu. Tem algo errado. Precisamos de um médico! — gritou Salazar aos outros soldados.

Ele mandou vários homens de volta ao acampamento. Estes correram o mais rápido que podiam através do caminho escuro. Sem fôlego, mal conseguiam falar.

— Chapa... não se sentindo bem... desmaiou — disse um dos soldados.

Shelton manteve-se calmo. Segurou Hapka, o médico, e disse aos outros que eles precisariam de ajuda. A equipe das Forças Especiais partiu em desabalada carreira até o bosque.

Encontraram Chapa estendido no chão. Mal podia se mexer. Estava tonto, recobrando e perdendo a consciência.

— Precisamos removê-lo daqui — disse Shelton.

Carregaram Chapa de volta ao centro de primeiros socorros. Hapka e Peterson deram início aos trabalhos. Cortaram as roupas de Chapa e examinaram atentamente o seu rosto, corpo, pernas — a única ferida encontrada foi um grande inchaço na testa. Chapa murmurava que a sua pele ardia em fogo. O formigamento tomava-lhe por inteiro. Os seus membros começavam a inchar. Não haviam encontrado nenhuma marca de presas, mas os sintomas indicavam mordida de cobra.

A área era infestada de peçonhentas víboras arborícolas. Chapa teria de lutar, disseram os médicos. Hapka medicou-o contra o choque anafilático, injetando-lhe cortisona entre os dedos das mãos e dos pés. Nada parecia funcionar. Precisavam levar Chapa a um hospital, segundo o médico.

Mas como?

Era noite. A estrada para Santa Cruz fechava após o escurecer, e a viagem levaria mais de duas horas, se tivessem sorte. Hapka passou um rádio para o Forte Gulick e solicitou ajuda da equipe de cirurgia. Demorou um tempo. Entrementes, os Boinas-Verdes reuniram-se em torno de Chapa, revezando-se em aplicar toalhas molhadas e frias sobre o seu corpo, enquanto aguardavam resposta.

Chapa era como um irmão para a maior parte deles. Era de Alamo, Texas. Entrara para o Exército em 1953, aos 20 anos de idade.

Chapa fazia tudo da maneira correta, e era um professor nato — tinha excelente pontaria. Em La Esperanza, ele costumava ficar até tarde com os recrutas, mostrando-lhes pacientemente o jeito certo de apontar a arma, alinhar a mira, e executar o disparo. Ele também havia ensinado aos recrutas como fazer e usar as latrinas.

Os homens da companhia C foram mandados de volta aos alojamentos, mas ninguém conseguiu dormir. Eles se aglomeraram do lado de fora à espera de notícias.

A noite estava fresca, e muitos aldeões trabalhavam até tarde, aproveitando a trégua do calor. A fofoca espalhara-se rapidamente entre eles — um dos soldados americanos estava gravemente ferido. Aldeões se juntaram do lado de fora do centro de primeiros socorros. A família Roca enviou um dos meninos para verificar se a vítima não seria Graham, e, quando ele retornou com a resposta desejada, bombardearam-no com mais perguntas.

"Mas quem foi o soldado ferido?", perguntavam todos ao mesmo tempo. "O que aconteceu com ele? Vai sobreviver?" Finalmente, a família juntou suas coisas e seguiu para o engenho de açúcar a fim de descobrir por si mesma.

Os rumores, então, chegaram à multidão: "mordida de cobra". Víbora arborícola. Todos sabiam quão venenosas eram essas víboras. Elas se camuflavam na paisagem e davam o bote sem aviso. Tantos aldeões, especialmente crianças, já haviam sido feridos e mortos nos últimos anos, que todos carregavam facões para a sua proteção.

O cirurgião, enfim, respondeu do Panamá. A multidão fez silêncio enquanto o médico gritava deste lado da linha. Sim, eles haviam tratado do choque. Sim, haviam injetado cortisona. Compressas frias, pressão... Sim, sim, sim.

O cirurgião esgotou as sugestões. Os médicos já haviam tentado de tudo. Faziam o máximo que era possível fazer.

Hapka suspirou. Precisavam achar um jeito de salvar Chapa, mas Hapka já revirara toda a sua bolsa médica. Se estivessem no hospital, poderia ministrar-lhe o soro antiofídico. Mas não havia hospitais ali. Não podiam fazer nada além de rezar.

Então, os soldados juntaram-se em volta de Chapa, cada homem rezando como sabia. Shelton mantinha as esperanças. Chapa era um cara durão. Passaram-se as horas. A pele do sargento adquiria uma aparência arroxeada à medida que o veneno se espalhava.

Valderomas permanecia lá fora, na escuridão. Seu vizinho contara-lhe as notícias, encerrando com as palavras: "Acho que ele não vai sobreviver." Valderomas espiou pela janela do centro de primeiros socorros, e reconheceu Chapa — um homem alegre, que sempre dava "bom dia" ao passar. Que pena. Valderomas sentiu um leve formigamento, recordando como era uma mordida de cobra. E, então, veio-lhe à mente: o curandeiro Manosanta Humerundo.

Quando uma cobra picara Valderomas anos antes, o seu pai chamara Manosanta — o Mão Santa —, folclórico curandeiro de um vilarejo vizinho. Tinha certeza de que o velho homem ainda vivia.

O sol estava nascendo. Valderomas não esperou nem mais um minuto. Caminhou aceleradamente, o mais rápido possível sem perder a dignidade, descendo por um caminho gramado, afastando galhos de árvores e vinhas inconvenientes. Quando se viu fora do vilarejo, pôs-se a correr como um louco.

Minutos depois, o feiticeiro já ouvia Valderomas relatar o caso. Habituara-se a que as pessoas surgissem à sua porta desavisadamente. Meteu alguns apetrechos numa bolsa de couro preta, trancou a porta de casa e caminhou rumo ao campo com Valderomas.

Aproximaram-se do centro de primeiros socorros, e o velho homem bateu gentilmente à porta.

"Eu posso ajudar o soldado", disse ele. Shelton e os demais ficaram receosos. Manosanta era alto, e sua pele era marrom. A leve túnica marrom e o colar de miçangas brancas no pescoço conferiam-lhe a aparência de membro de uma comunidade hippie.

Os aldeões falaram: Manosanta era um xamã. Conhecia todos os medicamentos tradicionais, e, quando as pessoas adoeciam, dependiam da sua ajuda. Era um homem honrado, disseram. Por favor, deixem-no ver Chapa.

Shelton olhou de relance para Hapka, e balançou afirmativamente a cabeça. Não tinham nada a perder.

Manosanta examinou Chapa. O homem jazia inconsciente. A sua respiração era fraca e arfante. O xamã notou a ferida na testa de Chapa — uma marca que já vira muitas vezes. Era uma picada de cobra, disse. Ele conhecia a cura. Manosanta pediu que trouxessem um pedaço de carne crua. Os soldados correram até o galpão de mantimentos, e conseguiram achar um bife em algum cantinho escondido. O xamã pousou o pedaço de carne sobre a testa de Chapa e amarrou-o com uma faixa. Sussurrou uma reza e, então, virou-se para os soldados.

"Ele vai viver", disse. "Apenas mantenham a carne sobre a ferida; ela irá absorver o veneno."

Caminhou na direção da aurora, e seguiu de volta para casa.

Os americanos mostravam-se céticos. Um bife? Sério?

Mas nada mais funcionara.

Dentro de alguns minutos, Chapa já parecia respirar com mais facilidade. O inchaço diminuiu. As manchas roxas já não mais se espalhavam. Chapa acordou cerca de uma hora depois, confuso, mas se sentindo bem melhor. Já dava para saber que ele conseguira. Os seus amigos disseram-lhe que descansasse, e que evitasse se olhar no espelho.

Quando ele voltou a dormir, removeram-lhe o bife. Não queriam que Chapa pensasse que os médicos das Forças Especiais haviam lançado mão de medicina vodu para curá-lo. "Este terá sido o nosso segredinho", disse Peterson.

Alguns dias depois, Chapa estava de volta aos campos, ajudando no treinamento dos soldados. Valderomas sorriu quando se cruzaram pelo vilarejo. *O curandeiro fez o seu trabalho*, pensou Valderomas.

Estava feliz por ter contribuído para salvar a vida de Chapa. Era um bom homem. Os soldados não representavam perigo. E, mesmo que ainda o acordassem durante a noite, Valderomas parou de reclamar.

16

Vado del Yeso

Um avental branco pendia das árvores, balançando levemente com a brisa.

A peça branca como nuvem destacava-se contra a vegetação rasteira do interior boliviano. De sua posição, o capitão Mario Vargas Salinas era capaz de avistar os guerrilheiros — primeiro um, e já agora uma meia dúzia — vadeando nas águas escuras do rio Grande. Avolumado graças à estação chuvosa, o rio cruzava o vale, e sua corrente sinuosa desequilibrava os guerrilheiros em travessia.

Vargas e seus homens estabeleceram-se numa posição perfeita na margem oposta. Informados do local da travessia por um fazendeiro, haviam marchado horas para atingir aquele ponto. Agora, só precisavam aguardar mais alguns segundos.

Paciência, pensou Vargas. *Paciência.*

Numa fazenda ao longe, Honorato Rojas tentava manter-se ocupado enquanto esperava irromper o tiroteio. Só então se sentiria seguro. No dia anterior, um bando guerrilheiro fora até ali. Perguntaram-lhe sobre o melhor ponto para cruzar o rio. O rio Grande não era largo, mas havia nele trechos de grande profundidade. As águas velozes tornavam-no perigoso, caso a travessia não fosse feita no momento e no local adequados.

Rojas havia ajudado os guerrilheiros naquele ano. Ele mantinha um pequeno comércio na região, onde os guerrilheiros compraram suprimentos. Um homem chamado Inti apresentou-se como líder do bando.

Inti persuadiu Rojas a transmitir-lhe informações sobre as outras famílias da vizinhança. Rojas cooperou, e os guerrilheiros foram embora. O homem ficou surpreso ao vê-los novamente, perguntando sobre o rio.

Rojas disse aos guerrilheiros que daria uma olhada nos vaus e encontraria o melhor ponto para se atravessar o rio. Em vez disso, ele os enganou.

Sabia que soldados bolivianos também estavam na área. Assim, logo que os guerrilheiros partiram, ele mandou o seu filho de 12 anos à procura dos soldados. O primeiro homem encontrado pelo garoto foi o soldado raso Fidel Rea, que pescava num córrego durante a sua tarde de folga. O garoto retransmitiu-lhe a mensagem do pai: três guerrilheiros estavam em sua fazenda, e ele precisava de ajuda. Rea soube na hora que aquilo era importante. Ele largou o seu material de pesca e correu em disparada de volta ao posto para dar a notícia. O dia estava no fim, mas Vargas não esperou para agir. Ele marchou 16 quilômetros com seus homens até a fazenda de Rojas. Quando chegaram, já era tarde da noite. Eles aguardaram.

Ao amanhecer, Vargas avistou uma moça andando por um caminho de terra, trazendo várias crianças pequenas pela mão. Era a mulher de Rojas. Ela confirmou a história sobre os guerrilheiros, e disse a Vargas que ele podia vir em segurança — os homens haviam ido embora.

Vargas foi até a casa, falou com Rojas, e elaborou um plano. Os guerrilheiros voltariam à casa de Rojas naquele dia, ele só não sabia quando. Assim que o fizessem, Rojas deveria mostrar-lhes o ponto exato onde vadear o rio. Ele faria isso marcando com um avental branco o local da travessia. Quando os guerrilheiros vissem o sinal, saberiam que "o caminho está livre".

E agora, Vargas podia ver o avental pendurado na vegetação. Passaram-se meses desde a primeira emboscada no cânion do rio Nancahuazu. Por vezes, era como se ele houvesse perseguido fantasmas por todo esse tempo; as suas tropas estavam sempre um passo atrás. Mas, se Rojas estivesse correto, Vargas achava-se finalmente no local e hora certos. Teria a chance de fazer com que os guerrilheiros pagassem por seu sucesso até então.

Havia já doze horas que estavam ali, e alguns dos soldados começavam a ficar apreensivos. Diabos, ele próprio começava a ficar apreensivo. Estavam todos tensos e cansados. De repente, os guerrilheiros surgiram do mato e foram em direção à água.

Vargas respirou fundo enquanto via o primeiro deles, com água até o peito e o rifle erguido sobre a cabeça, chegar até o meio do rio. Para a sua surpresa, nenhum guerrilheiro fazia a segurança na margem oposta. Aquilo era o básico da arte da tática — na água, ficavam vulneráveis. Um por um, os homens maltrapilhos seguiam o líder pela água, confiando em Rojas e na marca do avental... Homens? Vargas não tinha certeza, mas, a distância, um deles parecia ter formas femininas.

Os soldados bolivianos olhavam e esperavam. Os outros nove estavam na água quando o primeiro insurgente chegou na margem oposta. Ele mal saíra da água quando Vargas gritou. Os bolivianos abriram fogo. O líder guerrilheiro devolveu os tiros, matando um soldado antes de tombar. O seu corpo deslizou pela margem barrenta. Os guerrilheiros pegos na água não tiveram a menor chance. Vargas observava enquanto as balas tingiam de vermelho as águas barrentas do rio. A artilharia abateu os guerrilheiros em questão de segundos. Muitos foram levados pela correnteza.

Mas dois guerrilheiros feridos e desorientados — ambos bolivianos — foram fisgados da água: Freddy Maymura, um estudante de medicina nipo-boliviano, e Jose Carillo, um jovem de olhar selvagem que insistia ser estudante, não combatente. Os homens eram dois varapaus, com cabelos e barbas espessos. A unidade de Vargas reagrupou-se. Um esquadrão de soldados aproximou-se dele.

— Queremos um deles — disse um dos soldados.

O líder guerrilheiro matara um homem de sua patrulha. Eles queriam vingança. Vargas olhou de relance para os prisioneiros. Carillo mantinha a cabeça baixa. Maymura, o médico, adotara uma postura desafiadora. Ele olhava para os soldados, recusando-se a capitular.

Ambos os homens estavam feridos, mas Maymura era a opção mais lógica. Tinha uma profunda ferida no peito — sua camisa estava empapada de sangue. Enquanto isso, Carillo continuava a se contorcer no chão, forçando as pernas sob domínio de Vargas. Ele implorou por sua vida.

Com a cabeça, Vargas apontou Maymura.

Os soldados passaram por Vargas e crivaram de balas o corpo do estudante de medicina. Por enquanto, o outro soldado seria poupado. Apesar do ferimento a bala no braço, os soldados conduziram-no por 32 quilômetros até o quartel-general de Vallegrande. O homem ficou feliz de estar vivo. Contou que o seu "nome de acampamento" era Paco.

Rojas saiu da casa depois de encerrado o tiroteio. Escorregou lentamente até a margem do rio e olhou para o local de onde viera o barulho. Estava nervoso — e se os guerrilheiros tivessem vencido? Mas, quando viu os soldados bolivianos partindo com um prisioneiro, Rojas soube do destino dos outros homens.

Quando o major Saucedo, oficial de inteligência da 8ª Divisão, tomou conhecimento da emboscada, Rodríguez foi a primeira pessoa que ele chamou.

— Pegamos Paco — disse Saucedo.

Era exatamente o que Rodríguez queria ouvir.

17

Paco

Rodríguez seguiu Saucedo pelos corredores cheios de azulejos do Hospital Nuestra Señora de Malta, em Vallegrande.

Os dois haviam chegado na manhã do dia 3 de setembro num cargueiro C-47 verde-oliva. Estavam ali por uma razão: Paco, o sobrevivente da emboscada. Rodríguez nunca conhecera o estudante, mas dispunha de um arquivo recheado de informações sobre ele. Paco ficara três dias sob custódia. Recuperava-se de um ferimento a bala no braço.

O quarto no hospital onde repousava estava lotado de soldados bolivianos com armas em punho. Paco jazia prostrado numa cadeira, o braço fortemente enfaixado. O cabelo estava comprido e sujo. Um bigode ao estilo Fu Manchu cobria-lhe o lábio, e tufos ralos de barba espalhavam-se pelo queixo e pelas bochechas.

Paco não aparentava precisar de seis guardas. Parecia estar precisando fazer a barba e vestir roupas limpas. Era uma visão digna de pena, e uma potencial mina de ouro de informações sobre os guerrilheiros.

— Precisamos que este sujeito seja liberado para nós — disse Rodríguez a Saucedo. — Você pode me ajudar?

Saucedo concordou.

O quartel-general do Terceiro Comando Tático boliviano ficava numa elegante casa colonial nas redondezas. O comandante, tenente-coronel Andrés Selich, estava lá, batendo papo com um visitante de La

Paz, o general David Lafuenta. Todos se apresentaram — Lafuenta já vira Rodríguez antes, em um evento social.

Selich desfrutava o seu momento sob os holofotes. Nos últimos três dias, ele vinha exibindo Paco por toda parte, enquanto os seus oficiais tiravam fotos ao lado do "notório insurgente". Paco era a sua vitória; um dos primeiros sucessos reais do Exército, e o coronel estava relutante em entregar o seu troféu.

— Já dissemos à imprensa que o prisioneiro está gravemente ferido e que não deve sobreviver. Além disso, não creio que possamos arrancar mais nada dele — disse Selich ao homem da inteligência. Olhou para Lafuenta em busca de orientação. — General, apenas dê a ordem e eu o executarei.

Rodríguez cutucou Saucedo.

— Intervenha — sussurrou o cubano. — Peça o prisioneiro.

Saucedo tentou, mas Selich recusou-se. Este era de patente mais alta que o outro, não havendo, portanto, nada que o major pudesse fazer. Rodríguez sacou o seu trunfo. Retirou do bolso um dos cartões assinados por Barrientos. Lafuenta notou.

— *Mi General* — disse Rodríguez a ele —, dê-nos, a mim e ao major Saucedo, uma oportunidade com esse prisioneiro. Asseguro-lhe que a informação que ele nos transmitirá será inestimável. E se, depois disso, você não concordar com a nossa avaliação, eu nunca mais tornarei a solicitar-lhe outro prisioneiro. Mas senhor, por favor, deixe-nos ter esse aí.

Lafuenta lembrou onde vira Rodríguez antes — em La Esperanza, numa visita do general norte-americano Porter, o comandante do SOUTHCOM. O general boliviano sabia que Rodríguez fazia parte do governo dos EUA, mas o seu papel exato não estava claro. Lafuenta parou, e então virou-se para o coronel.

— Entregue o prisioneiro a este jovem — disse.

Selich encarou Rodríguez com fúria. Um oficial boliviano redigiu a ordem no verso de um saco de papel marrom, e Selich assinou-a. Rodríguez acelerou de volta ao hospital. O último avião para Santa Cruz sairia dentro de uma hora e, se ele não conseguisse embarcar com Paco, não haveria jeito de manter o prisioneiro em segurança.

Os soldados bolivianos não queriam desistir dele, e não iriam facilitar as coisas. A papelada deve ser preparada, disseram os oficiais de Selich. Prometeram enviar Paco a Santa Cruz num caminhão no dia seguinte.

Rodríguez sabia que se os deixasse fazer isso, Paco "tentaria escapar", e os soldados atirariam nele.

Então, Saucedo e Rodríguez apressaram-se em tirar Paco do hospital, e o enfiaram na traseira de um jipe. Eles aceleraram para a pista de decolagem, onde as hélices faziam o C-47 se mover. Um major boliviano deteve-os no passadiço. O avião estava repleto de repórteres, disse ele. Um passageiro não militar jamais seria autorizado a embarcar.

— Veja — disse Rodríguez —, temos instruções do general Lafuenta para levar este rapaz conosco, e é exatamente o que vamos fazer.

O major tentou argumentar, mas Rodríguez ignorou-o. Ele arrancou a jaqueta esfarrapada de Paco de dentro do jipe, jogou-a sobre a cabeça do guerrilheiro e empurrou-o em direção à porta do avião. Rodríguez arrastou Paco pela rampa.

Os repórteres que voltavam a Santa Cruz estavam amontoados nos assentos ao longo da fuselagem. Rodríguez manteve a sua mão sobre o braço sadio de Paco enquanto empurrava o guerrilheiro pelo corredor até o compartimento frontal, com Saucedo logo atrás. Os repórteres observavam o trio, curiosos em relação ao homem descalço coberto com a jaqueta.

Rodríguez e Saucedo não pararam para perguntas.

Colocado em segurança na frente do avião, por detrás de uma cortina, Paco desabou num dos assentos. Choramingava e resmungava consigo mesmo. Saucedo pegou uma garrafa de Coca-Cola e alguns biscoitos com a tripulação e entregou-os a Paco. O guerrilheiro rasgou ansiosamente a embalagem e comeu com voracidade, as mãos trêmulas.

— Você vai me matar — repetia Paco entre soluços.

— Não — respondeu Rodríguez. — Não vou.

Paco chorou mais um pouco, queixando-se a cada mordida ou gole.

— Eu nunca quis ser um guerrilheiro — disse ele. — Nunca quis combater. E agora você vai me matar. Assim que chegarmos ao nosso destino. Eu sei.

— Precisamos de você vivo — disse Rodríguez a Paco.

O avião pousou em Santa Cruz. Rodríguez e Saucedo esperaram até que os jornalistas fossem embora. Então, levaram Paco de carro até o quartel-general da 8ª Divisão. Seguiram por um caminho sinuoso, livrando-se da imprensa, e Paco não parava de chorar. No edifício do quartel-general, Rodríguez encontrou uma sala simples, com um único beliche, entregou um pedaço de sabonete para o prisioneiro, e indicou-lhe onde ficava o chuveiro. Enquanto Paco se lavava, soldados bloqueavam as janelas e as portas da sala com tábuas de madeira. Quando tudo estava terminado, Paco foi conduzido para dentro. Rodríguez notou que, ao ver a sua "cela", o jovem guerrilheiro deu-se conta de que não iria morrer, pelo menos por ora. A CIA e o oficial boliviano mantiveram a sua promessa.

Dobrar Paco seria algo demorado, mas Rodríguez era um expert.

Rodríguez contratou uma enfermeira para tratar do ferimento de Paco. Moscas haviam pousado no ferimento logo no início, e agora ele estava tomado por larvas. Era nojento, mas os vermes ingeriram o tecido em decomposição, impedindo que gangrenasse. Eles provavelmente salvaram a vida de Paco. À medida que as discussões avançavam pelos dias seguintes, Rodríguez observava centenas daquelas criaturas em formato de arroz saindo e entrando no ferimento.

Paco dormia no beliche. Vestia roupas limpas, e usava sapatos novos e confortáveis. Rodríguez trouxe-lhe uma pilha de jornais e revistas para preencher as horas ociosas, e um barbeiro foi chamado para cortar o seu cabelo e raspar a sua barba imunda. Rodríguez estava determinado a tratar Paco como um ser humano, mas antes era preciso fazê-lo parecer-se com um.

Todo dia, os dois conversavam durante horas. Um em cada lado de uma mesa simples, Rodríguez e Paco compartilhavam as suas histórias. Rodríguez falava de Cuba. Contou a Paco sobre como Castro arruinara o seu país, prenunciando a desigualdade, e forçando muitos cubanos ao exílio.

— Eu sou um exilado — disse Rodríguez a Paco. — O seu comunismo destruiu o meu país. Destruiu famílias como a minha, fazendo-nos buscar refúgio longe de casa.

Paco ouvia, absorto.

E quando Paco contou a sua história, Rodríguez escutou-a do mesmo modo.

Ao contrário de Che e dos outros combatentes, Paco não era realmente um comunista linha-dura. O seu nome verdadeiro era José Castillo Chávez. Nasceu em 1937 e começou a frequentar as reuniões do Partido Comunista em 1958. Sua aprovação no partido só foi concretizada em 1967, quando o seu tio, o líder do Partido Comunista Boliviano, Moisés Guevara, ofereceu-lhe uma "educação revolucionária" em Moscou e

Havana. O jovem ficou eufórico com aquela perspectiva. Mas antes, teria de escapar da Bolívia pelo interior, de modo a que seu passaporte não registrasse a sua partida.

Em vez de cruzar ilegalmente a fronteira, os seus encarregados levaram Paco até um acampamento na selva, onde outros recrutas juntaram-se a ele. Paco tentou explicar que não era um combatente, e que viera apenas pela educação. Nato e Antonio, líderes de seu pelotão, ignoraram as suas queixas. Entregaram-lhe uma mochila, um cantil, uma rede e um rifle Mauser com 120 cartuchos. Decidiram chamá-lo de "Paco".

— Agora você é um guerrilheiro — disse-lhe Nato.

Rodríguez sorriu com a história.

— Você não teve muitas opções — comentou.

Não demorou muito para que Paco soubesse que o líder do grupo, Ramon, era Che Guevara. De início, Paco portou-se qual tiete diante do ídolo, mas o entusiasmo foi logo desvanecendo à medida que progredia o regime de treinamento para combate de Che. Paco esforçava-se por resistir às marchas de dia inteiro nas montanhas. Os guerrilheiros carregavam todo o seu equipamento, e às vezes tinham de subir as montanhas o mais rápido que pudessem. Era assim que Che endurecia os seus combatentes. Ele era um supervisor brutal, e vira o método dando resultado. Haviam feito daquele jeito em Cuba, quando cercados em Sierra Maestra — e eis agora a glória por eles alcançada.

Paco obviamente admirava o comunismo, mas sentia-se usado pelos comunistas. Rodríguez estava determinado a abrir um abismo entre a crença e a experiência.

Rodríguez mantinha-se gentil e amigável. Ele perguntou sobre a família de Paco. Ofereceu-se para enviar uma mensagem aos seus pais, assegurando-lhes de que ele estava bem. Entregou a Paco uma caneta e uma folha de papel, garantindo a postagem da carta. Os dois homens logo construíram uma relação próxima o bastante para que Paco começasse a relatar a sua rotina na força guerrilheira de Che.

Mesmo enquanto trabalhava com Paco, Rodríguez abriu outro rico veio de informação interna sobre a força rebelde. O seu nome era "Braulio", e estava morto, tendo sido assassinado no rio de Vado del Yeso. Seu nome verdadeiro era Israel Reyes Zayas. Fora um tenente cubano, e um dedicado diarista. No intervalo das conversas com Paco, Rodríguez lia o diário — um livro manuscrito de revelações.

Segundo Braulio, a guerra de guerrilha era mal organizada, mal planejada, e mal executada. Os combatentes em sua unidade eram fracos e doentes de fome. Os suprimentos eram escassos e de baixa qualidade. Mas o mais incrível de tudo era que a força de Braulio não tinha nenhuma comunicação com a unidade de Che. Antes de sofrer a emboscada, a sua unidade ficara vagando pelas montanhas. As duas metades do temível exército rebelde de Che haviam se separado. Perdidas, elas perambularam durante meses pelas montanhas em busca uma da outra.

E toda aquela conversa sobre centenas de guerrilheiros disciplinados prontos para invadir La Paz? Pura bobagem, percebeu Rodríguez. O mundo assustara-se por nada. O que diabos Che estava fazendo ali? Rodríguez só balançou a cabeça de incredulidade. Era irreal.

Ele lançou mão de dicas colhidas no diário para trabalhar com Paco. Era um balé delicado, construído sobre a ilusão de amizade. Por julgar que Rodríguez estivesse do seu lado, protegendo-o, Paco continuou a falar. Quanto mais ele falava, mais detalhes surgiam. Os detalhes poderiam levá-los aos guerrilheiros, e a Che.

O plano de interrogatório de Rodríguez funcionou, com apenas um contratempo — numa tarde, um oficial das Forças Especiais norte-americanas em Santa Cruz decidiu "ter uma conversa" com Paco. O prisioneiro não conhecia o homem, e não foi tão comunicativo quanto era com Rodríguez. Percebendo que Paco mentia, o oficial ameaçou-o e submergiu a sua cabeça na água.

Quando soube da visita não autorizada, Rodríguez ficou lívido. Desculpou-se com Paco, prometendo que aquilo jamais voltaria a se repetir. Então, ele deixou claro para os guardas que ninguém estava autorizado a falar com Paco sem a sua prévia autorização.

Em breve, Paco sentiu-se novamente seguro.

— Conte-me a respeito dos acampamentos — disse Rodríguez.

Ele queria um retrato nítido das facções dentro dos grupos. De acordo com Braulio, havia atrito entre os estrangeiros e os bolivianos. Ele queria ouvi-lo de Paco.

Paco começou por Tania, uma agente da Alemanha Oriental chamada Tamara Bunke Bider. Tania trabalhava para a KGB, e trouxe Debray e Bustos ao acampamento. Ela estabeleceu a rede de apoio urbano desfeita pelos bolivianos depois que o seu jipe foi descoberto.

— Ela escrevia todas as sujeiras que lhe diziam respeito num caderno — contou Paco. — Então, levava o caderno para Che. Tania e Joaquín, o líder da retaguarda, discutiam sobre qual dos dois havia se sacrificado mais pela revolução. As discussões acabavam sempre com Tania em lágrimas.

Rodríguez sorria e escutava. Absorvia cada detalhe. Entre as sessões com Paco, Rodríguez cotejava a história por ele relatada com o diário de Braulio.

— Ela não conseguia acompanhar as marchas. Frequentemente ficava para trás — disse Paco. — Atrasava todo o grupo.

Tania era a operadora de rádio de Che. Ela recebia mensagens pela tarde, às 13 horas, e depois às 20 horas, segundo Paco. A memória de Paco para detalhes era prodigiosa. Quando mais conversava com ele, mais Rodríguez percebia que o homem tinha o dom de reter informações. Teria sido um ótimo agente de inteligência. Ele recitou os nomes dos lugares por onde passara seis meses antes, e os endereços e nomes de dezesseis pessoas diferentes envolvidas no movimento.

— O que aconteceu com Tania? — quis saber Rodríguez.

— Foi morta na emboscada — disse Paco.

—Tem certeza? — perguntou Rodríguez. — Nós não encontramos o seu corpo.

— Ela foi puxada para dentro do rio — concluiu Paco. — Provavelmente ficou presa entre as rochas, não muito longe do local da travessia.

Depois da reunião, Rodríguez transmitiu as informações a Saucedo. Quatro dias depois, soldados bolivianos descobriram o corpo de Tania no exato local indicado por Paco. Ao contrário dos outros guerrilheiros, enterrados em covas coletivas e anônimas, Barrientos ordenou que Tania tivesse um enterro cristão apropriado.

Uma história intrigou Rodríguez: como dois guerrilheiros bolivianos haviam desertado logo no início da campanha.

— Vicente e Pastor foram mandados para conferir armadilhas de caça — contou Paco. — Eles fugiram e nunca mais voltaram.

— Como sabe que desertaram? — perguntou Rodríguez.

— Moises Guevara ficou preocupado quando eles não voltaram no início da tarde. Ele foi conferir as suas mochilas — disse Paco. — Achou uma nota de Vicente.

Paco lembrava-se exatamente do que estava escrito:

Não estou partindo por ser um covarde, mas porque estou profundamente preocupado com os meus meninos. Retornarei assim que puder resolver os problemas em casa. É uma questão de economia. Os meus filhos não têm nada para comer.

Três dias após as deserções, Che chegou ao acampamento com o seu séquito, incluindo Pombo, um veterano de Sierra Maestra. Pombo era o braço direito de Che, seu guarda-costas em Cuba e na África.

— O que aconteceu então? — perguntou Rodríguez.

— Tania encontrava-se na cozinha do acampamento e, quando viu Che, o beijou e apertou a sua mão — contou Paco. — Che mostrou-se irritado por haver tanta gente no acampamento. Quis saber por que os guerrilheiros não estavam mais bem distribuídos pelos outros acampamentos.

Para Paco, aquilo era apenas a novela diária de integrar a desequilibrada família guerrilheira de Che. Mas, para Rodríguez, tratava-se de uma janela para a alma do movimento. Ele insistiu para que Paco continuasse.

— El Chino contou a Che sobre as deserções, e que Marcos, o comandante do acampamento, havia batido em retirada, porque o Exército estava chegando muito perto e ele não queria lutar. Che ficou furioso. Ordenou aos guerrilheiros que regressassem aos seus acampamentos no dia seguinte, e que deles não desistissem sem lutar.

Rodríguez checou as suas anotações. Aquilo acontecera em março, cerca de seis meses antes. Foi mais ou menos naquela época que os bolivianos foram atacados pela primeira vez por Che e os seus guerrilheiros.

Paco relatou que o pessoal de Che preparava uma refeição quando o guerrilheiro mandou buscar Marcos. Quando este chegou, teve início uma violenta discussão. Che chamou Marcos de "lixo" e de "covarde".

Marcos era um cubano de alta patente chamado Antonio Sánchez Diaz, comandante do 1º Regimento Revolucionário em Havana, e membro do Comitê Central do Partido Comunista Cubano. Rodríguez já sabia da briga de Che com Marcos — Braulio havia escrito sobre ela. A princípio, Rodríguez não entendera a anotação, mas Paco forneceu-lhe os detalhes necessários.

Paco disse que Marcos protestou, alegando ser "tão comandante" quanto Che. Parecia que os homens iriam às vias de fato, mas Marcos finalmente recuou.

Mais tarde, Paco foi designado para a retaguarda, grupo liderado por Joaquín, veterano cubano chamado de *Comandante* Juan Vitalio Acuña Núñez. Ele tomou a arma de Paco, mas este teve ainda de transportar a munição.

Naquela noite, Che reuniu os guerrilheiros para um discurso de uma hora de duração.

Che disse-lhes que os cubanos haviam se voluntariado para vir à Bolívia, porque o seu dever era ajudar a América Latina a combater o imperialismo norte-americano. Afirmou que seria uma longa luta — uma guerra que duraria uma década. Os cubanos permaneceriam na Bolívia "até que vocês possam andar com as próprias pernas". Em seguida, espalhariam a revolução para outras nações.

Rodríguez conhecia o discurso. Era o típico lixo comunista papagueado por líderes guerrilheiros em toda a América Latina. Mas então veio a informação essencial: porque Vicente e Pastor tinham desertado, Che rebaixou Marcos de comandante a soldado. Colocou-o na retaguarda, sob o comando de Joaquín.

Che promoveu Miguel, veterano de Sierra Maestra cuja alcunha era capitão Manuel Hernández, a líder da vanguarda.

Ficou óbvio para Rodríguez que Che não confiava nos bolivianos. Quando vários outros guerrilheiros bolivianos também desertaram, Che pôs os cubanos e Tania no comando da operação. Em sua terra natal, os bolivianos mostravam-se mais preocupados em sustentar as suas famílias do que com a revolução comunista.

Um dos grandes sucessos na investigação de Rodríguez foi a explanação feita por Paco da logística da guerrilha. Paco explicou que Che operava em três grupos — vanguarda, centro e retaguarda. Cada unidade mantinha-se cerca de 800 metros afastada das demais. A vanguarda contava com seis a oito pessoas. No centro, iam Che e a força principal. O restante integrava a retaguarda. Assim, se houvesse uma emboscada, a vanguarda ou a retaguarda seriam atacadas primeiro. Ambas as unidades protegeriam o centro.

Ao final de sua estada com Paco, Rodríguez dispunha de um inquérito de vinte páginas, a ser entregue aos bolivianos, detalhando tudo o que havia aprendido, de como operavam os guerrilheiros até os pontos de atrito entre Che e os seus comandantes.

Tudo o que precisavam agora era de uma liderança.

18

"Vá pegá-lo"

O treinamento chegava ao fim. Os Rangers estavam prontos. Shelton estivera atento nas últimas semanas, verificando detalhes. As unidades estavam sincronizadas durante as manobras? Os atiradores de elite acertavam os alvos? As unidades de artilharia em solo haviam se coordenado entre si?

Para Shelton, a resposta era sim.

O alto-comando boliviano ainda não tinha decidido onde ou quando os Rangers seriam alocados. Não importava. Shelton sabia que eles estavam prontos. E isso era tudo o que se podia exigir.

O quarto mês de treinamento iniciara-se com duas semanas de exercícios de campo no sertão além de Santa Cruz. O batalhão ajustava o treinamento, manobrando os Rangers num terreno similar ao que encontrariam na zona de operações. Fazia-se da maneira mais dura e realista possível, a fim de que os soldados se mantivessem vivos em sua caçada a Che.

Tudo era meticulosamente pensado. Em dada ocasião, a equipe das Forças Especiais construiu um vilarejo artificial de modo a ensinar aos soldados como esvaziar os prédios da maneira correta — quase como numa simulação lúdica, com balas de festim. Grupos de três ou quatro Rangers entravam nos cômodos e eliminavam cada "guerrilheiro" de tocaia, seguindo ato contínuo para os próximos. Alguns dos soldados vestiam-se de mulher, e saíam subitamente dos quartos. A mensagem era: atire nos soldados que encontrar, mas não em mulheres. Apenas em homens, e só se estiverem armados.

Havia assuntos por resolver em La Esperanza. A maior parte da estrutura no projeto da escola estava pronta, mas a disputa por verbas prosseguia. Shelton atormentou a embaixada norte-americana — e Henderson — até que o telhado e as janelas estivessem pagos. Aquela era uma batalha vencida, mas a guerra continuava: era preciso forçar os patrões para que as coisas fossem feitas. Em dada etapa do programa, Shelton e o seu braço direito, capitão Fricke, foram convocados ao Panamá para explicar à turma de alta patente do SOUTHCOM por que haviam requisitado tantos e tão custosos suprimentos. Shelton não tinha conhecimento da existência de vários outros projetos em andamento, em diferentes países?

O major ficou quieto por um instante. Encarou o general Porter nos olhos.

"Você não gostaria de perder este batalhão agora, não é, general?", perguntou Shelton. Porter recuou. Os suprimentos continuaram a fluir livremente para La Esperanza. Claro, Shelton era um mandachuva, mas o general respeitava a sua sinceridade e a sua dedicação total à missão. No início, Shelton prometera a si mesmo fazer tudo da maneira correta na Bolívia — da *sua* maneira. Ele manteve a promessa.

Restavam ainda alguns itens na sua lista de coisas por fazer. Depois que os Rangers fossem enviados ao campo de batalha, a sua equipe estava designada para treinar nove companhias bolivianas de infantaria. Essa missão seria tranquila comparada ao treinamento dos Rangers. Shelton estava confiante de que, no Natal, a sua equipe já estaria em casa.

Para Shelton, as últimas semanas haviam sido um turbilhão de visitas de dignitários. O general Porter visitou La Esperanza. Ele presenteou com relógios de ouro os oficiais bolivianos acima da média, e com relógios de prata os melhores Rangers de cada companhia. Os bolivianos fizeram grandes planos para a cerimônia de graduação. O vice-presidente Adolfo Siles faria um discurso, assim como o coronel Joaquín Zenteno Anaya, comandante da 8ª Divisão.

Shelton sentia que a maré virava favoravelmente para os bolivianos. Não via Rodríguez e Villoldo havia semanas, mas ouvira falar que guerrilheiros importantes tinham sido mortos ou capturados. Àquela altura, Rodríguez e Villoldo estavam provavelmente absortos nos interrogatórios.

A participação de Che já não era mistério. O revolucionário estava não apenas envolvido, mas liderando os guerrilheiros. Che devia ter um plano de fuga. Se as coisas ficassem realmente perigosas, não daria um jeito de escapar? Por que haveria de arriscar tudo numa selva boliviana?

* * *

Os revolucionários mortos desfilaram pela cidade virados para baixo, jogados sobre o lombo de mulas. Nunca antes Rodríguez ficara tão feliz ao ver um cadáver, pensou — apressara-se toda a manhã por chegar à minúscula Pucara, partindo de Vallegrande num jipe com Villoldo e Saucedo, e gritando no alto-falante para o sargento na cena da emboscada: "Leve os corpos para Pucara, nós o encontraremos lá."

Se Rodríguez conseguisse identificar os homens mortos, teria um claro retrato do paradeiro de Che, ao menos pelos próximos dias. Valia a pena arriscar.

Mas jipes andam mais rápido que mulas. Quando os primeiros chegaram, teve início a espera. Não podendo tomar mais café do que já tomara, Rodríguez decidiu caminhar pelas ruas.

O vilarejo era limitado pela encosta da montanha, com as belas paisagens de seus vales em formato de dedos, apontados para o rio Grande. As colinas escarpadas eram cobertas por matagal espinhoso, vegetação densa e pedregulhos. Era um terreno impossível, pensou Rodríguez. Não surpreendia que a sua "encomenda" estivesse demorando tanto.

Por volta das 4 horas, o segundo-tenente Eduardo Galindo e seu pelotão chegaram com os corpos. Os três homens da inteligência apresentaram-se rapidamente, e logo puseram-se a trabalhar.

Os soldados desfizeram os nós e lançaram os corpos endurecidos na rua poeirenta. Rodríguez pegou uma almofada de tinta, agarrou os guerrilheiros pelos pulsos, e pressionou as suas impressões digitais contra um bloco de papel. Enquanto Rodríguez tirava fotos de documentos encontrados nas mochilas dos guerrilheiros, Villoldo e Saucedo questionavam Galindo sobre a emboscada.

Os guerrilheiros vinham caminhando por uma estrada de terra em plena luz do dia, sem cobertura. Os homens de Galindo avistaram-nos do alto. Galindo ordenou-lhes que armassem uma emboscada, mas logo percebeu estar enfrentando um dilema. Os guerrilheiros andavam a uma boa distância uns dos outros, o que dificultava a tarefa de atingir todo o grupo. Não havia muita cobertura. Os guerrilheiros avistariam os homens se aproximando. Galindo arriscou.

"Depois que abrimos fogo, os guerrilheiros recuaram", disse Galindo. "Ordenei às minhas tropas que avançassem. Alguns guerrilheiros tombaram. O resto virou-se e fugiu. Descemos correndo para La Higuera, mas os sobreviventes escaparam pelos desfiladeiros vizinhos à cidade."

Os bolivianos recuperaram os corpos e os trouxeram a Pucara.

O trio agradeceu a Galindo, tocou as mulas, e seguiu de volta a Vallegrande, onde Rodríguez comparou as impressões com os dados de seu arquivo.

Os guerrilheiros mortos eram Miguel, um cubano, e dois bolivianos — Coco e Julio.

Rodríguez revirou as inúmeras folhas de suas anotações, e escrevinhou as suas descobertas em um bloco.

Em março, Che promovera Miguel a comandante da vanguarda. Se a unidade de Miguel andava pela região, Che devia estar próximo. Rodríguez lembrou da paisagem de Pucara, dos vales escarpados e espinhosos que atravessavam a encosta da montanha. Ele rezou para que Che ainda estivesse preso por lá. Rodríguez não era um estrategista militar, mas sabia reconhecer uma oportunidade.

Ele reuniu os seus cadernos de notas e correu para o quartel-general da 8ª Divisão, pronto para convencer Zenteno de suas ideias. Mas Zenteno estava ocupado. Rodríguez aguardou impacientemente no corredor. Era um caso clássico de "pressa e espera", o segundo do dia.

Após o que pareceram horas de espera, Zenteno convidou Rodríguez ao seu escritório.

— Senhor — disse Rodríguez —, é hora de deslocar os Rangers de La Esperanza para Vallegrande. Che está nesta área.

Zenteno respirou fundo. O presidente Barrientos realizara diversas visitas à cidade a fim de conferir as operações, e Zenteno sabia que, se ele e os seus homens capturassem Che, a glória caberia toda a eles.

— Como sabe disso? — perguntou a Rodríguez.

— Os corpos da emboscada desta manhã. Um deles era de Miguel. Miguel estava na vanguarda de Che — disse Rodríguez. — Aquela era a vanguarda de Che vindo pela estrada.

Havia um senso real de urgência: eles precisavam dos Rangers. Agora.

— Mas Félix, eles não concluíram o seu treinamento — disse Zenteno. — Restam ainda duas semanas pela frente. Eu os deslocarei assim que tiverem encerrado o seu ciclo.

Rodríguez cerrou os dentes e balançou a cabeça.

— Em duas semanas não saberemos onde está Che — argumentou Rodríguez. — Se não movermos as tropas agora, nem todo o treinamento do mundo os ajudará. Tudo o que tentei fazer desde que cheguei aqui culminou neste momento crítico.

Utilizando a informação de Paco, Rodríguez podia prever para onde Che Guevara conduziria a sua principal força guerrilheira logo em seguida. Isso chamou a atenção de Zenteno.

— Sabemos onde ele está no momento — insistiu Rodríguez. — E as últimas duas semanas de treinamento dos Rangers são para conquistar os diplomas e essas bobagens. Eles já estão prontos.

Então, ele disse as palavras que Zenteno queria ouvir:

— Estou certo de que podemos impor aos comunistas um golpe mortal. Mas somente se você, senhor, agir decisivamente. Envie o 2º Batalhão de Rangers ao combate agora mesmo.

* * *

O barulho incessante tirou Valderomas da cama. Ele espiou pela janela e viu os soldados se reunindo, formando filas em frente ao engenho de açúcar. Mas, ao contrário das outras manhãs, agora eles trajavam pesadas mochilas e portavam sacolas de lona.

Estavam de partida.

Valderomas ouviu de vizinhos que os Rangers seguiam para sua primeira missão secreta. Provavelmente em busca dos guerrilheiros, pensou Valderomas. Os americanos se manteriam na retaguarda, e logo chegariam outros soldados bolivianos — mas não muitos. Talvez as coisas se acalmassem agora.

Na noite anterior, Valderomas vira os soldados bolivianos se despedindo de pessoas na cidade. Ele viu aquele soldado americano alto, com óculos escuros, de mãos dadas com a menina Roca. O soldado a pedira em casamento, diziam. Valderomas duvidava de que isso fosse ocorrer, mas, se de fato ocorresse, a garota é quem iria embora. Não dava para imaginar um americano vivendo em La Esperanza. Tratava-se de um vilarejo pobre. E seria sempre um vilarejo pobre.

Valderomas conseguira algum dinheiro extra vendendo vegetais aos soldados. Coisas boas também haviam ocorrido ao vilarejo. O projeto da escola logo estaria terminado, talvez a tempo de o presidente suspender o "feriado de inverno" e mandar as crianças de volta às aulas.

Valderomas observou os Rangers subindo nos caminhões e deixando a cidade. Ao perceber o comboio sumindo na distância, ele sentiu certa tristeza. Aqueles eram bons homens, pensou. Quantos deles morreriam no campo de batalha?

* * *

Eles entraram em formação sob um céu azul e translúcido, firmes e orgulhosos. Os homens do 2º Batalhão de Rangers trajavam uniformes verde-oliva e boinas verdes. A sua cerimônia de formação ocorrera no quartel-general da 8ª Divisão, em Santa Cruz, e fora transmitida ao vivo pela Rádio Nacional Boliviana. O vice-presidente Siles e outros oficiais bolivianos proferiram discursos apaixonados. Aquela era a elite boliviana, disseram, os seus melhores soldados, prontos para varrer da terra o flagelo comunista.

O vice-presidente presenteou cada homem com um broche dourado no formato de asas de condor, a palavra "Ranger" gravada na parte inferior. Os homens vibravam. Observando o desenrolar da cerimônia, Shelton não pôde deixar de pensar em tudo o que haviam conseguido em tão poucos meses. *Aproveitem o seu dia, rapazes*, pensou.

O treinamento acabou. A realidade começa amanhã.

Somente então estaria Shelton apto a aferir o seu sucesso, e apenas se os homens tivessem realmente assimilado o programa. Ele só gostaria de poder estar lá com eles no campo, vê-los dar os primeiros passos — era quase como criar um filho, pensou. Não havia nada que Shelton pudesse fazer agora exceto esperar e observar.

Encerrada a cerimônia, um oficial elegantemente vestido liberou os soldados, aproximou-se de Shelton e apertou a sua mão — era Prado. Em cada centímetro, a sua aparência era a de um oficial, com estrelas no colarinho do seu uniforme bem-passado. Estava de óculos escuros, e tinha a sua boina verde angulada sobre um dos olhos. O comando da companhia B fora atribuído a ele.

Prado e Shelton caminharam pelo terreno da parada até os portões do quartel-general.

— Foi uma cerimônia inspiradora — comentou Prado.

— Eles fizeram bem-feito — concordou Shelton. — Olhe para esses homens e pense no quão longe chegaram. Lembra-se do primeiro dia em que apareceram?

Prado sorriu.

— Não parecíamos soldados, não é mesmo?

— Prado, você sempre pareceu um soldado. Eles não. Mas eu preciso reconhecer: deram sempre o seu melhor. Trabalharam duro. Tínhamos de dar conta de um monte de coisas em tão curto período. Mas eles conseguiram.

Houve um momento de silêncio. Prado olhou para Shelton. O major tratava até mesmo o sujeito de patente mais baixa com respeito. Ele ouvia quando os outros falavam. Nunca erguia a voz — Shelton era calmo e controlado. Se pudesse comandar como Shelton, Prado pensou, teria o respeito dos homens de sua companhia.

— Estou partindo hoje — disse Prado. — Fui designado para a zona de operações. Queria dizer adeus.

Shelton parou, virando-se para ele.

— Gary, estou certo de que você se sairá bem. Qualquer Exército ficaria feliz de tê-lo como comandante.

Shelton fora destacado para treinar a infantaria em La Esperanza, mas disse que sentiria falta dos Rangers. Aquela havia sido a missão mais importante de sua carreira militar. A sua equipe sentia-se responsável pelos soldados bolivianos. Quando os americanos voltassem para casa dentro de alguns meses, sempre se lembrariam de sua estada em La Esperanza.

— Cuide de sua família, Gary — disse Shelton. — Proteja-se. E vá pegá-lo.

Parte III

Zona Vermelha

19

"Nós vamos destruir esses homens"

Na última semana de setembro, os Rangers aboletaram-se na carroceria de caminhões de transporte de cana-de-açúcar e percorreram 128 quilômetros de estrada esburacada de Santa Cruz a Vallegrande. Era uma cidade comercial com aproximadamente 6 mil pessoas, com as usuais estreitas ruas de pedra, biroscas e feiras, nas quais os agricultores vendiam os seus produtos. Um lugar onde as pessoas trabalhavam duro ao longo da semana e iam à igreja aos domingos.

O ritmo da cidade alterara-se nos últimos meses, quando ela se tornou um ponto de parada para jornalistas internacionais e tropas do Exército boliviano. Os moradores cresceram acostumados a ver caminhões e jipes militares estacionados nas ruas. Ouviram falar que Che e o seu exército estavam nas redondezas, mas a maior quantidade de soldados na cidade apenas aumentava a ansiedade. Ninguém confiava nos alertas e garantias do governo. Na primavera, comandantes bolivianos haviam avisado da presença de centenas de combatentes nos cânions ao redor da cidade. Os moradores passaram o verão especulando sobre quando Vallegrande seria atacada. E agora os soldados diziam que os guerrilheiros tinham fugido. Qual seria a verdade?

Mario Salazar estava feliz apenas por chegar inteiro a Vallegrande. À medida que o comboio percorria as ruas pavimentadas da cidade, Salazar acenava para as pessoas. Ele podia sentir, pelos sorrisos e acenos, que alguns estavam felizes por ver os Rangers. Salazar adorava a atenção. Ele e os outros homens sentiam fazer parte de algo especial.

A viagem até ali fora um festival de jactância, uma revisão do que fariam quando chegasse a hora de matar os guerrilheiros. Métodos eram apresentados um após o outro: enforcá-los? Atirar neles? Granadas, metralhadoras, morteiros — cada arma era considerada. Alguns homens, no fundo, talvez estivessem com medo, mas hoje, com a companhia C, todos eram machões. Salazar olhou as montanhas a distância — mal podia esperar para entrar numa troca de tiros. Os Rangers estavam prontos para a ação.

O capitão Prado, comandante da companhia B, sentia emoções parecidas. Preparara-se para este momento por toda a sua vida. Crescera com as histórias de seu pai sobre a Guerra do Chaco, tendo conhecimento das batalhas, ataques e mortes brutais. Houve vitórias mesmo naquela guerra perdida. Esta guerra, hoje, era a guerra de Gary Prado. Ele não iria perder.

O treinamento acabara. Prado e seus homens estavam preparados, tanto mental quanto fisicamente.

Os guerrilheiros estavam presos ao longo do rio Grande, nos arredores de Vallegrande.

Todos tendo chegado, Prado e os demais comandantes de companhia foram designados para um resumo das últimas informações com o coronel Zenteno. O ambiente era tenso. Zenteno não perdeu tempo. Todos sabiam da ocorrência de escaramuças na região, e que guerrilheiros haviam ocupado a vila de Alto Seco. Permaneceram ali por menos de 24 horas, o suficiente para aterrorizar a cidade.

Para começar, eles cortaram a linha de telégrafo ligando Alto Seco a Vallegrande. Depois, encurralaram todos os homens dentro da escola. Os homens esperavam ver violência, mas o que receberam foi um discurso de recrutamento à guerrilha.

"Vocês podem achar que somos loucos de lutar como estamos lutando", disse um dos guerrilheiros. "Vocês nos chamam de bandidos, mas lutamos por vocês, pela classe trabalhadora, por trabalhadores que ganham tão pouco, enquanto os militares recebem altos salários. Vocês trabalham para eles, mas digam-me o que eles fazem por vocês? Vocês não têm água aqui, não têm eletricidade, o telégrafo não funciona. Estão abandonados assim como todos os bolivianos. Eis por que estamos lutando."

O discurso foi recebido com silêncio, contaram os moradores ao Exército. Os guerrilheiros partiram na manhã seguinte.

Então, continuou Zenteno, três guerrilheiros foram mortos em confronto numa estrada de terra entre as vilas de Pucara e La Higuera. A inteligência os havia identificado — e concluído que Che Guevara viajava com esse bando. Esta a razão pela qual os Rangers haviam sido deslocados tão rapidamente de La Esperanza. A caçada começara. Não havia tempo a perder. Caminhões foram solicitados para conduzir os primeiros esquadrões para perto da área.

Zenteno virou-se para o comandante da companhia A:

— Quero você na área de operações hoje à noite.

O capitão Celso Torrelio Villa ficou sem palavras por um momento, e, em seguida, disse a Zenteno que nem todos os seus homens e armamentos haviam chegado a Vallegrande.

Prado intercedeu.

— A minha companhia está pronta, senhor — disse impulsivamente.

Zenteno aquiesceu.

— Muito bem, capitão Prado. Você vai primeiro.

Durante as horas seguintes, os homens prepararam o carregamento de armas, munição, comida e utensílios médicos. Quando já prontos para a marcha, Prado reuniu-os em torno de si.

"Os guerrilheiros foram localizados perto de La Higuera. Três deles estão mortos. Sabemos quem são, e sabemos que viajavam com Che", disse-lhes. "Vocês estão na missão mais importante de suas vidas."

Alguns de seus homens estavam com medo. Olhavam para o chão, de modo a evitar o contato visual. Prado também se sentia ansioso, mas não podia demonstrá-lo. Era uma das lições de Shelton: o oficial dá o tom. Se Prado estivesse confiante, seus homens o seguiriam com confiança.

"Somos Rangers", disse ele aos seus homens, "os mais bem treinados e armados — a elite militar boliviana. O inimigo está fugindo. Estamos no comando." Ele virou-se e cuspiu no chão. "Nós vamos destruir esses homens."

Era outra longa jornada. A estrada terminava em Pucara. Prado contratou um guia para levá-los, pelo resto do trajeto, até Vado del Oro, um entroncamento do rio Grande, onde poderiam interceptar a rota de fuga dos guerrilheiros. Puseram a carga dos caminhões nas costas e seguiram o guia por uma trilha na selva montanhosa. Marcharam até o sol se pôr, ergueram uma base de patrulha, e esperaram pelo amanhecer. Trataram dos ferimentos causados pela vegetação cortante e pelos cactos. Mas o sono veio facilmente naquela noite.

A manhã trouxe mais do mesmo. No topo do cânion Santo Antonio, um homem chamado Francisco Rivas disse aos soldados que os seus cachorros haviam latido durante quase toda a noite na direção para a qual se dirigiam, e que os seus cachorros só latiam para estranhos. A companhia B vasculhou a área. Uma hora depois, um homem esfarrapado surgiu de trás das árvores, arfando. Disse ser um dos soldados de Che. Seu nome era Camba. Queria se entregar.

O prisioneiro estava imundo, com um cabelo comprido e oleoso, barba desalinhada e um olhar selvagem. Para Prado, o homem era digno de pena. Decidiu fazer uso dele. Quando os seus soldados reuniram-se novamente, Prado apontou para o homem. "Olhem para o sujeito", disse. "Patético. Um soldado de Che Guevara. Vocês estão com medo desses caras? Vejam como são eles. Vocês ainda têm medo?"

Era encenação. Prado sentia-se um pouco constrangido, mas achou que aquilo daria ânimo às tropas. Os homens captaram a mensagem: ainda não sabiam exatamente quantas tropas possuía Che, mas, se todas tivessem a aparência de Camba, havia pouca coisa a temer.

Camba foi levado de volta a Vallegrande, onde o major Miguel Ayoroa, comandante do batalhão, interrogou-o com o capitão Raul Lopez Leyton, oficial de inteligência do batalhão.

O nome verdadeiro de Camba era Orlando Jiménez Bazán, e ele era da cidade boliviana de Beni. Disse ter treinado em Cuba em 1962, tendo sido recrutado por um dos homens de Che. Eles tinham vagado pelos vales vizinhos a La Higuera durante dias, contou, e, se não comesse logo, morreria de fome. Havia desertado. Não sabia onde o resto do grupo se localizava, e não ligava a mínima para o destino deles. Não queria mais nada com Che.

Para Camba, a revolução acabara. Estava com sorte — sobrevivera. Foi julgado pelos militares e condenado a trinta anos de prisão. Camba foi perdoado em 1970, e regressou para a sua cidade.

* * *

Barrientos estava em êxtase.

Os ventos haviam mudado. As tropas mantinham Che cercado como um rato na selva. Era só questão de tempo para que o canalha fosse capturado e levado à justiça. Era uma surpreendente reviravolta. Apenas um mês antes, todos previam a queda de René Barrientos. Faziam apostas para saber qual, dentre os seus generais, seria o primeiro a perder a paciência e tomar o poder.

Subestimaram-me, pensou Barrientos. Tudo o que precisavam ter feito era olhar para a sua trajetória de vida. Com unhas e dentes, ele havia cavado a sua ascensão das inclementes ruas de Cochabamba até o palácio presidencial, e isso não ocorrera por acidente — não em um país que admirava a bravura e a macheza. Che e os comunistas deram trabalho. Eles podem ter acertado o primeiro golpe, mas enfrentavam ninguém menos que Barrientos. Ele não era apenas o homem mais poderoso da Bolívia, mas também um sobrevivente. Agora ele reassumira o controle. Em breve, Che seria seu. Nada mais poderia ser tão compensador.

Che estava mesmo na Bolívia, não havia mais dúvidas. Os interrogatórios, os documentos, até mesmo a maldita guimba de cigarro — tudo indicava que ele estava cercado. Os guerrilheiros não pareciam ter um plano B. Ninguém estava vindo resgatá-los — nem mesmo os cubanos. Àquela altura, a força guerrilheira de Che já não lutava pela revolução, mas por sobrevivência. Che Guevara estava provavelmente desesperado em busca de uma rota de fuga, da luz de um novo dia.

Os jornais começavam a insistir nesse ponto. O *New York Times* questionou se este seria "o último lance de Che". A matéria recontava o sucesso da guerrilha: "Nos primeiros encontros com as patrulhas do Exército boliviano, que estão entre as mais mal treinadas do mundo, os guerrilheiros mostraram-se letalmente eficientes; eles interromperam rotas de fuga, usaram bem as suas armas automáticas, e demonstraram ter um bom domínio das táticas." O artigo dizia que Samaipata fora "o golpe mais ousado da campanha" dos rebeldes. Mas, em agosto, as coisas começaram a mudar. "Os suprimentos dos guerrilheiros passaram a ficar escassos. O Exército boliviano optou por se concentrar mais na contenção do que no confronto armado." E agora, "o vistoso Che Guevara está preso num cânion... picado por mosquitos e castigado pelo sol".

Mesmo os EUA começavam a elogiar o Exército boliviano. Depois da emboscada que matou Tania, Rostow disse ao presidente Johnson num memorando: "As forças armadas bolivianas obtiveram finalmente a sua primeira vitória — e parece ter sido uma das grandes." Aquilo faria muito para "elevar o moral" do Exército do país. Ele acrescentava que os Rangers — a unidade treinada pelos Boinas-Verdes — estavam à frente no campo de batalha.

De modo a capitalizar sobre a vitória, um triunfante Barrientos esteve no funeral de Tania em Vallegrande. Ele foi até a casa de Honorato Rojas, o homem que traíra os homens de Che, para apertar a mão de um patriota. Pôs um preço pela cabeça de Che, oferecendo 50 mil pesos bolivianos (ou 4.200 dólares) a quem capturasse o líder rebelde. Jornais e estações de rádio repercutiram o pronunciamento de Barrientos, e aviões lançaram folhetos anunciando a oferta na área da guerrilha.

Barrientos não era o único a se pavonear. Ovando previu publicamente que Che seria capturado em breve. Mas, até lá, ninguém no alto-comando descansaria. Uma coisa era prever a vitória. Outra era garantir que ela se concretizasse.

* * *

Mario Salazar sentou e tirou as botas. A companhia C caminhara o dia inteiro pelas montanhas, tentando encontrar guerrilheiros. As outras companhias, incluindo a de Prado, vasculhavam os arroios nas redondezas, mas as únicas coisas que conseguiram foram bolhas nos pés e dores nas costas.

Os homens estavam sentindo a carga. Cada um levava uma arma e 18 quilos de mantimentos. Muitos carregavam mais: comida, kits de primeiros socorros, munição e equipamento de camping. Salazar pensava se as quatro bolsas de arroz em suas costas não o matariam antes que os guerrilheiros disparassem o primeiro tiro.

O pior eram as encostas, onde o caminho dissipava-se em poeira e rochas. As suas mochilas pesadas predispunham à queda. As mãos e joelhos de todos estavam em carne viva.

Salazar percebeu que aquilo era mais difícil do que o treinamento em La Esperanza. Lá, eles sabiam que voltariam para a caserna ao fim do dia, onde dormiriam num local seguro e seco. Agora, precisavam manter-se alertas, não apenas pelos insetos, plantas urticantes e animais. Os guerrilheiros estavam logo ali, em algum lugar.

Salazar ainda ansiava por ação. Seus companheiros disseram-lhe para ter cuidado com o que desejava. Sim, eles eram uma tropa de elite. Sim, eles podiam lidar com Che. Mas ninguém queria morrer. Coisas ruins aconteciam durante tiroteios.

Com o sol se pondo por trás das montanhas, os homens prepararam uma base de patrulha para a noite. Salazar era um dos homens garantindo a segurança no perímetro do acampamento. Era uma noite clara e estrelada — nenhuma nuvem no céu —, mas fazia um pouco de frio. Salazar olhava para as estrelas e pensava na vida. Sairia vivo dali? Quando tudo terminasse — e se escapasse em segurança —, voltaria para casa, e encontraria uma boa garota com quem iniciar uma família. E um dia, quando o seu filho fosse grande o bastante, contaria a ele como caçara Che nas montanhas.

Salazar rezou ainda para que nenhum filho seu precisasse um dia carregar uma arma, nem se preocupar com a possibilidade de um rebelde começar a atirar a qualquer momento. Salazar não temia lutar. Se fizesse um bom trabalho, talvez o seu filho jamais precisasse seguir seu exemplo.

* * *

Os dias se arrastaram. O fardo dos Rangers diminuiu à medida que as rações e os suprimentos eram consumidos. Mas logo a comida ficou escassa, e em seguida esgotou-se completamente. Eles passaram a cortar plantas comestíveis e cozinhá-las com qualquer pedaço de carne que conseguissem apanhar. Zenteno enviou Villoldo à "zona vermelha" para um relatório sobre a situação dos Rangers, e o homem da CIA ficou consternado com a situação dos suprimentos. Assim que voltou a Pucara, Villoldo entregou-o a Zenteno. Os Rangers estavam em situação desesperadora de carência, disse. Zenteno parecia não ouvi-lo. "O general Ovando está pensando em solicitar rações diárias à Argentina", disse Zenteno. "Se não conseguirmos suprimentos, teremos de recuar."

Villoldo sabia que eles não podiam recuar agora. Não com os Rangers tão perto de pegar Che. Em vez de esperar que Ovando começasse a preencher formulários de requisição, Villoldo decidiu regressar a Santa Cruz no dia seguinte a fim de avaliar se a CIA não poderia ajudar no reabastecimento dos Rangers.

20

Che

Para Prado, a mesma rotina vinha se repetindo havia cerca de duas semanas. Os seus homens estavam posicionados em bases provisórias em três vilarejos: La Higuera, Abra del Picacho e Loma Larga. Eles acordavam cedo, consultavam os mapas e passavam o dia realizando varreduras ao longo das margens norte e sul do rio Grande. Logo, eles voltaram a sua atenção para os cânions estreitos que conduziam os afluentes até o grande rio.

Ao fim de cada dia, os homens de Prado estavam exaustos e ansiosos. Nunca podiam ter a certeza de que a caminhada diária não terminaria numa emboscada. A inteligência enviava as mesmas mensagens: o exército de Che estava em frangalhos. Ninguém sabia se ele recebera novas tropas.

Na selva, tudo era possível. Os soldados de Prado haviam bloqueado o ponto de entrada mais óbvio, mas isso não significava que novos recrutas não estivessem adentrando a área de operações de algum outro jeito. Não dava para descartar totalmente a hipótese.

O dia 8 de outubro parecia igual aos das últimas semanas. A aurora despontou sobre o cânion El Churo, um local íngreme esquecido por Deus, coberto por uma vegetação rica em arbustos espinhosos. Galos cantavam. A branca névoa que subia do córrego abaixo do cânion parecia-se com fantasmas a dançar.

Por volta de 6h30, um camponês aproximou-se do segundo-tenente Carlos Perez em sua base de patrulha no alto vilarejo de La Higuera.

Perez era o comandante da Primeira Seção da companhia A. Pedro Peña era agricultor. Assim como muitos camponeses da área, ele estava de olho em qualquer homem estranho. O camponês ouvira as notícias no rádio e vira os soldados bolivianos. Tomara conhecimento da recompensa.

Ele disse a Perez que, logo após a meia-noite, enquanto irrigava a sua pequena plantação de batatas próxima a um córrego que atravessava o cânion El Churo, avistou um grupo de cerca de dezessete homens caminhando lentamente pela margem do rio. Eles montaram acampamento ao longo do curso d'água.

Peña aguardou o nascer do sol para ir a La Higuera informar ao Exército.

Perez agradeceu ao camponês e, ato contínuo, relatou tudo ao segundo-tenente Eduardo Huerta. Precisavam agir rápido. Huerta apanhou alguns homens e desceu para o cânion. Seguindo o protocolo, ele se comunicou imediatamente com Prado, comandante da companhia B.

Contou a Prado o que informara o camponês, e solicitou ao capitão que trouxesse morteiros e metralhadoras leves para reforçar a operação.

Aquele era o chamado pelo qual Prado aguardava. Como num jogo de xadrez, o capitão vinha tentando adivinhar o próximo movimento de Che. Se ele fosse Che, para onde iria? O que faria?

Prado sabia que se Che estivesse em apuros ele se deslocaria no escuro através do córrego que passava pelo sopé do cânion. Ganha-se tempo dessa maneira, quando os perseguidores não procuram por você. Para os guerrilheiros, deslocar-se durante o dia era suicídio. Podiam ser avistados do céu, ou por soldados posicionados no alto do cânion.

Prado e seus homens chegaram ao terreno elevado próximo ao cânion El Churo. Ele fez contato com Perez e Huerta e assumiu o comando da operação.

Prado conhecia bem a área. Estudara a paisagem por semanas. O cânion El Churo tinha apenas 300 metros de extensão. No extremo sul, ele se fundia com o cânion La Tusca, terminando no San Antonio — os dois primeiros formando como que os braços da letra Y. Porque os guerrilheiros haviam provavelmente se deslocado desde que o camponês os avistara, Prado ordenou aos homens de Perez que entrassem pela parte superior do El Churo, enquanto a terceira seção da companhia B, sob o comando do sargento Bernardino Huanca, faria o mesmo na parte superior do La Tusca. Se ainda estivessem dentro dos cânions, os guerrilheiros fugiriam rio abaixo, onde Prado estabelecera o posto de comando e um bloqueio na confluência.

Ao meio-dia e meia, tudo estava pronto. Prado ficou no posto de comando embaixo, enquanto as tropas faziam a varredura do alto das colinas. Ele nem teve tempo de pensar no próximo movimento. O tiroteio irrompeu quase imediatamente no extremo norte do El Churo.

Dois homens de Perez tombaram. Prado ordenou a Huanca que apressasse a busca no La Tusca. Ele tinha os seus homens preparados, com metralhadoras e morteiros, na confluência do El Churo com o La Tusca. Prado tinha certeza de que os guerrilheiros surgiriam a qualquer momento.

Momentos depois, o cânion explodiu numa cacofonia de metralhadoras e explosões de morteiros. Não havia muitos guerrilheiros, mas eles estavam armados. Eles recuaram rapidamente para dentro do cânion, escondidos pela densa vegetação. Estavam cercados. Não havia como escapar.

Os homens de Prado ocupavam a posição perfeita. Os declives eram íngremes, desembocando em campo aberto, onde os guerrilheiros podiam ser vistos se fugissem. Para reforçar o bloqueio, Prado mandou dois esquadrões da companhia A para a confluência, a fim de esperar a seção de Huanca, que se movia lentamente em La Tusca.

Os olhos de Prado estavam fixos na confluência. Ele estava confiante de que os guerrilheiros tentariam romper o cerco novamente. Era a sua única saída. Os guerrilheiros tentaram mais uma vez penetrar a ravina estreita, mas foram forçados de volta à capoeira.

O coração de Prado batia acelerado. O seu temor do campo de batalha desaparecera. Estava calmo e decidido. Pegou o rádio PRC-10 e contatou a sua base em Abra del Picacho. Descreveu a situação para o segundo-tenente Tomas Totti, que passou um rádio para o quartel-general da 8ª Divisão em Vallegrande. Achavam-se sob fogo inimigo e precisavam de um helicóptero para remover as baixas. Aquelas eram as notícias que os comandantes esperavam — e não queriam que os guerrilheiros escapassem. Eles despacharam dois aviões T-6, armados com metralhadoras e bombas, designados para dar suporte às tropas em solo. Em poucos minutos, os aviões estavam no ar, esperando por instruções: queriam saber onde lançar as bombas.

Mas Prado os refreou. Ainda não era possível liberar as bombas, porque os seus homens estavam muito perto dos guerrilheiros — os Rangers poderiam ser mortos junto com o inimigo. Ordenou que os aviões retornassem a Vallegrande. Um helicóptero de evacuação logo chegou ao local. O piloto estava para pousar no posto de comando, mas Prado disse-lhe que os guerrilheiros poderiam atingir o helicóptero durante o pouso. Prado não sabia que tipo de armas possuíam os guerrilheiros.

Durante o caos, Huanca concluíra a sua busca em La Tusca sem encontrar nada.

— O que devo fazer? — perguntou ele, sua voz crepitando no rádio.

— Vá para a parte inferior do El Churo — respondeu Prado.

Prado queria que Huanca seguisse rio acima, reunindo-se com a seção de Perez, e varrendo todo o El Churo.

Huanca deslocou-se rapidamente até a frente de suas tropas — era um soldado agressivo. Na qualidade de batedor, ele enfrentava o maior perigo. Seus homens apressaram-se para manter o ritmo. Se os guerrilheiros ainda estivessem no cânion, Huanca iria achá-los. Eles seguiram direto para uma saraivada de tiros. Seus homens recuaram — um fora morto, outros dois, feridos. Estavam muito próximos agora, e o inimigo conhecia a sua posição. Segurando uma granada, Huanca correu na direção dos tiros, disparando o seu fuzil automático e lançando granadas. Matou dois guerrilheiros e empurrou o resto para dentro do cânion. Huanca logo reuniu os seus homens e passou um rádio para Prado comunicando sobre as baixas.

Prado entendeu o recado e entrou em contato com Vallegrande: "Tenho soldados mortos e feridos. Enviem-me uma equipe médica."

Enquanto Prado falava, dois de seus homens avistaram uma dupla de guerrilheiros movendo-se em direção ao posto de comando com armas em punho. Permitiram que os homens avançassem, e, quando estes chegaram a poucos metros de distância, receberam ordem para que se rendessem.

Os guerrilheiros abaixaram as armas. Um dos Rangers gritou para Prado: "Capitão! Capitão! Há dois aqui! Nós os pegamos!"

Prado subiu pressurosamente a colina ao lado do soldado Alejandro Ortiz e encontrou os dois membros do bando guerrilheiro. Estavam abatidos, cobertos de terra, mostrando sinais de fadiga extrema.

Prado podia jurar que o primeiro era estrangeiro. Ele tinha um olhar impressionante, olhos claros, e uma barba espessa e selvagem. Usava uma jaqueta com capuz e uma camisa sem botões. Mal ajustados aos pés, havia um par de mocassins artesanalmente fabricados. Na sua mão direita, uma carabina. O outro homem era baixo e negro, com cabelo comprido e uma pequena barbicha.

Assim que os viu, Prado ordenou-lhes que depusessem as armas.

— Quem é você? — perguntou Prado ao mais alto.

— Eu sou Che Guevara — respondeu ele em voz baixa.

Prado teve certeza de sua identidade antes mesmo de fazer a pergunta. O formato característico de seu rosto e a barba faziam dele uma figura instantaneamente reconhecível a quem quer que tivesse visto suas fotografias. Agora estava confirmado. O coração de Prado bateu mais forte, mas ele manteve a compostura. Dirigiu-se ao outro homem, como se nada de anormal se passasse.

— E você?

— Sou Willy — respondeu ele.

— Você é boliviano?

— Sim.

— Qual é o seu nome verdadeiro? — perguntou Prado.

— Simeón Cuba.

Prado voltou-se novamente para o chefão. Talvez fosse alguém parecido com Che, enviado para despistá-los. Só havia um jeito de provar. Prado pediu a Guevara que lhe mostrasse a mão esquerda. A grande cicatriz estava lá, por baixo da sujeira, bem onde os relatos da inteligência disseram que estaria. Não havia dúvidas de que era Che.

Prado ordenou aos seus homens que tomassem o equipamento dos guerrilheiros. Ortiz recolheu tudo o que Che carregava: uma sacola, duas mochilas, uma pistola na cintura, e cinco ovos cozidos que ele guardara para comer mais tarde. Um outro soldado pegou a mochila de Willy.

— Eles destruíram a minha arma — disse Che.

Prado notou que o cano da carabina havia sido perfurado por um tiro.

— Quando foi isso? — perguntou.

— Quando as suas metralhadoras começaram a disparar. Eu também estou ferido.

Prado procurou o ferimento, mas era difícil de encontrar.

— Eu suponho que você não vá me matar agora. Eu valho mais para você vivo do que morto. Nós sempre cuidamos dos nossos prisioneiros.

Quanta arrogância, pensou Prado. Mesmo ali, no pior momento de sua vida, Che pensava estar acima de tudo, e que, de algum modo, sairia dali sem maiores consequências. Ele invadira o país, tentara iniciar uma revolução para derrubar o governo boliviano e impor um regime comunista, e ainda se sentia superior o bastante para comparar as suas forças e técnicas às dos bolivianos.

Não, Prado não tinha a intenção de atirar nos prisioneiros. Um bom soldado jamais faria isso. Estaria violando todos os princípios militares — tudo aquilo que Prado fora formado para crer a respeito das regras de comprometimento.

— Nós vamos tratar de você — disse Prado. — Cadê o seu ferimento?

Che ergueu a calça e mostrou a Prado a sua perna direita. Tinha uma marca de entrada da bala na panturrilha, mas nenhuma de saída. Sangrava muito pouco, e parecia que o osso não fora atingido.

Prado ordenou aos soldados que levassem os guerrilheiros para o posto de comando.

— Você pode andar? — perguntou Prado a Che.

— Se for preciso — retrucou ele, escorando-se em Willy.

No posto de comando, Prado deu ordem para que as mãos e os pés dos prisioneiros fossem atados com os seus próprios cintos. A dupla sentou-se encostada a uma árvore. Dois dos homens de Prado montaram guarda, vigiando cada movimento dos prisioneiros.

Prado tornou a dirigir a sua atenção para a ravina — ele sabia haver outros guerrilheiros ali. Não era possível que fossem apenas Che e Willy.

— Não se preocupe, capitão, isto está acabado — disse Che.

Então, Che — a imagem da confiança, o ícone do movimento revolucionário — baixou a cabeça.

Prado sentiu pena dele. Não queria, mas, por um momento, identificou-se com o que o guerrilheiro sentia. Che parecia completamente desmoralizado. Sabia que a sua guerra tinha acabado, suas esperanças e ilusões destruídas. Tanta gente tinha morrido naquela fracassada campanha. E, agora, ele próprio enfrentava um futuro incerto.

Pela primeira vez, Che não tinha o que dizer.

* * *

Após deixar os prisioneiros sob guarda no posto de comando, Prado passou um rádio para Totti na base. Disse-lhe para transmitir a seguinte mensagem a Vallegrande:

"Tenho Papa Cansado e Willy. Papa levemente ferido. O combate prossegue. Capitão Prado."

"Papa" era o codinome dado a Che pelos militares bolivianos. "Cansado", nesta missão, significava "sob custódia, ferido". Quando Vallegrande confirmou, Prado voltou ao cânion para continuar com a varredura da área. Prado suspeitava que os guerrilheiros tentariam armar um novo ataque, especialmente quando soubessem que Che fora pego.

Mas, depois de alguns minutos, Prado ouviu a voz de Totti crepitar no rádio. Os comandantes solicitavam urgentemente que Prado confirmasse a captura de Che. Aparentemente, as notícias haviam sido recebidas com ceticismo, pensou Prado. Ele perdeu a paciência. Respondeu ser quase certo que se tratava de Che, e que não tinha tempo nem motivos para inventar histórias.

Então, Prado disparou para o cânion, seguido de perto pelo médico Tito Sánchez, que tentava chegar até um soldado ferido. Quando alcançaram a posição de Huanca, Prado conseguiu avaliar o terreno e a situação no detalhe. Logo diante dele havia um terreno áspero e bem protegido, de onde os movimentos dos seus soldados poderiam ser facilmente monitorados. Não era um bom lugar para estar.

Quando Huanca começou a avançar novamente em busca dos guerrilheiros, Prado e Sánchez avistaram um Ranger ferido. Sabino Cossio estava deitado de costas; o seu uniforme repleto de buracos de bala, ensopado de sangue. Ele estava com dificuldades para respirar — cada inspiração parecia ser a última. Embora os Boinas-Verdes houvessem treinado Sánchez como médico, ele dispunha de poucos recursos materiais. Ficou só parado ali, com expressão aturdida, em pânico. Prado o encarou.

— Cuide dele — ordenou o comandante.

Sánchez buscou em seus suprimentos, mas não encontrou nenhuma bandagem ou curativo. Prado sabia necessitar de ajuda rápida para o soldado ferido. Ele retornou ao posto de comando para solicitar mais assistência, mas, assim que chegou à sua posição, Huanca entrou em contato, informando-lhe que Cossio estava morto.

Prado estacou.

Por um momento, ele foi tomado pela tristeza. Tinha consciência de que a morte fazia parte da vida de um soldado. Sabia que, a qualquer momento, uma bala podia pôr fim à sua vida. Mas, como comandante, ele sentia-se responsável. Sánchez surgiu do cânion, com o seu uniforme ensanguentado, o rosto contorcido, e os olhos úmidos de lágrimas.

— Cossio morreu, capitão. Não havia nada que eu pudesse fazer.

Prado tentou acalmá-lo. Disse-lhe para não perder a esperança. Recordou a Sánchez que, apesar da perda de vidas, a missão fora um sucesso. Pareceu funcionar. O médico olhou para Prado e disse:

— Isso está no fim, capitão. Aquele vagabundo, que era o cabeça, caiu.

Sob a árvore ali perto, Che escutava.

— A revolução não tem cabeça, camarada.

Talvez tenha sido o tom. Talvez a arrogância. De qualquer modo, Prado o repreendeu.

— Talvez a revolução que você defende não tenha cabeça, mas os nossos problemas terminam com você.

Naquele momento, um soldado boliviano emergiu sangrando do cânion. Era Valentin Choque. Ele tinha dois ferimentos, um na parte superior do pescoço, e outro nas costas. Nenhum deles parecia ser muito sério. Sánchez vasculhou a mochila de Che e retirou uma camisa, a fim de rasgá-la e fazer bandagens.

— Quer que eu cuide dele, capitão? — perguntou Che rapidamente.

— Você é médico, por acaso?

Che respondeu ser antes de tudo um revolucionário, "mas eu sei medicina".

— Não, deixa pra lá — disse Prado.

Então, Willy falou:

— Capitão, não lhe parece cruel manter amarrado um homem ferido?

Referia-se a Che.

Prado sabia que Willy tinha razão. Sendo assim, ordenou ao homem responsável pela segurança que desamarrasse as mãos do prisioneiro. Che perguntou se podia beber água de seu cantil.

Mas Prado mostrou-se desconfiado em deixar Che utilizar o seu próprio cantil. Temia que Che estivesse trazendo veneno e tentasse tirar a sua vida. Então, Prado entregou-lhe o seu cantil. Depois de beber, Che passou-o para Willy.

— Podem me dar um cigarro? — pediu Che.

Prado ofereceu-lhe um, mas Che recusou. Eram da marca Pacific — um fumo suave. Disse preferir tabaco forte. Um dos soldados tinha cigarros Astoria. Che fumou um destes.

Prado voltou-se outra vez para o cânion. Os guerrilheiros lançaram um novo ataque, mas os homens de Huanca responderam, e os guerrilheiros recuaram. De algum modo, eles haviam encontrado uma brecha no cerco, o que lhes permitiu se afastar um pouco. Depois de outra busca, os homens de Prado não puderam achá-los.

Ao anoitecer, o cânion El Churo estava limpo. Prado removeu os seus homens para La Higuera, deixando para trás algumas tropas, de modo a bloquear as saídas. A cidade ficava a pouco mais de 1,5 quilômetro de distância.

Depois de subirem pela via escarpada, foram interceptados pelo major Ayoroa, que viera de Pucara ao tomar conhecimento das boas-novas. Ele havia esperado ansiosamente e bombardeou Prado com perguntas. Ayoroa perscrutou Che, e não podia acreditar. Era ele mesmo. Não se tratava de um fantasma, afinal. E não se parecia em nada com o que o major imaginara. Estava macilento, envolto em farrapos; era um espantalho, um mendigo. Ayoroa e outros comandantes bolivianos sabiam que estavam prestes a ser promovidos. Já se empenhavam para embelezar e superestimar a sua participação na operação. Como dissera o presidente Kennedy depois de assumir a responsabilidade pelo fiasco da Baía dos Porcos: "A vitória possui milhares de pais, mas a derrota é órfã." Todos os pais congratulavam-se naquele dia.

Prado, no entanto, estava preocupado com os guerrilheiros que ainda vagavam lá fora. O prisioneiro era responsabilidade sua, e precisava levá-lo em segurança para La Higuera. Muita gente celebrava cedo demais. Ninguém parecia se preocupar com a possibilidade de que os guerrilheiros lançassem um ataque para libertar o seu líder.

A entrada em La Higuera virou uma procissão. Dezenas de moradores formavam fila pelas ruas. Os Rangers levavam os corpos dos três companheiros tombados em batalha, seguidos pelos feridos em mais três macas. Os guerrilheiros mortos eram arrastados nas ruas pelos colarinhos, e, atrás deles, vinham Che e Willy, escoltados por um destacamento de segurança. Sujos e cansados, os Rangers vinham em seguida. Exaustos, mas felizes. Haviam capturado Che. O conflito estava perto do fim.

O desfile terminou em uma pequena escola de um cômodo localizada no centro do vilarejo. Um tabique dividia a construção em duas salas, e uma única janela deixava entrar uma réstia de luz do sol. Era mais um celeiro do que uma escola. Havia três pesadas portas de madeira, e um telhado marrom, que gotejava quando chovia.

No interior, havia algumas cadeiras e um banco de madeira. O chão era lamacento. Prado instalou Che numa das salas, Willy na outra, e os corpos dos dois guerrilheiros mortos junto à porta. Guardas cercavam a escola, com ordens de atirar para matar.

Prado estabeleceu o seu novo posto de comando na casa do operador de telégrafo. Ele enviou um relatório completo sobre os eventos do dia para o quartel-general da Divisão. Informou-lhes a respeito dos mortos e feridos.

Prevejo mais baixas dentro do cânion. Devido ao avançado da hora e ao terreno difícil, impossível efetuar buscas e vencer a resistência dos atiradores de elite. Continuar a operação amanhã.

Ele solicitou um helicóptero a La Higuera para evacuar os feridos e pediu mais munição M-1.

Em seguida, Prado procedeu a um detalhado inventário de todos os itens encontrados na mochila de Che:

Dois cadernos contendo o diário de Che (um correspondendo ao período de novembro — dezembro de 1966, o outro de janeiro — outubro de 1967)
    Um caderno com endereços e instruções
    Dois cadernos com cópias de mensagens recebidas e enviadas
    Dois pequenos cadernos de códigos
    Vinte mapas de diferentes áreas, atualizados por Che
    Dois livros sobre socialismo
    Uma carabina M-1 destruída
    Uma pistola 9 mm com um pente
    Doze rolos não revelados de filme 35 mm
    Uma pequena bolsa contendo dinheiro (pesos bolivianos e dólares)

Prado enviou o relatório ao quartel-general. Alguns minutos depois, às 22h, ele recebeu uma mensagem urgente do coronel Zenteno em Vallegrande: que mantivesse Che vivo até que ele chegasse de helicóptero logo pela manhã.

21

Papa Cansado

Rodríguez instalava uma antena improvisada para o rádio PRC-10 de um avião PT-6 da Força Aérea Boliviana quando a voz de Prado crepitou no alto-falante.
"Papa Cansado", ele ouviu em meio ao palavrório.
A princípio, Rodríguez não estava certo do que ouvira.
"Papa Cansado", foi dito novamente.
Desde que chegara a Vallegrande com os Rangers, Rodríguez passara o tempo no quartel-general da 8ª Divisão com o coronel Zenteno. Quando não estava trabalhando nas informações vindas do campo de batalha, achava-se no aeródromo, entre antenas e rádios PRC-10. Com uma das antenas artesanais de Rodríguez instalada, um piloto podia utilizar o rádio portátil de sua cabine para se comunicar com soldados em solo.
"Papa Cansado."
Rodríguez conhecia os códigos e compreendeu quase que instantaneamente o que aquela voz dizia: "Papa" era Che, e "Cansado" indicava que ele fora capturado e ferido.
Eles capturaram Che.
A excitação atingiu-o como uma onda. No começo, Rodríguez não acreditou que um bando de Rangers inexperientes pudesse ter pego um guerrilheiro macaco-velho como aquele em tão pouco tempo. Talvez fosse um engano, uma piada.

Rodríguez voltou correndo para o quartel-general. Pôde ver o excitamento nos oficiais bolivianos assim que entrou no prédio. Mas o entusiasmo logo se converteu em confusão. Os homens de Prado haviam mesmo capturado Che?

"Ainda não temos certeza", disse o major Serrate, oficial de operações da Divisão, logo que Rodríguez chegou. "Venha comigo. Vamos ver."

Serrate e Rodríguez voltaram para o asfalto. Dois PT-6 com rádios PRC-10 estavam prontos, à espera. As hélices giravam enquanto Rodríguez subia num dos aviões, e Serrate trepava na aeronave situada à frente. Rodríguez mal afivelara o cinto de segurança quando os aviões dispararam pela pista, decolando para um céu azul e límpido.

Assim que o trem de pouso foi recolhido, Rodríguez notou que uma fumaça branca começava a tomar a cabine.

— O que há de errado? — gritou para o piloto no assento da frente.

— Um curto — gritou em resposta o piloto. — Um curto no sistema elétrico.

Debruçado, Rodríguez viu o piloto conferindo os procedimentos e começando a trabalhar nos disjuntores do avião. Finalmente, a fumaça se rarefez. Uma vez que o avião voava sem problemas, eles seguiram viagem. Guinando para norte, eles seguiam a aeronave de Serrate. Durante o voo, o piloto percebeu que o mecanismo de lançamento dos foguetes presos às asas e as metralhadoras calibre .50 do avião estavam inoperantes. Se os soldados em solo necessitassem de apoio, o avião não poderia provê-lo.

Mas, graças ao rádio instalado por Rodríguez, eles podiam se comunicar com os soldados lá embaixo. E, para Rodríguez, aquela era a única razão pela qual ele sobrevoava a selva rumo a La Higuera.

Olhando pela janela, Rodríguez via passar a selva abaixo do avião. Por três meses, ele rastreara Che e os seus guerrilheiros naquele terreno hostil. Eles deviam aquilo tudo a Paco e à sua fabulosa memória, pensou Rodríguez. Ele pediu a Deus que "Papa" fosse realmente Che, e não algum outro guerrilheiro barbudo de uniforme.

Enquanto a aeronave fazia a curva sobre a selva próxima a La Higuera, Rodríguez escutou uma outra mensagem no rádio.

"Papa — *el extranjero*", disse o operador de rádio em solo.

Era mesmo Che que os Rangers de Prado haviam capturado.

Durante um tempo, os aviões voaram em círculo acima do vale. Sem armas para dar apoio aos Rangers, o piloto começou um voo rasante por sobre as copas das árvores. Rodríguez segurou-se no banco de trás enquanto o piloto mergulhava rumo às árvores. O avião soltou um guincho agudo ao acelerar na direção do solo. Então, o piloto puxou o manche. O ronco deveria ecoar pelos vales e assustar os guerrilheiros, que fugiam do apoio aéreo dos Rangers. Mas a manobra era também um gesto simbólico, o tributo do piloto aos Rangers lá embaixo.

Após o mergulho de fazer tremer os ossos, o avião de Rodríguez regressou a Vallegrande. Na pista de pouso, Rodríguez e Serrate encontraram-se com Zenteno e confirmaram a captura de Che. Prado enviara um relatório atualizado com mais informações sobre Che.

"Não somente o capturamos", disse Serrate. "Recuperamos um monte de documentos, incluindo um jornal."

Zenteno ordenou imediatamente que Selich, o comandante que interrogara Paco, fosse até La Higuera interrogar Che e pegar os documentos. Retornando ao refúgio, Rodríguez achava-se decepcionado pelo fato de Selich ter sido designado. O boliviano demonstrara um fraco discernimento com Paco. Mas Rodríguez era apenas um assessor. Sabia não poder interferir nas ordens do Exército boliviano. Mas ele tinha um outro plano.

Enquanto isso, Villoldo estava empacado. Horas antes da captura de Che, ele e o seu contato na CIA haviam decidido encontrar-se a meio caminho entre Vallegrande e Santa Cruz, a fim de reunir algum dinheiro para comprar suprimentos para os Rangers. Preparava-se para voltar quando ouviu sobre a batalha no rádio. De regresso a Vallegrande, Villoldo ficou chocado ao receber as notícias. Estava decepcionado. Queria interrogar Che mais do que qualquer coisa, e agora não estava certo de ter a oportunidade.

Enquanto Villoldo acelerava de volta a Vallegrande, Rodríguez punha o seu plano em ação. Pegando duas garrafas de uísque Ballantine's de alta qualidade, ele encontrou-se com os outros oficiais para jantar no Hotel Vallegrande, onde Zenteno estava hospedado. Dias antes, Rodríguez adquirira as garrafas em Santa Cruz, exatamente para aquela ocasião. Queria celebrar em grande estilo.

Rodríguez sentou-se com Zenteno e os outros, fazendo um brinde à sua vitória. Mas, lá no fundo, ele gostaria de estar em La Higuera. Queria ficar cara a cara com Che antes que algo acontecesse com o revolucionário. Che não ficaria vivo por muito tempo, sem dúvida, especialmente sob a custódia de Selich — o oficial estivera a ponto de atirar em Paco antes da intervenção de Rodríguez. Este sabia que tinha de chegar a La Higuera se pretendesse ter alguma chance de pegar Che com vida.

Após algumas rodadas de uísque, Rodríguez fez uma pergunta a Zenteno.

— Meu coronel, você permitiria que eu o acompanhasse amanhã até La Higuera para falar com o prisioneiro Ernesto "Che" Guevara?

Todos os outros oficiais à mesa também queriam ir. Zenteno levou alguns instantes considerando o pedido. O helicóptero só podia acomodar dois passageiros e o piloto.

Finalmente, Zenteno pôs-se de pé. Aprumou-se e dirigiu-se à mesa. Disse aos oficiais ter consciência de que todos queriam ir com ele para La Higuera.

— Mas Félix tem sido tremendamente prestativo conosco, e eu quero agradecer-lhe por toda a sua cooperação ao longo destes meses — disse Zenteno. — Também sei quão importante é para ele poder ficar frente a frente com um dos comunistas que o forçaram a sair do seu país. O quanto significará para ele ver Che Guevara com seus próprios olhos. Sendo assim, e se vocês não se opuserem, eu o levarei amanhã comigo para La Higuera.

Os oficiais ficaram mudos. Então, um deles levantou-se e concordou que Félix deveria ir. Os outros também expressaram a sua aprovação.

Zenteno ergueu o seu copo.

— À Bolívia! — disse ele. — E ao retorno da paz para o nosso país.

22

"A revolução não é uma aventura"

Prado viu os seus homens celebrando. O acampamento em La Higuera estava em clima de festa. Os soldados batiam papo, comemoravam e congratulavam-se uns aos outros. Custara a vida de três Rangers, mas Che fora capturado. Nas suas cabeças, isso significava que a guerra terminara. Sem Che, não havia revolução na Bolívia.

Prado também deveria estar comemorando. Afinal, fora a sua unidade que capturara Che. Ele deveria estar feliz. Mas, em vez disso, Prado sentia-se desconfortável. Ele decidiu fazer uma visita à escola.

Os vigias do prédio abriram caminho. Primeiro, Prado deu uma breve olhada em Willy, que dormia num banco. Em seguida, foi até a sala onde Che era mantido. Uma vela queimava, iluminando o pequeno espaço. Che estava sentado de encontro à parede, com os olhos fechados. Totti estava lá, vigiando o líder guerrilheiro. A bandagem que envolvia a panturrilha de Che estava manchada de sangue. Che abriu os olhos e viu Prado.

O oficial boliviano sacou o seu maço de cigarros Pacific e ofereceu-o a Che. Desta vez, Che não recusou. Pegou dois, desenrolou-os, e depositou o tabaco no fornilho de um velho cachimbo que levara consigo por toda a campanha boliviana.

Prado queria odiar Che por tudo o que ele fizera — fora responsável pela morte de três homens naquele dia, homens que Prado conhecia pessoalmente. Fora responsável por estimular uma revolução na Bolívia, e só

Deus sabe quais horrores ele promovera em Cuba. Mas, mesmo sentado ali, em farrapos, havia ainda algo de carismático no homem.

— Como está se sentindo? — perguntou Prado.

Che alegou estar sentindo um pouco de dor.

— É inevitável, né? — disse ele.

— Eu sinto muito por não termos um médico conosco — disse Prado. — De qualquer modo, o helicóptero virá logo pela manhã, e você será levado para Vallegrande. Cuidarão melhor de você lá.

Che agradeceu a Prado. Falaram amenidades, mas Prado estava curioso a respeito de uma coisa: por que Che escolhera a Bolívia? Por que começar uma revolução em uma das nações mais pobres da América do Sul?

— Eu gostaria de saber em primeira mão o porquê desse seu heroísmo tão tolo, tão sem sentido — disse Prado.

— Talvez do seu ponto de vista — respondeu o revolucionário.

Prado sentou-se num banco e acendeu um cigarro. Ofereceu um a Totti, estatelado junto a ele. A sala encheu-se de fumaça.

— Tenho a impressão de que você cometeu um erro desde o início, ao escolher a Bolívia para a sua aventura — continuou Prado.

Mas Che o interrompeu.

— A revolução não é uma aventura.

E Che fez recordar a Prado os orgulhosos primórdios da Bolívia.

— A guerra de independência da América do Sul não começara na Bolívia? — disse ele, referindo-se a Simon Bolívar, que enfrentara os exércitos coloniais na Bolívia, Venezuela, Colômbia e Equador nos anos 1800. — Vocês, bolivianos, não se orgulham de terem sido os primeiros?

Talvez tivesse sido mesmo um erro escolher a Bolívia, concedeu Che, mas a escolha não fora sua. A revolução precisava de um campo de lançamento na América do Sul. Quando surgiu a ideia, a resposta mais entusiasmada veio dos bolivianos.

— E o que aconteceu? — perguntou Prado. Até onde ele sabia, não havia muitos bolivianos entre os guerrilheiros.

Che encolheu os ombros.

— E você acha que iremos resolver os problemas assim — continuou Prado —, pegando em armas? Como resultado deste encontro, eu tenho três mortos e quatro feridos, a quem eu aprendi a amar e respeitar enquanto estivemos juntos. Eu lhe pergunto: o que direi eu para os seus pais, quando contar sobre eles e por que morreram?

— Morreram pela terra natal... cumprindo o seu dever — respondeu Che sarcasticamente.

— Isso soa poético, e você sabe — tornou Prado, irritado. — Por isso você o diz nesse tom. Dê-me uma resposta realista.

Mas, então, Che disse uma coisa que enfureceu Prado. Falou que a origem de Prado impedia-o de compreender verdadeiramente os camponeses e os seus problemas.

— É você, senhor, que não compreende. Você não entende a Bolívia — redarguiu o capitão. Lembrou a Che que a Bolívia enfrentara uma revolução em 1952. Como resultado, índios haviam conquistado direitos. O Exército fora temporariamente desmontado. Aquela revolução forçou a classe dominante a ceder algo do seu poder ao povo. Prado elencou uma lista de mudanças: reforma agrária, sufrágio universal; mudanças reais que ainda podiam ser testemunhadas, o oficial frisou.

Che disse a Prado que compreendia. Rodara com a sua motocicleta pela Bolívia naquela época, e lembrava-se dos anúncios e das comemorações.

Prado balançou a cabeça.

— Mas o que você não sabe, por exemplo, é que eu fui educado na escola militar após a revolução, com outra mentalidade, com maior percepção de nosso povo e de nossa pátria. O nosso Exército é parte do povo.

— Mas ele oprime o povo — retrucou Che.

— Os camponeses que o olharam com tanta indiferença hoje? Eles têm afeição aos meus soldados. Parecem oprimidos para você? Neste exato momento, eles estão lá preparando o nosso jantar.

— Os camponeses não compreendiam o que se passava na América do Sul devido à sua baixa educação e falta de oportunidades — disse o revolucionário. — A sua ignorância, o atraso em que são mantidos, não lhes permite entender o que está ocorrendo neste continente. A sua libertação está a caminho — disse a Prado.

Agora Prado estava furioso.

— Eu fui criado nestes vales, nestas montanhas. Eu tinha que andar quase 10 quilômetros, de Guadalupe a Vallegrande, para ir à escola, junto com os filhos dos camponeses. Eu fiz amizades escolares aqui, amigos meus de infância, e todos eles estão dispostos a nos ajudar, a ajudar o Exército. Estes laços são mais fortes do que as ideias que você traz do exterior.

Mas Che estava inflexível. Disse a Prado que toda a América Latina achava-se em luta contra o imperialismo, luta que "já não pode mais ser interrompida". Alertou que muitas mortes ocorreriam naquela revolução, e que Prado e os soldados de diversos países latino-americanos teriam, em algum momento, de decidir "se estavam do lado de seu povo ou a serviço do imperialismo".

Continuaram a debater até que um soldado irrompeu no quarto, e disse a Prado que o major Ayoroa e o tenente-coronel Selich precisavam falar com ele.

— Voltarei depois para continuarmos a nossa conversa.

— Estarei aqui, capitão, estarei aqui — disse Che.

Prado caminhou até o posto de comando, na casa do operador de telégrafo. Ayoroa e Selich estavam ansiosos. Queriam lidar com as coisas de Che, disseram, mas careciam da presença de Prado para começar. Manusearam os diários. Che era um escritor disciplinado. Não deixava passar nenhum dia em branco. Os tópicos nunca ultrapassavam uma ou duas páginas; às vezes, compunham-se de apenas algumas frases. Ele simplesmente resumia o que acontecera naquele dia. Prado, Ayoroa e Selich procuraram nos diários as datas mais importantes da campanha guerrilheira. Leram os comentários de Che sobre as emboscadas e os confrontos. Logo perceberam o significado dos diários. Em seus últimos registros, Che escrevera sobre estar preso nos vales. O último escrito datava de 7 de outubro:

Hoje faz onze meses desde o começo de nossa campanha. O dia seguiu sem complicações, bucolicamente, até 12h30, quando uma mulher velha pastoreando as suas cabras entrou no cânion onde acampávamos, e teve de ser feita prisioneira. A mulher não nos forneceu nenhuma informação confiável sobre os soldados, apenas repetindo não saber de nada, e que já fazia muito tempo desde a última vez em que estivera ali. Tudo o que ela nos deu foram informações a respeito das estradas. Pelo que a velha nos disse, concluímos que estávamos agora a cerca de 5 quilômetros de Higueras, 5 de Jaguey e por volta de 10 quilômetros de Pucara. Às 17h30, Inti, Aniceto e Pablito foram até a casa da velha. Uma de suas filhas está acamada, e a outra é meio anã. Deram-lhe 50 pesos e pediram-lhe que mantivesse silêncio, sem grandes esperanças de que ela o fizesse, apesar de suas promessas.

> *Os 17 de nós pusemo-nos a caminho sob uma lua minguante. A marcha era muito cansativa, e nós deixamos muitos traços de nossa presença no cânion em que estivéramos. Não havia casas por perto, apenas algumas plantações de batata irrigadas por canais provenientes do córrego. Às 2 horas, nós paramos para descansar, já que era inútil prosseguir. Chino tem se tornado um verdadeiro fardo quando precisamos caminhar à noite.*
>
> *O Exército fez um estranho comunicado sobre a presença de 250 homens em Serrano, que estão lá para impedir a fuga dos que estão cercados, 37 ao todo. Eles consideram que a nossa área de refúgio fica entre os rios Acero e Oro. A medida parece ser diversionista.*
> *Altitude = 2 mil metros*

Isso era tudo. No dia seguinte, Che foi capturado. Quando terminaram de examinar os materiais, Prado, Ayoroa e Selich retornaram à sala onde estava Che.

— Como se sente? — perguntou Ayoroa.

— Bem — respondeu Che.

Ayoroa disse a Che que ele seria levado a Vallegrande pela manhã. Ao contrário dos outros dois, Selich demonstrou o seu desprezo por Che.

— Você terá de parecer melhor — disse Selich. — Há um monte de gente querendo tirar uma foto sua. Que tal se barbear antes?

Ele agachou-se para puxar a barba de Che.

Che olhou o oficial direto nos olhos. Ergueu calmamente a sua mão direita e empurrou a mão de Selich. Este recuou e sorriu.

— O seu desfile acabou — disse Selich. — Agora nós é que ditamos o ritmo da música. Não se esqueça.

Com isso, Selich deixou a sala.

Fez-se um incômodo silêncio. Prado não gostou do jeito como Che fora tratado. Ele era um prisioneiro, estava impotente. Era errado debochar dele.

Ayoroa sentia o mesmo. Ele continuou a questionar Che.

— Quantos homens há ainda disponíveis para combate? — perguntou.

— Eu não sei — respondeu Che.

— Onde vocês iriam se encontrar? Qual era o lugar de reunião? — quis saber Ayoroa.

Che disse que eles não tinham um. Estavam perdidos, cercados por soldados.

— Não tínhamos para onde ir.
— Por que, então, vocês foram para La Higuera em plena luz do dia? — Ayoroa referia-se ao dia em que eles entraram no vilarejo.

Che apenas balançou a cabeça.

— Que importa o porquê? Vocês têm mais dos meus homens tombados?

— Dentro do Cânion há provavelmente alguns, que não conseguimos encontrar. Procuraremos por eles amanhã. Por que pergunta?

Che respirou fundo.

— Eram boas pessoas. Importo-me com eles, só isso.

— Nós o manteremos informado — disse Ayoroa. — É melhor descansar agora. Nós nos veremos amanhã.

Era meia-noite. Prado e Ayoroa voltaram caminhando pelas ruas estreitas. A cidade estava calma naquela hora, com eventuais acessos de alegria vindos do acampamento militar. Num local, um grupo de soldados cantava ao redor de uma fogueira. Cantos de rivalidade e gritos de guerra entre as companhias A e B eram ouvidos com frequência. No caminho, os dois homens encontraram o segundo-tenente Huerta. Ele não conseguia dormir. O trio resolver checar os perímetros de segurança. Era por volta de meia-noite, fazia frio, e as estrelas brilhavam por sobre as montanhas. Prado imaginou o que Rosario estaria fazendo naquela noite. Queria que ela estivesse ali, para ouvi-lo descrever cada detalhe do dia, ajudá-lo a dar sentido àquilo tudo. Mas ele precisava manter-se focado no aqui e no agora.

Em cada posto de verificação, os soldados estavam alertas e cientes de suas responsabilidades. Satisfeito, Prado disse aos homens que voltaria para o posto de comando para dormir por algumas horas.

* * *

Muita coisa passava por sua mente. Prado remoía o dia vezes seguidas — o tiroteio, os soldados mortos, e, claro, Che. Por volta de 3 horas, Prado ergueu-se para fazer a ronda mais uma vez. Ele passou pelos postos de vigilância. Tudo estava em ordem. Por onde quer que andasse no vilarejo, a estrada parecia levá-lo sempre até a escola.

Enfim, ele desistiu de lutar contra aquele impulso, e entrou. Perez montava guarda. Che estava dormindo, mas abriu os olhos quando ouviu Prado entrar na sala.

— Não consegue dormir, capitão? — perguntou Che.

— Não é fácil depois de tudo o que aconteceu. E você? Também não está dormindo.

— Não. Eu já esqueci o que é dormir profundamente — disse Che.

— Agora você tem uma vantagem. Não precisa se preocupar com a sua segurança ou com o risco de ser pego pelas tropas — comentou Prado.

— Eu não sei o que é pior. Há também a incerteza. — Ele parou por um momento. — O que você acha que farão comigo? Disseram no rádio que, se a 8ª Divisão me capturasse, eu seria julgado em Santa Cruz, e se fosse a 4ª, em Camiri.

— Eu não sei. Acho que será em Santa Cruz — disse Prado.

Che perguntou a Prado sobre Zenteno, o comandante da Divisão. Prado assegurou-lhe tratar-se de um cavalheiro. Che parou novamente e olhou nos olhos de Prado.

— Você é único, capitão. Os seus oficiais mencionaram algumas coisas para mim — disse ele, com a voz fraquejando. — Não entenda mal, tivemos algum tempo para conversar. Eles o admiram. Isso é óbvio.

Prado estava atordoado. Che o elogiava. Não sabia como responder.

— Obrigado. Posso fazer mais alguma coisa por você, comandante?

— Talvez um pouco de café. Seria de grande ajuda.

— Tente descansar — disse Prado antes de deixar a sala. — Amanhã tem início uma nova fase.

23

Operações 500 e 600

Rodríguez chegou à pista de decolagem nas primeiras horas da manhã e checou o seu equipamento.

Ele tinha um poderoso rádio de campo RS-48 com uma antena e uma bateria. Levava duas câmeras — uma Pentax 35 mm e uma pequena Minox. Com o seu uniforme boliviano e quepe, ele se parecia com os outros oficiais reunidos na pista.

Era a manhã do dia 9 de outubro de 1967. Rodríguez mal podia esperar para chegar em La Higuera. Perseguira o revolucionário por tanto tempo que aquilo nem parecia real. Agora Che estava ao seu alcance e, se as coisas saíssem conforme o planejado, logo ele estaria cara a cara com o revolucionário mais temido do mundo.

Ao amanhecer, Rodríguez escreveu uma longa mensagem para o seu contato da CIA em La Paz. Nela, ele atualizou os seus superiores sobre a captura de Che, e rogou-lhes que agissem rápido para proteger a vida do guerrilheiro. Ele encorajou o chefe da base da CIA a mobilizar os seus contatos imediatamente. Mas Rodríguez não tinha grandes esperanças. Os bolivianos já haviam matado prisioneiros. Meses antes, o embaixador Henderson tinha interferido e pressionado o alto-comando boliviano para poupar a vida de Debray. Funcionou, mas Rodríguez duvidava que o mesmo fosse ocorrer com Che.

Quando Zenteno chegou, Rodríguez entrou na parte traseira do helicóptero. O coronel sentou-se na frente, ao lado do piloto — o major Jaime Nino de Guzmán. No minuto seguinte, Guzmán acionou a alavanca e o helicóptero disparou rumo ao céu. Guinando para norte, Guzmán traçou a rota para La Higuera.

Ninguém falava enquanto o helicóptero sobrevoava as montanhas e as selvas. Rodríguez estava perdido em seus próprios pensamentos. Ele olhou no relógio quando o helicóptero iniciou os procedimentos para o pouso. Eram 7h30. Vários soldados bolivianos aguardavam a sua chegada. Quando o ronco do motor diminuiu, Rodríguez ouviu o som de morteiros e disparos nas cercanias. Sabia que os soldados bolivianos ainda perseguiam membros do bando guerrilheiro de Che. Talvez eles estivessem com sorte.

Prado era um dos oficiais na zona de aterrissagem. Quando a ave de metal pousou, Zenteno e Rodríguez saltaram para fora, e o tenente-coronel Selich embarcou, junto com dois soldados feridos. Momentos depois, eles decolaram rumo a Vallegrande. A ponte aérea entre os dois locais prosseguiria pelo dia todo.

Prado informou a Zenteno e Rodríguez que Che estava abrigado na escola do vilarejo. Os seus pertences, guardados no posto de comando na sala do telégrafo.

Prado não perdeu tempo. Conduziu Zenteno e a sua comitiva até o posto de comando no centro de La Higuera. Rodríguez seguiu alguns passos atrás. Não havia muito espaço para um vilarejo ali no topo das montanhas, pensou, mas as paisagens eram espetaculares. As casas de pedra eram pequenas, e uma única estrada de terra começava na praça central e levava até Vallegrande.

Enquanto caminhavam, Prado perguntou o que aconteceria com Che. O coronel disse não haver recebido instruções. A decisão viria do próprio Barrientos.

Uma vez no posto de comando, Prado mostrou a Zenteno e Rodríguez uma bolsa cheia de documentos. Zenteno deu apenas uma passada de olhos. Sabia que teria tempo de examinar os documentos mais tarde. E quanto a Che? Ninguém sabia realmente. Então, Zenteno disse que queria ir até a escola confrontá-lo pessoalmente. Mas, ao manusear os cadernos, Rodríguez percebeu ter achado a galinha dos ovos de ouro. Havia fotografias, microfilme e uma lista de "endereços de acomodações" em Paris, México e Uruguai. Os guerrilheiros enviavam mensagens aos endereços. Essencialmente, Che podia mandar uma carta para Castro e o destinatário no endereço a passaria adiante.

Rodríguez encontrou também dois cadernos de códigos. Os códigos numéricos eram impressos num lenço de papel, usados uma vez e, em seguida, descartados. Um conjunto estava em tinta preta, para a transmissão, e o outro em vermelho, para a recepção.

Deixando de lado os cadernos de códigos, Rodríguez vasculhou um grande diário fabricado na Alemanha. Dentro dele havia páginas de notas e registros escritos à mão por Che. A caligrafia elegante narrava toda a campanha revolucionária na Bolívia. Era inacreditável, pensou Rodríguez. Ele mantivera um diário. Agora era possível retraçar todos os seus movimentos rotineiros.

A bolsa continha também várias fotos familiares de Che, uma máscara preta e remédios para asma.

Rodríguez não teve tempo de verificar com cuidado todo o material. Mais tarde faria isso. Colocou tudo de volta na bolsa e acompanhou Zenteno até a escola. Prado indicou a porta na extremidade esquerda. Lá dentro, Che estava deitado no chão sujo. Os braços haviam sido bem amarrados atrás das costas, e uma corda mantinha-lhe os pés atados. Perto dele jaziam os cadáveres em decomposição dos dois oficiais cubanos que haviam seguido Che até a Bolívia: Antonio e Arturo.

Rodríguez logo notou o ferimento na perna de Che. O sangue vertia do buraco de bala. Para Rodríguez, aquela deveria ser ocasião de celebrar. Mesmo após todos esses anos correndo atrás daquele momento, tudo o que conseguiu sentir foi pena. Che fora reduzido a um vira-lata sujo. Tinha a aparência de um mendigo.

— Por que você escolheu vir para a Bolívia? — perguntou Zenteno a Che.

O guerrilheiro ignorou-o.

— Como você entrou em meu país?

Che não respondeu.

— Por que lutou contra o meu governo?

A questão foi novamente recebida com silêncio. Rodríguez podia ouvir a respiração de Che, seu rosto oprimido contra o chão de terra.

Depois de mais algumas perguntas, Zenteno exasperou-se.

— O mínimo que você pode fazer é responder minhas perguntas — disse ele. — Afinal, você é um estrangeiro e invadiu o meu país.

Zenteno fez um gesto para que Rodríguez o acompanhasse até o lado de fora. Diante da escola, Zenteno expressou a sua frustração. Che podia viajar por todo o mundo proferindo grandes discursos sobre *la revolución*. No entanto, ali naquele chão sujo — com a sua vida em jogo —, ele não falava nada. Estava mudo, o desgraçado.

Enquanto isso, Rodríguez tinha de reprimir o seu desejo de vingança. A sua piedade convertera-se em raiva. Precisava ficar lembrando a si mesmo que estava ali como representante do governo norte-americano — não como exilado cubano em luta pela liberdade do seu país. Na sua mente, ele começou a elaborar uma lista do que precisava ser feito. A primeira coisa eram os documentos.

— Meu coronel, eu gostaria de fotografar todos os documentos apreendidos — disse Rodríguez a Zenteno.

Zenteno aquiesceu. Alertou Rodríguez para que cuidasse dos negócios de forma rápida, porque Barrientos estava ansioso por vê-los. Por ora, Zenteno disse ter terminado com Che. Iria até o cânion El Churo com Prado para observar as tropas caçando os remanescentes da guerrilha.

Quando eles partiram, Rodríguez apanhou os documentos e correu para a casa do operador de telégrafo, o único lugar no vilarejo com telefone. Numa mesa ensolarada no lado de fora, ele desempacotou o rádio RS-48, e começou a espalhar os documentos capturados.

Rodríguez deu início ao meticuloso trabalho com a câmera. Tinha de se apressar. Não sabia quanto tempo teria, e aquele material era explosivo.

* * *

O presidente estava uma pilha de nervos. Agora que Che fora capturado, precisava decidir o que fazer com ele. Barrientos solicitou uma reunião de emergência com o general Ovando, o general da Força Aérea Jorge Belmonte Ardile e alguns dos seus conselheiros mais próximos.

Na cabeça de Barrientos, havia apenas duas opções: prisão ou morte. De modo algum eles mandariam Che para Cuba. Isso estava fora de questão.

Embora pouca gente soubesse que Che estava sob custódia, a pressão começou a aumentar. Ovando, Belmonte e membros do alto-comando boliviano almoçavam num clube de campo em La Paz quando receberam a mensagem: Che havia sido capturado. Eles saíram apressadamente, chamando a atenção de Ernest Nance, o adido da Agência Norte-Americana de Inteligência e Defesa em La Paz. Quando Nance descobriu por que eles haviam saído tão depressa, enviou uma mensagem a Washington dizendo: "Esta é a primeira notificação ao mundo da captura de Che Guevara." Era domingo, e Nance não podia ter certeza de que alguém fosse receber a mensagem. Assim, ele foi atrás de Ovando e Belmonte, e pediu-lhes que poupassem a vida de Che. Eles não prometeram nada.

Na reunião no palácio presidencial, Barrientos pediu conselhos aos seus comandantes. Um por um, eles disseram que levar Che a julgamento seria um desastre. Veja o que ocorreu quando prenderam Debray. A coisa virou um burburinho internacional. Governos fizeram *lobby* para que a Bolívia poupasse a vida de Debray. A história atraiu a atenção do mundo. Foi um pesadelo de relações-públicas. Tudo porque um marxista insignificante como Debray viera à Bolívia experimentar a vida revolucionária. Imagine o que ocorreria se pusessem Che no tribunal?

Ovando lembrou a Barrientos que não havia pena de morte na Bolívia. Com um julgamento, o máximo a que se poderia sentenciar Che eram trinta anos de prisão. "Onde manteríamos Che por trinta anos?", perguntou Ovando. Não havia na Bolívia prisão segura o bastante para encarcerá-lo. Teria de ser mantido sob guarda armada 24 horas por dia. Revolucionários inspirados por Che poderiam invadir a prisão. Diabos, Cuba poderia enviar tropas para tentar resgatá-lo. Não tinham outra opção a não ser executá-lo, argumentou Ovando.

Barrientos ouvia atentamente. Ele teria a palavra final. Mas, quanto mais ponderava sobre o destino de Che, mais irritado ficava. Aquele revolucionário matara soldados bolivianos inocentes. Tentou incitar uma revolução que teria matado milhares de pessoas. Executar Che seria uma clara mensagem: não mexam com a Bolívia.

Barrientos recordou a promessa que fizera a Villoldo, o homem da CIA: isto acaba aqui.

Estava decidido: morte.

* * *

Rodríguez tirava fotos qual um fotógrafo num desfile de moda. Queria ter a certeza de haver copiado cada página do diário. Ele ouviu barulho de tiros a distância. Mais dois guerrilheiros haviam sido trazidos das redondezas até a cidade. Um fora atingido no rosto, e sentia muitas dores.

O outro estava morto. Ambos foram postos sobre a mesa de Rodríguez e, depois, levados para a escola.

Por volta de 10 horas, um soldado boliviano interrompeu Rodríguez. "Telefone", disse ele. "Quartel-general, Vallegrande. Desejam falar com o oficial de mais alta patente", disse o soldado.

Rodríguez olhou em volta. Zenteno ainda estava lá no posto de comando, coordenando a batalha. Rodríguez tinha a patente de capitão e, no momento, era o oficial mais experiente ali. Ele pegou o telefone.

— Capitão Ramos — disse, usando o seu nome de guerra.

— Ramos. Você está autorizado pelo comando superior a conduzir as Operações 500 e 600 — disse a voz do outro lado da linha.

Rodríguez conhecia o código. 500 era o código numérico para Che. E 600 significava morte. Os bolivianos queriam executar Che. Rodríguez engoliu em seco.

— Você pode repetir a mensagem? — pediu.

— Você está autorizado a conduzir as Operações 500 e 600.

Se os bolivianos quisessem Che vivo, a mensagem teria sido 500 e 700. Por uma diferença de cem, Che estava frito. Mas Rodríguez também sabia que os Estados Unidos planejavam contrabandear Che para o Paraguai, a fim de interrogá-lo. Isso era de suma importância para os oficiais de inteligência do quartel-general da CIA em Langley, Virgínia.

Merda, pensou Rodríguez.

Ele tinha um dilema, estava num poço sem fundo. Rodríguez não falou nada. Desligou o telefone. Voltou a tirar fotos, enquanto sua mente ponderava as opções.

Zenteno regressou uma hora depois. Rodríguez interrompeu a tarefa, deteve o coronel, e transmitiu-lhe as ordens. Então, pediu a Zenteno que reconsiderasse.

— As instruções por mim recebidas do governo dos EUA são para mantê-lo vivo sob quaisquer circunstâncias — disse.

Mas Rodríguez esgotara os seus créditos na noite anterior, quando pediu uma carona até La Higuera. Desta vez, o comandante apenas balançou a cabeça negativamente.

— Félix, nós trabalhamos juntos, e somos gratos por toda a ajuda que você nos deu — disse Zenteno. — Mas não me peça para fazer isso. Se eu não cumprir as ordens para executar Che, estarei desobedecendo ao meu próprio presidente.

Zenteno precisava voltar a Vallegrande. Deu uma olhada no relógio, e tornou a dirigir sua atenção para Rodríguez.

— Eu sei o mal que ele fez ao seu país — disse. Mas não havia nada que pudesse fazer.

Eram 11 horas. O helicóptero continuaria voando entre La Higuera e Vallegrande, evacuando os mortos e feridos, e reabastecendo as tropas com comida e munição enquanto fosse necessário.

— Às 14 horas, eu mandarei o helicóptero de volta — disse Zenteno. — Gostaria de contar com a sua palavra de honra de que nesse horário você levará pessoalmente o cadáver de Che Guevara para Vallegrande.

Rodríguez não podia fazer mais nada. Era fácil ordenar que Che fosse mantido vivo — bastava olhar para os sujeitos detrás das escrivaninhas em Langley. Mas aqui, minha nossa! Aqui a história era diferente.

Zenteno podia notar que Rodríguez resistia. Ofereceu-lhe algumas opções.

— Lide com Che da maneira que desejar. Pode fazê-lo por conta própria, se quiser, tendo em vista tudo de ruim que ele trouxe ao seu país.

Rodríguez compreendeu que Zenteno estava apenas cumprindo ordens. Mas ele também tinha ordens a cumprir — e elas determinavam que Che fosse mantido vivo. Ele tentou mais uma vez. Pediu a Zenteno que entrasse em contato com o pessoal do alto-comando, e os convencesse a mudar de ideia.

— Mas se você não obtiver a contraordem — disse Rodríguez —, eu lhe dou minha palavra de que às 14 horas levarei até você o cadáver de Che Guevara.

Zenteno abraçou Rodríguez, e seguiu para a pista, onde o helicóptero o aguardava.

Em pé diante da mesa com o diário de Che e os cadernos espalhados, Rodríguez respirou fundo. Por um momento, considerou fugir com Che e introduzi-lo clandestinamente em La Paz. Só havia um telefone na cidade. Ele poderia cortar a linha, interrompendo as comunicações com Vallegrande. E, quando o helicóptero regressasse por conta de Che, ele mentiria, dizendo ao piloto que realmente queriam Che vivo. De volta a Vallegrande, seria mais difícil matá-lo.

Mas Rodríguez lembrou-se do quão ardiloso era aquele homem, de suas mãos tingidas com o vermelho do sangue dos cubanos, de como Castro também fora preso, retornando mais tarde para destruir Cuba. Sabia que, enquanto estivesse vivo, Che era mais perigoso que uma víbora. As ideias pipocavam no cérebro de Rodríguez, mas todas levavam à mesma conclusão. Ele esgotara a sua habilidade de alterar a ordem pelas vias regulares, e mesmo que, no momento, estivesse vestido como um oficial boliviano, era apenas um consultor da CIA, um forasteiro. Ele não tinha escolha. Aquele era o país deles. Aquelas eram as suas regras.

Se tiver de fazê-lo, eu o porei diante de um pelotão de fuzilamento e o executarei da mesma maneira que ele assassinou tantos amigos meus na fortaleza de La Cabana, pensou Rodríguez.

Mas, subitamente, como se alguém estivesse lendo a sua mente, irromperam disparos vindo da escola. Correndo para a porta da esquerda, ele empurrou-a, e viu Che ainda vivo no chão de terra. Na outra sala, um soldado em pé segurava um rifle com o cano fumegante. Willy jazia sobre uma pequena mesa, os seus últimos segundos de vida esvaindo-se lentamente. O soldado olhou para Rodríguez. Os olhos arregalados de medo.

— Meu capitão, ele tentou escapar — disse o soldado.

Rodríguez sabia bem. O soldado estava garantindo que não houvesse prisioneiros. Assim como Willy, Che sairia morto de La Higuera. Mas, antes que morresse, Rodríguez queria lhe falar.

Ele voltou ao quarto de Che. Um silêncio constrangedor pairava no ar. Ele não precisava dizer uma palavra sobre os tiros. Che sabia o que acabara de acontecer.

Rodríguez encarou Che mais uma vez, tentando reconciliar a imagem do homem à sua frente com a do vistoso revolucionário retratado em centenas de jornais, livros e revistas. Estudara as fotografias de Che na China e em Moscou. Naquelas fotos, ele estava bonito, elegante em seus trajes de guerrilheiro. Ele poderia ter tudo na vida — roupas chamativas, dinheiro, carros velozes e belas mulheres. Em vez disso, optou por uma vida de fugitivo, lutando, conspirando, matando. Mas olhem para ele agora. Valeu a pena?

Rodríguez pôs-se acima de Che tal qual o líder guerrilheiro fizera com Nestor Pino, um dos patriotas cubanos companheiros de Rodríguez na Baía dos Porcos. Pino, comandante de companhia no batalhão de paraquedistas, fora capturado e espancado pelos homens de Castro. Caído em posição fetal, ele tentou se proteger enquanto uma torrente de golpes desabava sobre ele. Então, pararam subitamente. Em pé diante dele, com reluzentes botas pretas, estava Che.

— Mataremos todos vocês — disse Che a Pino.

Por sorte, Pino sobreviveu à surra e mais tarde contou a história a Rodríguez. Agora os papéis estavam invertidos. Che jazia aos seus pés.

— Che Guevara, eu quero falar com você — disse Rodríguez.

— Ninguém me interroga — disse Che, apegando-se ainda aos últimos resquícios de sua autoridade.

— *Comandante* — disse Rodríguez, dando vazão a todo o seu sotaque cubano nativo. — Eu não vim interrogá-lo. Os nossos ideais são diferentes. Mas eu o admiro. Você era um ministro de Estado em Cuba. Olhe para você agora. Está assim por acreditar em seus ideais. Mesmo achando que eles são equivocados, eu vim falar com você.

— Você poderia me desamarrar? Eu posso me sentar? — perguntou Che, olhando Rodríguez.

— Claro. Retire as cordas do comandante Guevara — disse Rodríguez ao soldado na porta. O homem olhou-o com incredulidade, mas seguiu as ordens. Che gemeu quando as cordas afrouxaram. O soldado ajudou-o a se sentar no banco de madeira.

— Você tem algum tabaco para o meu cachimbo? — pediu Che.

Rodríguez apanhou um cigarro com um dos soldados bolivianos e entregou-o a Che, que rasgou o invólucro, socou o tabaco no fornilho, acendeu-o e deu uma baforada.

Rodríguez pressionou Che sobre as suas operações e planos. O líder guerrilheiro desconversou.

— Você sabe que eu não posso responder isso — disse.

Rodríguez mudou de tática. Sabia que o tempo estava passando — o helicóptero voltaria às 14 horas, e ele não teria outra chance de vencer Che. Então Rodríguez restringiu-se ao básico, a perguntas diretas sobre a filosofia do revolucionário. O líder guerrilheiro se abriu.

— *Comandante*, de todos os países possíveis na região, por que você escolheu a Bolívia para exportar a sua revolução?

Che deu mais uma pitada em seu cachimbo e parou por um segundo. Era a mesma pergunta que Prado lhe havia feito.

— Nós consideramos outros lugares — disse Che. E citou-os de memória: Venezuela, América Central, República Dominicana. Mas, em cada lugar, os EUA agiram rapidamente para conter a ameaça. — Percebemos que, escolhendo um país tão longe dos EUA, isso não soaria como uma ameaça imediata — continuou.

Nova pitada, e Che confessou a Rodríguez que procurava por um país pobre. E lembrou que a Bolívia fazia fronteira com cinco países.

— Se formos bem-sucedidos na Bolívia, poderemos chegar a outros lugares: Argentina, Chile, Brasil, Peru, Paraguai.

Rodríguez perguntou por que os bolivianos não haviam oferecido nenhum apoio. Che deu desculpas, incluindo a de que os camponeses queriam "um *comandante boliviano*", não um cubano, "mesmo sendo eu um expert nesses assuntos".

Cuba logo virou assunto. Rodríguez queria forçar Che a discorrer sobre a vacilante economia do país. Ela estava na corda bamba, graças em parte à liderança de Che à frente do Banco Nacional Cubano. Che culpou o bloqueio norte-americano pelas precárias condições econômicas.

— Mas você contribuiu para isso — respondeu Rodríguez. — Você, um médico, foi nomeado presidente do Banco Nacional Cubano. O que um médico entende de economia?

O revolucionário riu.

— Você sabe como eu me tornei presidente do Banco Nacional Cubano? — perguntou.

— Não — disse Rodríguez, balançando a cabeça.

— Vou lhe contar uma história engraçada. Um belo dia, estávamos numa reunião, quando Fidel apareceu solicitando um *economista* dedicado. Eu o entendi mal. Pensei que ele quisesse um *comunista* dedicado, e então levantei a mão. E foi assim que Fidel me escolheu para comandar a economia cubana.

Para Rodríguez, isso não tinha graça. Muita gente em Cuba sofria sob o rigoroso regime comunista. Vivia-se não somente em um Estado policial, como também em carência de alimentos e remédios. As pessoas tornaram-se totalmente dependentes de ajuda externa — a maior parte vinda da União Soviética.

Rodríguez e Che conversaram por uma hora e meia. Discutiram sobre política e vida.

Mas, quando Rodríguez escutou o helicóptero aproximando-se do vilarejo, ele pediu licença e saiu. Olhou no relógio. Ainda era muito cedo. Prometera a Zenteno entregar Che às 14 horas em ponto, e ainda não eram nem 13 horas.

Depois que o helicóptero pousou, o piloto, Niño de Guzmán, caminhou até Rodríguez para entregar-lhe uma câmera. Disse que Saucedo, o oficial de inteligência, queria uma foto de Che como suvenir. Como um caçador esportivo, queria lembrar-se da caçada.

Rodríguez ajudou Che a manquitolar até o lado de fora. Guzmán passou-lhe a câmera, já preparada para o clique. Mas Rodríguez não queria que Saucedo tivesse problemas, então ele alterou a velocidade e o diafragma, de modo que a foto ficasse imprestável. Em seguida, posicionou a câmera, e bateu uma foto de Che com Niño de Guzmán.

Depois, Rodríguez ajustou a exposição da sua câmera, a fim de obter uma fotografia decente para si, e entregou a máquina para Niño de Guzmán.

— Olha o passarinho — disse Rodríguez ao lado de Che.

Che sorriu, mas logo franziu o cenho no instante em que Niño de Guzmán apertou o obturador. Era quase a mesma expressão que assumira no Hotel Copacabana, em La Paz, quando "Adolfo Mena González" bateu o próprio retrato muito tempo antes.

De volta à escola, Rodríguez retomou a conversa, questionando Che sobre os pelotões de fuzilamento em La Cabana.

— Só enviávamos estrangeiros à morte — disse Che. — Agentes imperialistas e espiões a mando da CIA.

A ironia não passou despercebida por Rodríguez, que o interpelou no ato.

— Você não é boliviano — disse Rodríguez. — Você é estrangeiro. Você invadiu o território soberano da Bolívia.

Che mantinha um tom desafiador, dizendo que Rodríguez não podia compreender as razões para a revolução. Che apontou para a sua perna ensanguentada.

— Estou vertendo o meu sangue aqui na Bolívia. — Então, apontou para os corpos na sala com ele. Um era de Antonio.

— Olhe para ele — falou Che. — Em Cuba, ele tinha tudo o que queria. Ainda assim, veio para cá morrer dessa maneira. Morrer por acreditar em seus ideais.

Agora era a vez de Che interpelar Rodríguez. Era óbvio que ambos os homens lutavam uma guerra por procuração na Bolívia, e nenhum dos dois ligava muito para o destino daquele país sul-americano. O seu combate era bem mais vasto.

Era a democracia contra o comunismo.

Era o bem contra o mal.

Eram os EUA contra a URSS e a China.

Naquele outono de 1967, era uma guerra sendo travada no mundo todo.

— Você não é boliviano — disse Che. — Você sabe muito a respeito de Cuba e de mim.

— Não, eu não sou — disse Rodríguez. — De onde você acha que eu sou?

Che não hesitou.

— Eu acho que você trabalha para o serviço de inteligência dos EUA.

Agora, era a vez de Rodríguez sorrir.

— Você está certo, *comandante* — disse ele. Contou a Che que era cubano. Que fora membro da Brigada 2506. Na verdade, que fora membro das equipes de infiltração que operavam dentro da Bolívia antes da Invasão da Baía dos Porcos.

— Qual é o seu nome? — quis saber Che.

— Félix. Apenas Félix, *comandante* — respondeu Rodríguez.

Rodríguez queria falar mais, mas recuou. Não, que benefício isso traria àquela altura? Rodríguez sabia que tinha de voltar à sua mesa e continuar copiando os documentos. Ao deixar a sala, disse a Che que voltaria depois.

À mesa, Rodríguez continuou a tirar fotos dos papéis. Parou quando a professora do vilarejo aproximou-se dele.

— Quando vocês vão atirar nele? — perguntou ela.

— Senhora, por que diz isso? — retrucou Rodríguez.

Ela disse a Rodríguez tê-lo visto tirar uma foto de Che. Mas o rádio noticiava que o líder guerrilheiro já morrera devido aos ferimentos do combate.

Merda, ele pensou. Com notícias do falecimento de Che sendo transmitidas, ele não podia mais protelar o inevitável. Chegara a hora.

Antes de deixar La Higuera, Zenteno solicitara dois voluntários para executar os prisioneiros. O primeiro-sargento Mario Teran e o sargento Huanca, cujas ações em batalha haviam levado à captura de Che no dia anterior, apresentaram-se. O plano era simples: Huanca e Teran entrariam simultaneamente nos dois cômodos da escola. Huanca atiraria em Willy; Teran mataria Che. Mas Willy já estava morto.

Descendo novamente a colina rumo à escola, Rodríguez foi até a sala onde Che continuava sentado no pequeno banco. Rodríguez parou na sua frente. Enquanto isso, Teran aguardava do lado de fora.

— *Comandante* — disse Rodríguez. — Eu fiz tudo o que estava sob o meu poder, mas vieram ordens do supremo comando boliviano.

O rosto de Che ficou pálido. Soube, naquele momento, que a morte batia à porta.

— É melhor assim, Félix — disse Che. — Eu não deveria nunca ter sido capturado vivo.

— Se eu puder, há algo que você gostaria que eu dissesse à sua família?

— Diga à minha mulher que se case de novo e tente ser feliz — respondeu Che.

Che aproximou-se de Rodríguez. Cumprimentaram-se e, então, abraçaram-se. Che era um homem — um homem encarando o seu fim com dignidade. Rodríguez já não o odiava mais.

Rodríguez largou Che e caminhou para fora. Abordou Teran e transmitiu as instruções ao boliviano.

— Não atire daqui para cima — disse Rodríguez, apontando para a região acima do pescoço. — Espera-se que esse homem tenha morrido por ferimentos em combate. Não atire no rosto.

— Sim, meu capitão — disse Teran.

Rodríguez subiu a colina com pressa, para terminar de fotografar os documentos, distanciando-se o mais rapidamente possível da escola. Não, não queria ver aquilo. Como soldado, ele jamais executaria um prisioneiro a sangue-frio.

Alguns minutos após ter chegado à sua mesa, Rodríguez ouviu uma curta rajada de tiros. Olhou no relógio e registrou a hora: 13h10.

* * *

Depois de uma troca de tiros e da varredura do cânion, Prado e seus homens regressaram a La Higuera para se reagrupar. Ele estava orgulhoso de seus soldados. Não entraram em pânico durante o confronto. Haviam conquistado o estatuto de unidade de combate de elite. Prado ficou emocionado por Zenteno tê-los visto em ação.

Quando Prado aproximava-se do vilarejo, Ayoroa saudou-o, mas algo estava errado. Ayoroa deu a notícia: Che acabara de ser executado sob "ordens superiores".

Prado ficou perplexo. Aquilo não era o que esperava. Ele apertou o passo, andando cada vez mais rápido até chegar à escola. Entrou desabaladamente e viu o corpo. Sabia que Che estava morto, mas nada poderia tê-lo preparado para aquilo. O corpo estava perfurado de balas. O sangue espalhara-se pelo chão e pelas paredes. A sala da escola era um abatedouro, e já agora começava a se encher de espectadores.

Prado examinou o rosto de Che. Os olhos estavam abertos, fitando o vazio. Prado balançou a cabeça de asco. Horas atrás, Che estava ali, discutindo sobre imperialismo e a Bolívia. Agora, aquilo era tudo o que restara dele, um rosto acinzentado e distorcido. Prado estava revoltado. Uma coisa era matar em combate. É o que os soldados fazem. Mas aquilo era assassinato puro e simples. Matar um prisioneiro a sangue-frio violava tudo o que ele aprendera sobre tratar os prisioneiros com respeito.

Prado não gostava do que Che representava, tampouco do que fizera ao seu país. Mas isso não significava que devessem empregar as mesmas táticas brutais usadas por ele. Era para isso que existiam tribunais. Para isso tinham as cortes marciais.

Sem aviso, um dos oficiais na sala bateu no rosto de Che, acima da sobrancelha, abrindo um pequeno corte. Alguns soldados puseram os pés sobre o corpo.

"Seu desgraçado", gritou um soldado para a figura sem vida no chão. "Você matou vários dos meus soldados."

Rodríguez e Prado observavam. Nenhum dos dois sentia necessidade de profanar o cadáver.

Para evitar novas deformações no rosto de Che, Prado pegou o seu lenço e enrolou-o em volta do maxilar do morto. Então, deu um nó no lenço, no alto da cabeça. Alguém comentou que era como se Che estivesse com dor de dente. Ninguém riu da piada. Rodríguez pediu um balde d'água. Ajoelhando-se no chão lamacento junto ao corpo, ele limpou o rosto do guerrilheiro.

O tempo era curto. Rodríguez correu para o escritório do telégrafo e martelou uma breve mensagem sobre a execução de Che para a base da CIA em La Paz. O seu chefe, John Tilton, não estava lá, mas certamente alguém receberia a mensagem e a passaria adiante. Rodríguez fizera todo o possível. As notícias estavam a caminho de Langley e da Casa Branca. Ele juntou suas coisas e rumou de volta para a escola. O helicóptero das 14 horas estava pousando.

Um grupo de soldados veio nele, e foram eles que ajudaram a colocar o corpo de Che sobre uma maca de lona. Carregaram-no até a pista, e fixaram-no ao trem de pouso do helicóptero. Enquanto ajudava a apertar a corda, a mão de Rodríguez escorregou por baixo do corpo de Che. Quando a puxou, viu que estava coberta de sangue. Rodríguez limpou-se nas próprias calças.

Ele escalou até a traseira do helicóptero e esperou pela decolagem. Mas o helicóptero ficou parado, com as hélices girando. Rodríguez avistou uma mula trotando pela estrada, com um padre sobre o lombo. O velho homem parou perto das hélices e avançou, curvando a cabeça por sobre o cadáver. Fez o sinal da cruz e deu a sua bênção. Rodríguez ficou admirado em face da ironia. Um comunista inflexível e ateu recebendo a extrema-unção.

O helicóptero decolou rumo a Vallegrande. Prado observou-o partir, meditando sobre a sensação de vazio em seu peito. A imagem do corpo fustigado de Che ficaria com ele por anos.

24

Fim de jogo

A cabeça de Rodríguez zunia com o estrépito do helicóptero enquanto ele olhava para a massa verde de floresta lá embaixo. Empoleirado no estreito banco atrás do piloto, ele deslocou o seu peso de modo a equilibrar o curso de voo do helicóptero. O corpo de Che estava preso feito um pacote no esqui direito da aeronave. Rodríguez rezava para que o tivessem amarrado direito. A última coisa de que precisavam era que o cadáver despencasse sobre as árvores. Já seria difícil o bastante explicar como Che morrera.

Rodríguez recordou o que a professora havia lhe dito: as transmissões oficiais no rádio davam conta de que Che fora morto em batalha. Morto em batalha? Como é que eles levariam aquilo adiante? Jornalistas logo estariam invadindo La Higuera feito baratas. Descobririam a verdade em pouco tempo. Rodríguez não sabia como o governo boliviano faria para esconder o próprio rabo.

Rodríguez respirou fundo. Com Che morto, aquela era a primeira vez, desde que chegara à Bolívia, que ele tinha tempo para refletir. Estava com 26 anos, mas lutara contra os comunistas por quase uma década. Agora ele levava um dos maiores prêmios. Os seus três meses de trabalho duro tinham gerado um estranho fruto.

Espremido dentro do helicóptero, Rodríguez tinha dificuldades em focar os seus pensamentos no trabalho. Sua mulher e seus dois filhos pequenos não sabiam onde ele estava, nem quando voltaria para casa. Rosa não era ingênua; tinha uma boa noção do que ele estava fazendo. Mas Rodríguez pensava se, algum dia, seria capaz de contar toda a história às crianças. Não era fácil para elas ter um pai que desaparecia e reaparecia no intervalo de meses.

Amava os filhos. Mas, no fundo, Rodríguez tinha a consciência de que seria sempre um soldado. Ele lutara contra Castro e a expansão do comunismo durante a maior parte de sua vida. A morte de Che era apenas uma pequena vitória num caminho bem mais longo. Rodríguez iria aonde fosse preciso para lutar aquela guerra.

A selva logo se mesclou à montanha à medida que o helicóptero aproximava-se de Vallegrande. Rodríguez torcia para que pousassem perto da caserna, e não no aeroporto, onde inevitavelmente haveria multidão.

— Já vamos descer? — perguntou a Guzmán.

O piloto acenou positivamente.

— Mas não onde você pensa — gritou ele por conta do ronco do motor. — Ordenaram que fôssemos direto para o aeroporto de Vallegrande.

Desde que a caçada a Che começara, Vallegrande fora tomada por jornalistas. O que Rodríguez não sabia era que duas histórias sobre a captura de Che já haviam sido publicadas em jornais bolivianos. Do alto, Rodríguez avistou o aeroporto. Estava lotado — 2 mil pessoas, no mínimo. Repórteres e fotógrafos empurravam-se tentando chegar perto da zona de pouso.

A missão de Rodríguez ainda era secreta. Nenhum boliviano sabia o seu nome verdadeiro. Rodríguez não queria ser fotografado com o corpo. Já havia rumores de que a CIA ajudava os bolivianos. Ele não tinha a intenção de confirmá-los.

O helicóptero pousou às 17 horas. A massa avançou para dar uma espiada no corpo. A aeronave estabilizou-se no solo, e a multidão deu um passo atrás — ninguém queria ser atingido pelas hélices. Hora de escapar. Inclinando o seu boné do Exército por sobre os olhos, Rodríguez saiu pelo lado esquerdo do helicóptero. A turba correu para perto do corpo no esqui direito. Movendo-se o mais rápido possível, Rodríguez desapareceu no meio do povaréu. Para os curiosos, ele era apenas mais um oficial boliviano.

Villoldo aguardava do outro lado da aeronave. Ele regressara a Vallegrande naquele dia bem cedo e encontrara-se com Zenteno. Discutiram sobre como lidar com a imprensa, e agora ele tinha de ajudar a sumir com o corpo do líder guerrilheiro. Com o helicóptero pousado, Villoldo e os soldados bolivianos soltaram a maca, carregando-a para uma velha ambulância cinza. Ela acelerou pelas estreitas ruas de pedra até o Hospital Nuestra Señora de Malta.

Em vez de ingressar com o corpo no prédio principal, os soldados levaram-no para a lavanderia, uma pequena estrutura no térreo do hospital. A construção era aberta num dos lados e abrigava uma grande bacia de concreto com uma torneira e uma mangueira. A equipe começou a trabalhar no cadáver de Che. Removeram-lhe a jaqueta e a camisa, abriram uma incisão em seu pescoço para drenar o fluido do tecido, e então lavaram o corpo.

Os doutores Moises Abraham e Jose Martínez Caso examinaram o corpo e tomaram notas num caderninho. Villoldo permaneceu atrás, observando. Em seu uniforme verde-oliva, ele se misturava aos outros oficiais.

Che tinha marcas de bala em ambas as clavículas, com fratura exposta na da direita. Três projéteis haviam perfurado a sua caixa torácica, e um outro atingiu o lado direito do peito. Os tiros estraçalharam-lhe os pulmões. Balas foram encontradas na coluna vertebral. O relatório da autópsia listou oito ferimentos no total. Os médicos determinaram que Che morrera de "ferimentos no peito e consequente hemorragia".

Villoldo olhou para o corpo. Ele pensou nos milhares de outros corpos lavados, benzidos e enterrados, em todas as vidas que aquele homem roubara e destruíra. Che fora responsável por muitas mortes. Mas, sobretudo, Villoldo pensava no corpo do seu pai, no modo como ele estava encurvado sobre a cama do quarto de hóspedes. Aquele homem ferira a sua família. E agora Villoldo ajudara a pôr um fim à sua insana revolução.

Depois de finalizado o exame, o Exército permitiu que os jornalistas, e os milhares de bolivianos curiosos esperando do lado de fora, dessem uma olhada em Che, o misterioso líder guerrilheiro que aterrorizara a nação por meses.

Em silêncio, com ar pesado, os camponeses encheram o velório improvisado. Os fachos das lanternas dançavam pelas paredes e pelo assoalho ao adentrarem a lavanderia. Lá dentro, eles por vezes detinham-se sobre a figura sombria de espessa barba. Ali, morto, Che evocava notavelmente a imagem de Cristo. O seu peito estava nu, as chagas expostas. O cabelo emaranhado, a boca entreaberta, os olhos negros mirando o vazio. Mesmo os soldados bolivianos que o haviam caçado por tanto tempo estavam assombrados. Eles pararam para olhar o revolucionário morto até que os guardas os mandassem seguir em frente.

Horas mais tarde, quando a multidão escasseou, os soldados bloquearam a sala.

Então, os médicos fizeram o inimaginável — cortaram fora ambas as mãos de Che. Castro poderia negar a sua morte, disseram. Assim, eles tinham provas de que Che realmente falecera. Foram tiradas impressões das mãos amputadas e, em seguida, estas foram depositadas em recipientes cheios de formol, para conservação.

Agora precisavam achar um jeito de livrar-se do resto do corpo.

* * *

Rodríguez podia ver as luzes de Santa Cruz a distância. Fora uma longa noite. Diabos, as últimas 24 horas haviam sido negras.

Depois de sair do helicóptero, Rodríguez procurou na multidão por Serrate, o oficial de operações, e por Saucedo, o oficial de inteligência. O trio abraçou-se. Rodríguez contou-lhes sobre as suas conversas com Che. Eles ouviram atentamente a história e congratularam Rodríguez. Che estava morto. A missão fora um sucesso. Eles podiam seguir em frente.

No caminho de volta ao refúgio que dividira com Villoldo, Rodríguez experimentou uma sensação esquisita no peito. Ficou ofegante, seus pulmões estreitaram — conseguia inspirar fundo, mas, aparentemente, não expirava muito bem. Asma. Nunca antes tivera um ataque de asma. Che tinha asma. E todo ataque posterior levaria Rodríguez de volta àquele dia, àquele momento de estranho pânico pós "fim de missão".

Ele ainda não podia relaxar. Rodríguez tinha de levar o filme com os materiais de Che para a CIA. Estava cansado, mas não podia arriscar que suas câmeras caíssem em mãos erradas — elas eram ouro puro, a nata da espionagem, e, dentre aqueles que a Bolívia abrigava, havia um espião para cada jornalista. Os agentes soviéticos rastreavam os americanos, os americanos vigiavam os soviéticos e os chineses seguiam todo mundo.

Rodríguez pulou no carro e seguiu rumo ao norte para o aeroporto de Santa Cruz, torcendo para que a adrenalina baixasse logo. Pegou um voo para La Paz e, do aeroporto, um táxi para o hotel. Lá, um oficial da CIA finalmente o recebeu.

— Aqui está — disse Rodríguez, entregando ao homem a sua pasta com todos os filmes dentro.

— Não, não, não — disse o oficial da CIA. — Nós vamos levá-lo a um local onde possa falar com John Tilton. Mas antes você deve garantir que não está sendo vigiado.

Droga, pensou Rodríguez. Ele não estava no clima para aqueles jogos de espionagem.

— Se tiver certeza de que não está sendo seguido, ponha a sua pasta no lado esquerdo e balance-a — disse o homem da CIA. — Depois de balançar, transfira-a para o lado direito, e nós o apanharemos.

Como era de esperar, quando Rodríguez saiu do hotel, apareceu a sua sombra, um chinês. Rodríguez passara tempo demais em Santa Cruz; não estava acostumado com o ar rarefeito de La Paz. Os seus pulmões ardiam enquanto ele trilhava um caminho em zigue-zague no labirinto das ruas comerciais. Precisava desvencilhar-se da sua sombra e pegar a carona.

Rodríguez dirigiu-se para a multidão mais volumosa, acelerando o passo até uma quase corrida. Ele esquivou-se para dentro de uma tapeçaria, cheia de carpetes e almofadas. Curvou-se como que para amarrar os sapatos e viu o chinês passar trotando pela entrada da loja, o semblante enrugado de consternação. Alguns instantes depois, Rodríguez saiu da loja do mesmo modo que entrara. Mudou a pasta para o lado direito. Um Volkswagen deslizou até parar junto ao meio-fio. Tudo fora uma missão de treinamento, descobriria mais tarde, um teste para ver se ele seguia as indicações. Rodríguez sentou-se ofegante no banco do passageiro, enquanto o carro acelerava para levá-lo até um refúgio.

O inquérito durou vários dias. Rodríguez forneceu à agência um detalhado depoimento sobre a captura e execução do líder guerrilheiro, e relatou as suas conversas com Che. Explicou o conteúdo do diário — o quão importante havia sido para montar o quebra-cabeça de Che. Ele informou aos oficiais da CIA sobre o que Che fez na Bolívia, os seus movimentos e os seus erros táticos mais relevantes. Quando terminou, Rodríguez despediu-se e partiu de volta para Miami.

* * *

Era meia-noite em Vallegrande. Villoldo despiu-se do seu uniforme habitual, vestiu um suéter cinza e jeans, e guardou a sua Smith & Wesson 0.9 mm na calça. Já havia dois dias que o corpo de Che estava na lavanderia. Era hora de tirá-lo de lá.

O irmão de Che, Roberto Guevara, era esperado no dia seguinte.

Villoldo deixou o seu jipe no refúgio e foi a pé até o Hospital Nuestra Señora de Malta. Ele passou pelo Hotel Teresita, onde dezenas de jornalistas estrangeiros estavam enfurnados, tomando cerveja boliviana. As ruas estavam vazias. Nuvens bloqueavam a luz da lua.

Nos portões do hospital, Villoldo encontrou o motorista de caminhão e o soldado boliviano enviados para fazer a segurança. O zelador do hospital introduziu-os no prédio. Eles carregaram os corpos putrefatos de Che e de dois guerrilheiros mortos — Willy e Chino — para o caminhão, cobrindo-os com lona. Villoldo não queria que ninguém visse aquela carga.

Com os corpos em segurança, os três homens subiram no caminhão. Villoldo notou que as mãos do motorista tremiam. O soldado sentara-se no meio. Villoldo levava a espingarda.

Eles rumaram para o quartel-general do Batalhão de Engenharia da 8ª Divisão, no aeroporto. Entrando nas edificações do quartel-general, eles viraram à direita numa estrada de terra esburacada. Uma nova rodovia estava sendo construída, e outras partes do aeroporto eram reformadas ou consertadas. Eles contornaram uma escavadeira rumo ao portão leste, um setor antigo do complexo do aeroporto.

"Desligue os faróis", ordenou Rodríguez ao motorista logo que o caminhão cruzou o portão. "Dirija lentamente até a pista."

Villoldo examinou a paisagem até notar uma "depressão natural" onde haviam sido enterrados os corpos da vanguarda de Che algumas semanas antes.

"Pare", disse Villoldo. E saltou do caminhão.

A depressão ficava a 7,5 metros da pista. Bem ao lado, havia uma nova escavação. Villoldo aproximou-se da beirada do buraco, que tinha mais de 5 metros de profundidade e cerca de 10 metros de largura.

Ele caminhou de volta para o caminhão. Uma chuva fina começou a cair. Villoldo pôde sentir a temperatura despencando. Ficou feliz por ter vestido o suéter. Os outros não tiveram tanta sorte. Tiritavam de frio e nervosismo.

"Chegue perto da beirada", disse Villoldo ao motorista.

Então, ele ordenou ao soldado que trouxesse a escavadeira estacionada perto do portão. Quando o soldado chegou até o trator, o operador já aguardava lá dentro. Ele ligou o motor e seguiu o soldado. Era o momento.

Eles arremessaram os corpos na vala. A escavadeira cobriu-os. A campanha boliviana de Che chegara ao fim, soterrada na úmida escuridão.

A chuva desabou com força. O terreno tornava-se lamacento. Os três homens decidiram dar o fora dali, encerrando a missão, enquanto o caminhão ainda podia se mexer.

Ninguém marcou a cova.

25

Desdobramentos

A morte de Che foi um momento de glória e triunfo para o alto-comando boliviano. Barrientos emergiu mais forte do que nunca. Para o público — sobretudo os camponeses —, ele agira decididamente, livrando o mundo de um bandido comunista. Barrientos tirou proveito disso, dizendo mais tarde que "Che morreu porque veio para matar".

O presidente não pediu desculpas. Assumiu toda a responsabilidade pela morte de Che, e ainda emitiu um alerta: "Esmagaremos novamente qualquer tentativa de subjugar a nossa terra natal."

Quando Ovando chegou a Vallegrande com os seus colegas comandantes, jornalistas do mundo todo o cercaram. Ele não falou sobre detalhes, mas declarou: "Os guerrilheiros foram liquidados na Bolívia." Ele admitiu haver ainda membros soltos do bando guerrilheiro de Che, mas disse que "eles serão destruídos dentro das próximas horas". Mais tarde naquele dia, ele emitiu um pronunciamento vangloriando as forças armadas, proclamando que a campanha estava quase no fim:

Posições bem organizadas nas áridas cadeias montanhosas, rodeadas por mata fechada, continuam disparando contra tropas bolivianas, que irão finalmente mostrar ao mundo que a Bolívia é uma nação soberana, capaz de lutar com suas próprias forças por seu desenvolvimento e liberdade.

Os comandantes retransmitiram as boas notícias às tropas em campo. Mario Salazar, que não vira nenhuma ação desde que fora mobilizado, estava um pouco decepcionado. Queria enfrentar os guerrilheiros. Aquela era a razão de ter entrado no Exército, afinal de contas.

A sua chance apareceu no anoitecer do dia 14 de outubro. Salazar avistou uma fogueira na mata, ao lado de um afluente do rio Grande. Em torno dela, havia quatro homens, remanescentes da força de Che.

Salazar comunicou imediatamente ao seu comandante. O segundo-tenente Guillermo Aguirre Palma preferiu esperar até o amanhecer para agir. Com os primeiros raios de sol, as tropas da companhia C rodearam os homens, matando-os a tiro.

Enquanto o alto-comando boliviano elogiava a operação que matara Che, o mundo começava a questionar a narrativa sobre como ele havia morrido. Primeiro, o governo informou que Che fora ferido numa batalha feroz nos arredores de La Higuera, vindo a morrer logo depois. Num discurso público em 9 de outubro, o coronel Zenteno embelezou a história. Falou que, depois de ferido, Che teria dito aos soldados: "Eu sou Che Guevara. Eu fracassei." Em seguida, ele entrara em coma e morrera. Ovando repetiu a história de Zenteno — incluindo a citação.

Um dia depois, no entanto, Ovando disse que Che morrera às 13h30 do dia 9 de outubro — quase um dia após a batalha. Para muitos, isso era implausível. Como Che sobrevivera tanto tempo com tantos ferimentos? Zenteno logo mudou a sua versão para confirmar a de Ovando.

Mas os jornalistas seguiam revelando novos detalhes que contradiziam os relatos oficiais.

Uma matéria do *New York Times* dizia que Che "fora executado pelo Exército após a rendição". Jose Martínez Caso, médico que examinara o corpo de Che em Vallegrande, contou a jornalistas que soldados presentes no local disseram-lhe que Che fora levado com vida.

O governo também deu declarações contraditórias sobre os restos mortais de Che. Um comunicado informava que o líder guerrilheiro havia sido sepultado em "local seguro". Depois, Ovando disse que o corpo fora cremado. E quando o irmão de Che, Roberto Guevara, foi a Vallegrande recolher os restos mortais para levá-los de volta à Argentina, não lhe permitiram ver o corpo. Primeiro, os oficiais bolivianos recusaram-se a encontrá-lo. Mas, mesmo após ter conversado com Ovando, Roberto deixou a Bolívia sem respostas e sem o corpo.

Havia ainda um outro problema.

Fotografias repugnantes apareceram nos jornais bolivianos. Instantâneos ilustravam cada passo do martírio de Che. As primeiras fotos mostravam um homem esfarrapado, com curiosos sapatos artesanais, vivo na escola de La Higuera. Depois, vinha uma sequência de fotos da morte: dentro da escola logo após a execução; no chão, feito um troféu de caça, com soldados bolivianos armados rindo ao redor; e, finalmente, exposto numa lavanderia.

Todo o episódio frustrou e envergonhou os oficiais norte-americanos. Enquanto a Bolívia celebrava a morte de Che, o clima na Casa Branca era negro. Rodríguez estivera lá, em La Higuera, e havia comunicado devidamente os eventos em seu desenrolar. Mas as comunicações falharam em algum ponto entre a CIA, o Departamento de Estado e a Casa Branca.

O embaixador Henderson — que se orgulhava de estar sempre por dentro dos assuntos — disse não saber que Che havia sido capturado até o anúncio de sua morte. Ele contrariou pessoalmente uma proposta de enviar observadores da embaixada junto com Ovando no dia seguinte, quando de sua visita a Vallegrande. Queria que os EUA se mantivessem nos bastidores.

Em 9 de outubro, Walt Rostow, assessor do presidente para assuntos de segurança nacional, comunicou a Johnson, via memorando, haver recebido relatos não confirmados de que Che estava morto. Um dia depois, porém, William Bowdler, representante executivo do Departamento de Estado para a América Latina, relatou a Rostow haver ainda incerteza sobre se Che fora mesmo morto — apesar das notícias nos jornais e rádios, e das celebrações nacionais. Inacreditavelmente, o diretor da CIA, Richard Helms, redigiu um memorando para Rostow em 11 de outubro, perguntando se ele sabia algo a respeito da morte de Che:

> *Você está ciente das notícias publicadas sobre a morte de Ernesto "Che" Guevara, baseadas essencialmente na conferência de imprensa proferida pelo Exército boliviano no dia 10 de outubro, atribuindo a morte de Guevara a ferimentos de batalha obtidos no confronto entre o Exército e os guerrilheiros em 8 de outubro de 1967? Disseram que Guevara estava em coma quando capturado, vindo a morrer logo depois, sendo que o calor da batalha impedira que os soldados bolivianos houvessem lhe fornecido tratamento rápido e eficiente.*

No mesmo dia, Rostow enviou ao presidente Johnson um comunicado dizendo: "Esta manhã temos 99 por cento de certeza de que 'Che' Guevara está morto." Informou que Che fora levado vivo, e que o general Ovando dera ordens para que atirassem nele.

Considero isso uma estupidez, mas compreensível do ponto de vista boliviano, dados os problemas que a misericórdia com o comunista francês, e porta-voz de Castro, Regis Debray lhes causou.

Rostow sugeriu ainda que a morte de Che trazia "estas significativas implicações":

Marca o falecimento de outro revolucionário romântico e agressivo do quilate de Sukarno, Nkrumah, Ben Bella, reforçando esta tendência.

No contexto latino-americano, terá um forte impacto para desencorajar guerrilhas futuras.

Confirma a sensatez de nossa assistência "preventiva" a países que enfrentam insurgências incipientes. Foi o 2º Batalhão Boliviano de Rangers, treinado por nossos Boinas-Verdes de junho a setembro, que o cercou e abateu.

Dois dias depois, Rostow enviou outra nota ao presidente, dizendo que a nova informação da inteligência "elimina qualquer dúvida de que 'Che' Guevara esteja morto".

No SOUTHCOM, o general Porter e o seu Estado-Maior monitoravam os acontecimentos. Quando souberam que Che estava morto, eles expressaram um alívio desapontado. Entendiam por que os bolivianos haviam executado Che. O SOUTHCOM tinha de ser realista. Se tivesse sido levado ao Panamá para interrogatório, era altamente improvável que Che desse qualquer informação. Ele desprezava os EUA. E, caso houvesse sobrevivido e ficado sob custódia norte-americana, imagine-se os protestos ao redor do mundo. Isso teria acrescido combustível ao sentimento antiamericano em todo o globo. No fim das contas, as coisas acabaram dando certo. Che precisava morrer.

A CIA e a comunidade da inteligência remexiam os detalhes da campanha fracassada de Che. A informação do seu diário forneceu aos oficiais um panorama de toda a operação na Bolívia. No dia 18 de outubro, uma comunicação da CIA para Washington destacava os erros que levaram à derrota de Che naquele país:

> *A presença de Che no front da guerrilha excluiu qualquer esperança de salvá-lo e de salvar os outros, em caso de emboscada, e virtualmente condenou-os a morrer ou sobreviver inutilmente como fugitivos;*
> *Che dependia dos camponeses da região para suprimentos e recrutas; nenhum deles foi receptivo;*
> *Che confiou demais no apoio do Partido Comunista Boliviano, que era inexperiente e cindido em facções pró-soviéticas e pró-chinesas.*

A comunicação subestimava o papel do Exército boliviano no fracasso da campanha de Che. A derrota de Che teria mais a ver com a sua débil liderança do que com qualquer proeza militar boliviana.

Em documento endereçado ao secretário de Estado Dean Rusk, Thomas Hughes, diretor da Divisão de Pesquisa e Inteligência do Departamento de Estado, notou que a morte de Che fora um "golpe violento — talvez fatal — para o movimento guerrilheiro boliviano, e talvez viesse a se confirmar como um sério revés para os sonhos de Castro de fomentar a revolução violenta em 'todos ou quase todos' os países da América Latina". Mas ele também acrescentava um alerta sobre o futuro da Bolívia:

> *A morte de Guevara é uma coroa de louros para o presidente boliviano René Barrientos. Ela pode sinalizar o fim dos movimentos guerrilheiros enquanto ameaça à estabilidade. Se assim for, as forças armadas da Bolívia, que são um elemento central de apoio a Barrientos, gozarão de um senso de autoconfiança e força há muito ausente. No entanto, a vitória pode também atiçar ambições políticas entre os oficiais do Exército diretamente envolvidos na campanha contra a guerrilha, que talvez agora passem a ver a si próprios como os salvadores da república.*

Até então, Cuba mantinha-se notavelmente quieta. Em 18 de outubro — nove dias depois da morte de Che —, Castro dirigiu-se à nação. Diante de centenas de milhares de cubanos na Plaza de la Revolución

[Praça da Revolução], Castro teceu loas a Che. Contou dezenas de anedotas sobre o velho amigo, e prestou tributo à sua vida de luta contra o imperialismo.

Disse à multidão que havia provas de que Che fora "morto a sangue-frio".

"Ele foi sempre reconhecido por sua ousadia e desprezo pelo perigo em numerosas ocasiões", disse Castro. "A morte de Che inflige um duro golpe sobre o movimento revolucionário, mas o movimento seguirá em frente."

Terminou alertando que os assassinos de Che ficariam desapontados quando descobrissem que "a arte à qual ele dedicou sua vida e sua inteligência não pode morrer".

E assim foi. Assim como a sua vida, a morte de Che foi cercada de mistério e confusão. Anos se passariam até que toda a história fosse revelada. E mais ainda para que encontrassem o seu túmulo.

* * *

Para Prado, as últimas semanas haviam sido uma confusão. No dia seguinte à morte de Che, Barrientos e Ovando chegaram separadamente para congratular as tropas. Eles fizeram discursos e elogiaram os soldados, dizendo ser aquele um dos dias de maior orgulho na história da nação.

Prado estava ainda perturbado com o que ocorrera a Che. E ele tinha mais trabalho a fazer. Os Rangers precisavam encontrar o punhado restante de guerrilheiros fugitivos.

Com Che fora de cena, o país logo perdeu o interesse por combatentes insurgentes. A vida voltara ao normal.

Prado, o oficial que capturara Che, era um herói nacional. Os superiores congratularam-no, com promessas de promoções. Prado não gostava de toda aquela atenção. Estava apenas fazendo o seu trabalho.

Prado voltou para La Esperanza, onde Shelton abraçou-o, parabenizou-o, alimentou-o, e encheu-o de perguntas sobre a missão.

"Eu sabia que você conseguiria", disse Shelton. "Gary, estou orgulhoso de você."

Prado tinha a noção de que aquilo era também um grande sucesso de Shelton — e de que o major gostaria de ter estado no cânion El Churo e em La Higuera.

Mas La Esperanza tinha os seus consolos. A escola estava quase pronta: quatro salas novinhas em folha, além de um escritório para o professor. O treinamento para as tropas bolivianas mais experientes progredia bem. O vilarejo estava mais silencioso agora que todos os Rangers haviam partido. Segundo o plano, estava dentro do prazo. No Natal, todos já teriam ido embora, de acordo com Shelton.

E, no ano seguinte, por volta daquela época, Shelton não seria mais "major". Seria apenas "senhor".

Talvez isso salvasse o seu casamento. Ele estava saindo com a reputação em alta. A sua equipe pegara 650 homens e, num curto período de tempo, transformara-os na força de combate que capturou Che Guevara.

— Vai ser duro sair — disse Shelton — mas é hora de voltar para casa.

Era também a hora de Prado. Eles tiraram algumas fotos e prometeram manter contato.

— Desejo-lhe o melhor, major, em tudo o que venha a fazer — disse Prado.

— Igualmente, Gary — respondeu Shelton.

Depois que Prado saiu, Shelton pegou o seu violão e arranhou alguns acordes antes de seguir para o Quiosque do Hugo. Tinha vontade de celebrar.

Epílogo

Gary Prado Salmón senta-se atrás de uma escrivaninha em sua casa em Santa Cruz, e ouve pacientemente mais uma pergunta sobre Che Guevara. Por mais de quatro décadas, ele tem respondido a perguntas sobre o lendário revolucionário — e, de modo geral, elas são hoje uma versão das mesmas perguntas feitas pelas duas últimas gerações de jornalistas. Prado era o oficial do Exército boliviano que capturou Che.

Quando não está dando entrevistas, Prado tenta evitar o assunto. Che era apenas uma página de sua carreira. Ele seguiu em frente depois dali, diz, e realizou outras coisas além daquela — você não se aposenta como general do Exército se passar a carreira sentado. Mas, nesse dia, ele se abre com dois jornalistas americanos escrevendo outro livro sobre Che Guevara.

"Aquela foi apenas uma pequena parte da minha vida", insiste Prado. "Se vocês querem saber, Che fracassou miseravelmente na Bolívia. Mas, às vezes, não parece ter sido assim."

De fato, nos anos seguintes à sua morte, Che tornou-se uma figura mítica. A sua famosa imagem desafiadora, vestindo boina, está estampada em camisetas, pôsteres, canecas e chaveiros, mercadorias compradas e vendidas por consumidores que não têm ideia de quem foi Che ou do que ele representava.

Mais de quarenta anos depois da sua morte vergonhosa num fim de mundo boliviano, Che Guevara é um popstar.

Em lugar algum isso é mais evidente do que na Bolívia, o último país que ele aterrorizou. Os soldados que extinguiram a rebelião de Che estão esquecidos, e os vendedores bolivianos de suvenires passaram a lucrar com o mito. Dos mercados de rua das grandes cidades como La Paz e Santa Cruz, até as biroscas dos vilarejos rurais nas montanhas, a imagem de Che adorna camisetas e carteiras. O grande revolucionário tornou-se uma mercadoria capitalista.

Peregrinos atravessam a Ruta del Che (Rota Che Guevara), parando pelo caminho em cidades como Samaipata, Camiri e, é claro, La Higuera, onde o guerrilheiro foi morto.

Em La Higuera, um imenso busto de concreto de Che lança uma sombra sobre a escola onde foi executado. La Higuera tornou-se um santuário para seus admiradores.

Em Vallegrande, o Museu Che Guevara ergue-se orgulhosamente na praça da cidade. Ali, são guardadas fotografias e lembranças da campanha de Che na Bolívia, incluindo fotos explícitas de sua morte. A lavanderia do hospital em Vallegrande, onde o corpo de Che foi lavado e exibido, é outra atração turística, seus muros tendo sido convertidos numa ótima lousa para aspirantes a revolucionário, cujas armas são tinta spray e marcadores. A expressão "Che vive" está rabiscada nos muros das cidades e do interior.

Todo mês de outubro, no aniversário de sua morte, milhares de pessoas vão a Vallegrande para celebrar a memória de Che. As festividades incluem música e dança, palestras e discursos, exibições de arte e (é claro) suvenires.

Prado não sente nenhum afeto pelo combatente guerrilheiro há muito falecido, mas o seu nome está inextricavelmente ligado ao de Che. Nas matérias de jornal, Prado é identificado como "o homem que capturou o lendário revolucionário Ernesto 'Che' Guevara".

Ele prefere falar de sua família, de sua carreira militar, ou mesmo da história boliviana. Mas a conversa volta inevitavelmente a Che. Prado fora uma das últimas pessoas a falar com o homem.

"Havia tantas perguntas que eu queria lhe fazer", diz.

E tantas perguntas permanecem, 45 anos depois — muitas delas focadas no que aconteceu naqueles dois dias em outubro de 1967, quando um Che ferido se arrastava pela selva até a escola de La Higuera. Que palavras disse ele? Como foi tratado em La Higuera? Quem ordenou a sua execução?

Che Guevara é uma das figuras mais fascinantes e influentes do século XX. Como as pichações em todos aqueles muros bolivianos, as suas teorias sobre revolução apagaram-se, mas continuam legíveis. Seus manuais sobre como fazer a revolução e operações de guerrilha são datados, mas ainda relevantes. Ele é tido em alta conta em várias partes do mundo, especialmente na América Latina. Por mais estranho que possa parecer num mundo ocidental tomado pelo capitalismo, algumas pessoas ainda acreditam poder superar a pobreza e criar uma sociedade mais justa reunindo-se em cooperativas mutuamente benéficas.

Che é mais do que um ícone de camiseta. Ele é uma figura polarizadora. Para a esquerda, ele é um revolucionário romântico — um rebelde com causa. Para a direita, Che é um bandido comunista, que pretendia roubar os seus bens arduamente conquistados e entregá-los a parasitas sociais.

Quando decidimos escrever sobre Che, queríamos examinar o papel que a equipe das Forças Especiais do major Ralph "Pappy" Shelton desempenhou na campanha boliviana. A maior parte dos livros sobre a presença de Che na Bolívia contém umas poucas sentenças sobre a missão dos Boinas-Verdes, mas queríamos saber mais. Já escrevemos extensivamente sobre o Exército, especialmente sobre Forças Especiais. O coautor Kevin Maurer misturou-se às unidades dos Boinas-Verdes no Afeganistão, tendo escrito vários livros sobre missões das Forças Especiais.

Contudo, enquanto viajávamos pela Bolívia e conversávamos com dezenas de pessoas envolvidas na campanha, ou que viviam nos vilarejos da área de operações, descobrimos outra parte importante da história: a caçada humana. Por quase sete meses de 1967, o medo tomou conta da Bolívia, enquanto os soldados seguiam o rastro dos guerrilheiros. Os bolivianos ajudaram-nos a compreender como foi a vida durante aqueles meses — como eles acreditavam que a nação poderia ser tomada a qualquer momento por guerrilheiros comunistas. Seguiram cada momento da caçada humana pelos jornais e transmissões de rádio, e, assim como os norte-americanos se recordam de onde estavam no momento em que souberam dos ataques terroristas do 11 de Setembro, ou do assassinato do presidente John F. Kennedy, muitos bolivianos lembram da captura e da morte de Che como um momento marcante para eles.

Olhando retrospectivamente, é fácil compreender o medo deles. Os EUA dispunham de poucas informações preciosas sobre Che e seus passos. O alto-comando boliviano criou o caos ao alegar que Che possuía centenas de guerrilheiros cubanos bem-treinados. Àquela altura, fazia sentido. A reputação de Che como habilidoso líder de guerrilha o precedia. Ninguém imaginava que o seu "exército" fosse tão pequeno, mirrado e assustado, ou que ele já tivesse cometido uma série de erros que selariam o seu destino.

Che acreditava, com boa razão, que a Bolívia estava madura para a revolução. Considerada há tempos como o país que possuía o Exército mais fraco da América do Sul, a Bolívia tinha também uma história de golpes. O governo, especialmente o de Barrientos, era instável e frágil.

Para a sua operação, Che escolheu uma parte remota da Bolívia, de traiçoeira paisagem, tornando difíceis as manobras.

A região sudeste da Bolívia era esparsamente povoada, e as pessoas que lá viviam — os camponeses — eram desconfiadas em relação a forasteiros. As fases iniciais de uma revolução dependem da mobilização sigilosa de forças rurais contrárias ao governo. No entanto, os camponeses reportavam cada movimento dos guerrilheiros às autoridades. Assim foi descoberto inicialmente o bando de Che.

Se Che houvesse escolhido outra área para encenar a sua revolução — uma mais próxima às minas e redes urbanas de La Paz —, talvez tivesse tido uma chance. Havia um descontentamento real no país. Muitos estavam insatisfeitos por Barrientos ter subido ao poder. Os sindicatos enfrentavam o governo por melhores condições de vida e trabalho. Che poderia ter capitalizado sobre o massacre dos mineiros e os protestos que se seguiram. Em vez disso, ele ficou empacado numa parte inclemente do país, sem meios de difundir a sua mensagem.

Os militares bolivianos não sabiam, mas Che pulou de vilarejo em vilarejo para evitar ser detectado. Ele estava mais para fugitivo da polícia do que para comandante revolucionário.

Além disso, uma grave rixa irrompeu no seio do bando rebelde. Os comunistas bolivianos queriam liderar a revolução, mas Che insistia para que os cubanos se mantivessem no controle. Naquele momento, muitos comunistas bolivianos retiraram o seu apoio, deixando o exército de Che sem um canal de reabastecimento.

Mesmo no auge da fama, Che só liderou cerca de cinquenta guerrilheiros. Muitos deles — levados pelas incansáveis marchas de Che e por seu desejo de replicar a Revolução Cubana — ficaram tão desiludidos com a campanha que passaram a buscar meios de sair.

Um dos seus erros mais graves foi dividir as suas esquálidas forças guerrilheiras em dois grupos. Nos quatro meses finais da campanha, os dois grupos estavam constantemente em busca um do outro. Eles não se acharam mais. Foi assim que Che perdeu Joaquín, um de seus homens mais fiéis, um amigo que servira com Che desde Sierra Maestra, em 1958.

Como estudante de história, Prado ainda não compreendia muitos dos passos de Che. Eles desafiam a sabedoria militar convencional, diz. As suas estantes são repletas de livros sobre guerra e estratégia. Prado está aposentado e agora ensina história na universidade.

Ele tem a aparência de um general aposentado, com sua vasta cabeleira grisalha e o bigode bem aparado. Passa a maior parte dos dias em casa.

Prado está preso a uma cadeira de rodas. Em 1981, ele foi atingido nas costas enquanto lutava contra a tentativa de uma falange de extrema direita de tomar uma filial da Occidental Petroleum, na Bolívia. O tiro paralisou-o da cintura para baixo.

Também deu-lhe tempo para refletir sobre a sua vida e escrever um livro sobre a campanha de Che, intitulado *A derrota de Che Guevara: a resposta militar ao desafio da guerrilha na Bolívia*, no qual ele detalhava a reação do Exército de seu país à ameaça guerrilheira. O texto inclui as suas conversas com Che.

Ele entende por que o presidente René Barrientos Ortuño ordenou a execução de Che Guevara, mas gostaria que a justiça tivesse sido feita num tribunal boliviano. Por anos, teve de enfrentar alegações de que participara da morte de Che.

"Houve tantos rumores ao longo dos anos. Eles são falsos. É frustrante", diz Prado.

A derrota de Che ajudou a solidificar o governo de Barrientos. Mas, em abril de 1969, dezoito meses após a morte de Che, as hélices do helicóptero presidencial chocaram-se contra cabos de eletricidade sobre um cânion rural. Barrientos morreu no acidente.

O vice-presidente Luis Adolfo Siles assumiu, mas, como a maioria dos governos na Bolívia, o seu mandato durou pouco. O general Alfredo Ovando Candía subiu ao poder alguns meses depois, mas ele próprio foi deposto após um ano.

Ele morreu em janeiro de 1982.

Do bando de guerrilheiros de Che, apenas três saíram vivos da Bolívia. Em 22 de fevereiro de 1968, após cruzarem os Andes a pé, três guerrilheiros cubanos e dois bolivianos chegaram até a fronteira do Chile. O senador socialista chileno Salvador Allende acolheu os refugiados. Os dois guerrilheiros bolivianos decidiram permanecer dentro de seu país e foram mais tarde mortos pela polícia.

Regis Debray, o marxista francês, foi condenado em 17 de novembro de 1967 por ter feito parte da guerrilha de Che. Foi sentenciado a trinta anos de prisão, mas solto em 1970, após uma campanha internacional pela sua liberdade. As celebridades que o apoiaram incluíam nomes como Jean-Paul Sartre, André Malraux, general Charles de Gaulle e o papa Paulo VI.

Debray não desistiu de seus caminhos revolucionários. Ele buscou refúgio no Chile, onde entrevistou Allende e escreveu *A revolução chilena*. Regressou à França em 1973, depois do golpe de Augusto Pinochet. Ele está vivo e morando na França.

Alguns pagaram um preço alto por ajudar Barrientos. Em julho de 1969, num ato de vingança, comunistas balearam Honorato Rojas, o fazendeiro que traiu a patrulha perdida de Joaquín em Vado del Yeso.

Para o major Ralph "Pappy" Shelton, a missão boliviana foi o ponto alto de sua carreira militar.

Shelton deixou o Exército quando regressou ao Tennessee. Ele e Margaret acabaram divorciando-se. Mais tarde, ele se casou novamente.

Shelton foi para a faculdade. Obteve os títulos de bacharel e mestre na Memphis State University, e depois se tornou executivo do Escritório Federal de Gestão de Pessoal em Memphis.

Por doze anos, ele deu aulas no Corpo de Treinamento de Oficial de Reserva Júnior (JROTC), nas escolas da cidade de Memphis, e serviu durante cinco anos como diretor da Operação Vida Selvagem, um programa de acampamento de verão segundo os moldes da Outward Bound.*
Shelton foi eleito comissário da cidade de Sweetwater de 2000 a 2006.

Assim como os outros, Shelton foi contatado ao longo dos anos para falar sobre a missão boliviana. Ele colecionou fotos, livros e recortes de jornal sobre o programa de treinamento dos Rangers. Aquilo tudo o deixava orgulhoso, disse — aquilo que ele chamava de "uma clássica missão

---

* A Outward Bound é uma organização educacional sem fins lucrativos, pioneira mundial em educação experiencial ao ar livre. Foi fundada em 1941 no Reino Unido e hoje está presente em mais de trinta países, incluindo o Brasil. (*N. do T.*)

dos Boinas-Verdes". As técnicas de treinamento empregadas na Bolívia ainda hoje estão em uso no Afeganistão.

"Fizemos o que tinha de ser feito", recorda Shelton. "Transformamos esses garotos em soldados. A missão foi um sucesso total. Não poderia ter sido mais bem planejada e executada."

Ainda assim, nem todo mundo conhecia a dimensão total do papel de Shelton. Na maior parte dos livros de história sobre a campanha boliviana de Che, Shelton e a missão dos Boinas-Verdes estão reduzidos a uns poucos parágrafos. O foco recai sempre sobre Che Guevara.

Shelton morreu em julho de 2010. Ele deixou família e amigos, além de uma comunidade que lembra com carinho do comandante duro na queda que fazia as coisas do seu jeito. A escola em La Esperanza ainda está de pé.

Durante anos, muitos soldados das Forças Especiais que fizeram parte da missão boliviana não podiam falar sobre o assunto, considerado confidencial. Mas, com o tempo, as restrições afrouxaram, e os documentos foram liberados. Alguns dos homens resolveram se abrir.

"Nós fizemos uma boa coisa", disse Peterson, o médico. Ele confessa sentir ainda um "grande orgulho" de ter feito parte da captura de Che.

Todos os soldados das Forças Especiais do "Pappy" Shelton, incluindo Peterson, eventualmente deixaram o Exército. Um deles cumpriu a promessa que fizera a uma garota do vilarejo. Depois de terminada a missão, o sargento Alvin Graham retornou à Bolívia de licença e casou-se com Dorys Roca. Os moradores de La Esperanza relembram a comoção.

"Houve uma grande cerimônia na cidade quando ele voltou", contou Dioniso Valderomas, o fazendeiro que mantivera os olhos abertos com os soldados muitos anos antes. "Foi uma beleza."

Graham levou a sua mulher com ele para a base no Panamá. Permaneceu no Exército até 1970, e então virou professor do ensino médio em Phoenix, Arizona. Dorys Roca tornou-se cidadã norte-americana em 1971. Ela nunca mais voltou para La Esperanza.

Hoje, o vilarejo continua quase do mesmo jeito que em 1967. O engenho de açúcar e as construções usadas na missão estão vazios, às margens da cidade. Histórias sobre aquele período continuam a ser contadas. Dezenas de aldeões ainda lembram afetuosamente do major violeiro que, naquele verão, reunia a cidade no Quiosque do Hugo. La Esperanza anda quieta. Não há marcas a sugerir aos curiosos que, em 1967, uma equipe das Forças Especiais treinou recrutas bolivianos num sonolento vilarejo. É difícil imaginar que alguém de fora venha a se importar com aquilo.

"Nós sabemos o que aconteceu. Foi um período importante para o vilarejo", diz Valderomas, cujos quatro filhos estão crescidos, morando nas redondezas.

Para Mario Salazar, os seus dias em La Esperanza estavam entre os melhores da sua vida. Depois da campanha de Che, ele permaneceu no Exército por alguns anos, até sair como sargento. Ele voltou para a sua cidade, casou-se e teve dois filhos. Trabalhou duro como agricultor e peão e sustentou a sua família.

"Eu não tenho arrependimentos", disse ele.

Num dia de vento forte, em setembro, ele nos acompanhou até La Esperanza. Era a primeira vez em décadas que voltava ali. O seu rosto iluminou-se quando ele chegou à praça do vilarejo. Salazar saltou do carro e olhou ao redor. "Está a mesma coisa", disse.

Enquanto caminhava, apontava para locais familiares, incluindo aquele no qual se realizaram as danças. Às vezes, lágrimas escorriam-lhe pelos cantos dos olhos. Tudo ali o fazia lembrar da juventude perdida.

De volta a Santa Cruz, ele pediu uma cerveja boliviana. Ergueu a sua caneca, e disse "saúde" antes de dar um grande gole. Lambeu os beiços, pousou a caneca com a boca para baixo, e então ficou sério.

"Ninguém neste país aprecia o que fizemos", disse. "Só se fala de Che. Mas nós matamos Che. Nós o derrubamos. Mesmo na morte, ele ficou com toda a glória. Quando se pensa nisso, percebe-se que não temos nenhum crédito."

De volta a Miami, Rodríguez e Villoldo continuaram com as suas carreiras na CIA.

Rodríguez tornou-se cidadão americano em 1969. Ele participou de centenas de missões de helicóptero no Vietnã. Treinou unidades provinciais de reconhecimento para o Programa Phoenix, grupo de contrarrevolução mais tarde acusado de torturar e assassinar suspeitos de serem comunistas sul-vietnamitas.

Nos anos 1980, Rodríguez foi um personagem-chave no caso Irã-Contras — um complicado esquema de contrabando de armas para o Irã em troca de reféns norte-americanos mantidos na embaixada dos EUA em Teerã. Parte do lucro da venda de armas foi desviado para financiar os "Contras", guerrilheiros anticomunistas na Nicarágua.

Quando a trama veio à luz, criou-se um escândalo em Washington. Foram feitas audiências no Congresso para determinar se a administração do presidente Ronald Reagan sabia do plano.

Hoje, Rodríguez está aposentado. Ele é presidente da Associação de Veteranos da Brigada 2506 e diretor do conselho para o Museu e a Biblioteca da Baía dos Porcos, em Miami.

Nós chegamos numa manhã de outono para nos encontrarmos com Rodríguez no museu. Espremido nas cercanias do bairro de Little Havana, o museu lembra mais uma casa do que um memorial aos que se foram.

No interior, as paredes são revestidas de lembranças. Redomas de vidro estavam repletas de fotos dos soldados treinando e documentos sobre a missão. Armas e outros objetos da época estavam expostos em homenagem aos mais de cem homens mortos durante a fracassada invasão.

Vindo do seu escritório, Rodríguez nos encontrou no corredor. A sua pele guardava ainda aquela tonalidade bronzeada, e o cabelo grisalho mantinha-se impecável. Ele moveu-se silenciosamente, qual um gato, enquanto nos conduzia para o seu escritório. Após vários e-mails trocados, ele tinha concordado, não sem relutância, em nos encontrar. Assim como Prado, ele já falara muitas vezes sobre a missão, tendo também publicado um livro sobre a sua longa carreira na CIA.

Sentado ali, Rodríguez recordou o seu período na Bolívia, o planejamento e a coleta de informações. Fora um jogo de xadrez, disse ele, tentar antecipar o próximo movimento de Che.

Ele ainda se arrepende de não ter feito mais para salvar a vida de Che.

Villoldo ainda trabalhou para a CIA na América Latina e no Caribe antes de deixar a agência em 1988. Agora ele é um executivo de companhias de pesca, finanças e desenvolvimento. Villoldo nunca parou de enfrentar Castro, acabando por conseguir uma nova vitória em 2009: um juiz federal concedeu a Villoldo mais de um bilhão de pesos em indenização contra o governo cubano pelo suicídio de seu pai. Cuba ainda não havia pagado a quantia. A ação judicial foi mais simbólica do que qualquer outra coisa. É improvável que Cuba vá um dia pagar a indenização.

A despeito de sua bem-sucedida parceria na Bolívia, Villoldo e Rodríguez já não se falam mais.

"Infelizmente, nos últimos anos Villoldo começou a alegar ter sido o chefe da operação, e eu, o seu operador de rádio", contou Rodríguez. "O nosso chefe era o Diretor de Casos americano."

Ele fez uma pausa.

"É triste. Villoldo e eu éramos muito bons amigos, e eu guardo lembranças carinhosas de nossa viagem à Bolívia", disse Rodríguez.

Até hoje, Che permanece um ícone da mudança radical em todo o mundo. A sua imagem romântica, enriquecida por sua morte prematura e violenta, e pelo poder da mídia internacional, permitiu que o seu apelo transcendesse linhagens ideológicas.

E é essa figura romântica que é retratada em livros e filmes.

O escritor Christopher Hitchens disse certa vez que "o estatuto de ícone foi garantido porque ele fracassou. A sua história versa sobre derrota e isolamento, e por isso é tão sedutora. Se ele tivesse sobrevivido, o mito Che já estaria morto há muito tempo".

Talvez. O modo como se enfrenta a morte diz muito sobre o homem. Quando Che viu o seu carrasco entrar na escola, ele não vacilou. Disse ao soldado: "Eu sei que você veio me matar. Atire, covarde! Você estará apenas matando um homem." O carrasco obedeceu. Che morreu sozinho com uma saraivada de balas. Até mesmo anticomunistas ferrenhos admiraram a maneira como ele encarou a morte — sem remorsos e desafiador até o fim.

O diário de Che, relatando o dia a dia da campanha boliviana, só fez contribuir com a lenda. Ele fora um escritor prolífico — amigos dizem que ele levava sempre consigo um caderno e uma caneta, sendo disciplinado o bastante para escrever todos os dias. Depois da sua morte, o diário foi contrabandeado para Cuba, onde virou uma sensação editorial. Os escritos de Che possuem uma clareza que contradiz a sua campanha. Em 10 de setembro, lê-se no diário: "Um dia ruim. Começou promissor, mas depois, como resultado do péssimo estado da trilha, os animais passaram a resistir. No fim das contas, a mula recusou-se terminantemente a prosseguir, e tivemos de deixá-la de lado." Ele continuava: "Eu cruzei o rio com a mula, mas, ao fazê-lo, acabei perdendo os meus sapatos. Agora estou usando sandálias, e não posso dizer que gosto disso." Ele encerrava o dia comentando: "Esqueci-me de destacar um evento. Hoje, depois de mais de seis meses, eu tomei banho. Este é um recorde do qual vários outros já estão se aproximando."

No fim, o legado de Che remete a uma outra época, quando o combate ideológico travava-se entre a democracia e o comunismo. Hoje, as fronteiras são menos nítidas. O capitalismo superou a democracia em casa, e a ameaça "externa" vem de fanáticos religiosos dispostos a lançar aeronaves em prédios ou explodir a si próprios em postos de verificação.

Um dos mistérios finais sobre o falecimento de Che levou trinta anos para ser solucionado: onde estava o seu corpo?

Em 1995, o general boliviano aposentado Mario Vargas revelou a Jon Lee Anderson, autor de *Che Guevara: uma vida revolucionária*, que o corpo de Guevara estava enterrado próximo a uma pista de pouso em Vallegrande.

O resultado foi uma busca multinacional que durou mais de um ano. Em julho de 1997, uma equipe de geólogos cubanos e antropólogos forenses argentinos descobriu os restos mortais de sete corpos em duas covas anônimas, incluindo o de um homem com as mãos amputadas.

Em 17 de outubro de 1997, os restos mortais de Guevara, junto aos de seus seis companheiros combatentes, foram sepultados com honras militares num mausoléu especialmente construído na cidade cubana de Santa Clara, onde Che conduzira uma vitória militar decisiva da Revolução Cubana.

A quilômetros dali, em Havana, um painel de aço de Che, com altura de um prédio de cinco andares e pesando 17 toneladas, cobre a fachada da sede do Ministério do Interior, na Praça da Revolução.

A sua monumental imagem é agora o cenário para os discursos de Fidel, um ícone da capital cubana.

O homem que serviu Cuba como general, banqueiro, herói e mártir da revolução desempenha agora uma função essencialmente capitalista.

Ele é uma logomarca.

Posfácio

Por que a caçada a Che importa nos dias de hoje

Ahmed arreganhou um amplo sorriso amarelo e indicou com a cabeça um boné de beisebol sobre a mesa do Centro de Operações.

Com a sua espessa barba negra e o corpo esquelético, Ahmed parecia um esfregão em trajes camuflados. Enquanto esperava que eu dissesse a palavra em língua *pashtu*, as suas sobrancelhas ergueram-se até o alto da testa. Se subissem mais, acabariam parando na nuca.

Eu sorri e disse "boné" em *pashtu*. Ele acompanhou-me, dizendo a palavra em inglês.

Ele se mostrava feliz porque vencia a brincadeira. Estava prestes a derrotar "o coroa" em nosso jogo de sagacidade, intelecto e choque cultural.

Brincávamos essencialmente de "mostre e conte", mas, na nossa versão, as Forças Especiais e os soldados afegãos competiam para ver quem era capaz de descrever os objetos escolhidos pela equipe adversária, e traduzir as palavras para o inglês ou para o *pashtu*. Quem conseguisse traduzir mais num rol de vinte objetos ganhava um engradado de Gatorade ou de bebidas energéticas.

A brincadeira, que serviu para quebrar o gelo assim que a minha equipe chegou pela primeira vez, tornou-se tão popular que, em pouco tempo, eu era bombardeado por afegãos em volta do meu caminhão apontando para revistas sobre armas, lápis, pão, copos, facas ou quaisquer objetos com os quais eles julgavam poder me desafiar, valendo um chiclete ou um doce. O jogo era um exercício na construção de relações, que criava não apenas entendimento cultural, mas também amizade, além de expandir o vocabulário e fornecer aos afegãos um aprendizado do inglês.

Eventualmente, ele evoluiu ao ponto de virar uma boa desculpa ou oportunidade para se partilhar uma refeição em comum, em que se disputava o direito de ser o campeão da base por toda a semana. Em dado momento, a coisa ficou tão comentada que outras unidades afegãs vinham até a base para brincar também. Algumas dessas unidades tentavam introduzir colegas de outras bases.

O jogo, assim como o violão do "Pappy" Shelton na Bolívia, é uma prova sólida de que, em qualquer situação, é possível criar laços entre pessoas vindas de lados extremos do planeta por meio da combinação de camaradagem, boa comida, diferenças culturais e uma guerra contra um inimigo comum.

As equipes das Forças Especiais dos EUA são recursos estratégicos. Há muitas forças de "Operações Especiais" — mas as Forças Especiais são algo único. Qualquer unidade pode ser transportada de helicóptero até um objetivo e lutar por uma hora ou duas, mas nem toda unidade possui a gama de capacidades para construir ou destruir um país inteiro. Treinar e formar exércitos é uma das ações fundamentais que compõem a singularidade das Forças Especiais.

Mesmo hoje, os soldados das Forças Especiais empregam as mesmas técnicas consagradas utilizadas por Shelton e sua equipe em 1967. Enquanto você lê estas páginas, equipes das Forças Especiais em quase todos os continentes do mundo realizam a mesma missão cumprida pela equipe de Shelton na Bolívia.

O que Shelton fez na Bolívia foi uma ação clássica de Defesa Interna no Estrangeiro (FID),* que tem sido imitada por todo líder de equipe das Forças Especiais desde então, com graus variados de sucesso. Desde que as unidades foram criadas, há mais de cinquenta anos, as equipes das Forças Especiais vêm tendo sucesso em treinar soldados para lutar contra a tirania e a opressão no Vietnã, na Colômbia e no Afeganistão, para citar apenas uns poucos.

---

* No original: Foreign Internal Defense. (*N. do T.*)

Boinas-Verdes treinados na língua e na cultura do país anfitrião estão trabalhando por, com e através dos soldados nativos para conduzir a política norte-americana. Neste caso, como em tantos outros envolvendo as Forças Especiais, os homens da história eram do mais alto calibre e gabarito, capazes de executar uma operação altamente delicada e confidencial para os governos boliviano e americano.

Mas o que distingue a missão de Shelton e a faz tão impressionante é que, ao contrário do que ocorre no Afeganistão de nossos dias, os Boinas-Verdes de Shelton não puderam acompanhar os bolivianos. Tiveram de confiar no treinamento e torcer para que os Rangers soubessem se portar sob pressão. E eles souberam, mas o seu sucesso teve início meses antes, quando Shelton, violão em punho, começou a sedimentar a relação que forjaria amizades para a vida toda.

O pessoal das Forças Especiais é extremamente sensível às implicações políticas e aos interesses nacionais afetados por suas ações, decisões e missões cumpridas. Um claro entendimento por parte da população é o que define o sucesso ou fracasso de uma missão. Vejam a relação de Shelton com Prado. Eu tive uma experiência similar no Afeganistão.

Shinsha era meu correspondente afegão durante a minha missão em 2006. Ele tinha um ávido interesse pelas coisas da América, assim como eu pelas coisas afegãs. Ele costumava visitar-me em meu quarto, onde nos sentávamos e passávamos horas tomando chá preto e forte, ou o verde, de nome "chai", conversando sobre nossas famílias, sobre onde iríamos depois da guerra, e sobre o nosso adorado Buzkashi. Buzkashi significa "agarramento de cabra" e é essencialmente uma violenta mistura de polo com rodeio. É especialmente associado às tribos afegãs Tajik e Uzbek do norte, e considerado o esporte nacional do Afeganistão.

Shinsha enfrentava os combatentes do Talibã e da Al Qaeda desde 1995, e os soviéticos antes disso. Era um homem que impunha e merecia respeito. Eu sabia que a sua amizade e apoio permitiriam que a minha equipe cumprisse a missão. Numa noite em particular, eu passara já o dia inteiro na cidade de Kandahar tomando chai com o governador da província, e já não aguentava mais. Sabendo que eu ficaria acordado a noite inteira, decidi introduzir Shinsha no maravilhoso mundo do café expresso. Logo depois da sua chegada, começamos a preparar o fervilhante xarope negro na minha pequena máquina. A sua expressão após a primeira xícara foi a de quem percebia que algo incrível faltara em sua vida por todo esse tempo. Ele desenvolveu tal afinidade pelo líquido na xícara que passou a vir ao meu quarto várias vezes por semana, a fim de tomar um trago daquele combustível escaldante antes de sair em patrulha.

Depois de saber que ele partiria em breve para visitar a família e ver o seu filho disputar a próxima temporada do Buzkashi, presenteei-o com o melhor que eu tinha, a minha máquina prateada de fazer expresso e um grande contêiner amarelo com pó de café. Ele quase quebrou-me as costelas ao arrancar a bolsa da minha mão, e seguiu para norte rumo a Kabul. Quase um mês depois, Shinsha apareceu na minha porta trazendo um grande objeto embrulhado num cobertor de lã. Ciente de que eu jamais iria a Kabul ver fisicamente o jogo com ele, Shinsha trouxe uma sela que fizera especialmente para mim. Eu tive de prometer que, um dia, quando a guerra estivesse terminada, voltaria ao Afeganistão e, se ambos estivéssemos vivos, jogaria o grande jogo do Buzkashi com o meu velho amigo e guerreiro.

Se o esforço da FID é bem-sucedido, ele essencialmente evita a necessidade de intervenções de maior escala das forças militares norte-americanas. Ao treinar o 2º Batalhão Boliviano de Rangers para realizar uma operação básica de combate e contrarrevolução, os EUA estariam aptos a ajudar a Bolívia a construir uma parceria e as capacidades para lidar com ameaças internas presentes e futuras.

Planos podem ser feitos, homens organizados e equipados, mas a real culminação do treinamento, a execução final de cada missão, e o seu sucesso ou fracasso recaem diretamente, em última instância, sobre os ombros dos homens responsáveis por executá-la. A seleção de uma equipe das Forças Especiais dos EUA para treinar o recém-estabelecido 2º Batalhão Boliviano de Rangers foi a decisão certa, no momento certo, para lidar com a crescente ameaça. O que fez a missão funcionar foi a experiência e a maturidade dos membros da equipe das Forças Especiais e do seu comandante.

Shelton era o tipo de líder que os homens, e eu me incluo nisso, aspiram ser, ontem, hoje e sempre. Eu tive a honra de conversar com "Pappy" dois anos atrás. Eu estava completamente admirado pela maneira altruísta com a qual ele servira o país, e por sua dedicação à equipe e à missão. Shelton não estava disposto a comprometer a sua missão e os seus homens em nome de ascensão profissional, nem tampouco fazer-se de importante em busca de promoção. Ele era da velha guarda, veterano de muitos conflitos que o forçaram a dominar os fundamentos, fornecendo-lhe as ferramentas para ser bem-sucedido onde quer que o seu país o enviasse. Para "Pappy", a missão e os homens vinham nessa ordem, e ele faria o que fosse preciso no campo de batalha para garantir o sucesso da missão, mesmo que isso significasse passar ao redor, por baixo, por cima ou através de pessoas que servissem de obstáculo.

Missões como aquela, e homens como Shelton, deveriam ser celebrados e honrados por todos aqueles que conquistaram e vestiram a boina verde, porque a cada dia nós seguimos as suas pegadas.

Major Rusty Bradley,
Forte Bragg, Carolina do Norte
Novembro de 2012

Agradecimentos

Este livro levou dois anos para ser feito.

Começamos e paramos muitas vezes antes de, finalmente, botarmos a mão na massa, mas, como em todos os livros, o autor é apenas um membro de uma grande equipe. Queremos agradecer a um sem-número de pessoas que nos ajudaram ao longo do caminho, incluindo os historiadores que, antes de nós, descobriram e arquivaram os documentos e registros necessários para se escrever esta história.

Gostaríamos de agradecer a Félix Rodríguez por haver permitido que o entrevistássemos durante horas em Miami, bombardeando-o com perguntas sucessivas. Um agradecimento especial vai para Gary Prado, que nos abriu a sua casa e nos ajudou a localizar os seus companheiros de unidade na Bolívia. O livro de Prado, assim como o de Rodríguez, forneceu uma grande riqueza de informações, e só fez realçar as histórias contadas nas entrevistas.

Nenhum guia e companheiro de viagem pelo sertão boliviano poderia ter sido melhor que Noah Friedman-Rudovsky. Sem Noah, nós estaríamos tão perdidos quanto Che. Agradecemos também a Judy Royal pelas transcrições de entrevistas, e ao Escritório de Relações Públicas do Comando de Operações Especiais do Exército dos EUA, especialmente a Carol Darby, pela tentativa de remexer algo de sua informação arquivada. Os profissionais desse escritório realmente servem aos soldados do comando.

Agradecimentos especiais para Julie Reed e Rebekah Scott. Reed, incrivelmente eficiente no campo da pesquisa, ajudou a localizar documentos cruciais. Scott forneceu orientação perspicaz e sabedoria no decorrer do trajeto.

Gostaríamos de expressar gratidão às nossas esposas — Suzyn Weiss e Jessica Maurer. Nós passamos muitos finais de semana e longas noites trabalhando. Sem a sua paciência, amor e compreensão, não poderíamos ter escrito o livro.

Finalmente, nenhum de nossos livros existiria sem o nosso agente Scott Miller, do Trident Media Group, que reconheceu a importância da história. Agradecemos também ao Penguin Group, especialmente na pessoa de Robin Barletta, por todo o suporte editorial. Nossa editora, Natalee Rosenstein, continua nos ajudando a refinar os manuscritos e a torná-los melhores. O melhor amigo de um escritor é um bom editor, e é isso que Natalee tem sido para nós.

Referências

LIVROS

Anderson, John Lee. *Che Guevara: A Revolutionary Life*. Nova York: Grove Press, 1997.

Castaneda, Jorge G. Companero. *The Life and Death of Che Guevara*. Nova York: Alfred A. Knopf, 1997.

Castro, Fidel. *Che. A Memoir*. Nova York: Ocean Press, 2005.

Debray, Regis. *Revolution in the Revolution*. Nova York: Grove Press, 1967.

Escalante, Fabian. *The Secret War: CIA Covert Operations Against Cuba 1959-1962*. Nova York: Ocean Press, 1995.

Farcau, Bruce. *The Chaco War: Bolivia and Paraguay, 1932-1935*. Westport, CT: Praeger Publishers, 1996.

Fontova, Humberto. *Exposing the Real Che Guevara: And the Useful Idiots Who Idolize Him*. Reimpressão. Nova York: Sentinel Trade, 2008.

Gotkowitz, Laura. *A Revolution for Our Rights: Indigenous Struggles for Land and Justice in Bolivia, 1880-1952*. Durham, NC: Duke University Press, 2008.

Guevara, Che. *The Bolivian Diary of Ernesto Che Guevara*. Nova York: Pathfinder Press, 1994.

―――――. *Guerrilla Warfare*. 3ª edição. Wilmington, DE: Scholarly Resources, Inc., 1997.

―――――. *The Motorcycle Diaries: Notes on a Latin American Journey*. Sal Val, 2003.

Harris, Richard. *Death of a Revolutionary. Che Guevara's Last Mission*. Nova York: W. W. Norton & Company Ltd., 2007.

John, S. Sándor *Bolivia's Radical Tradition: Permanent Revolution in the Andes*. Edição reimpressa. Tucson, AZ: University of Arizona Press, 2012.

Klein, Herbert S. *A Concise History of Bolivia*. 2ª. edição. Cambridge University Press, 2011.

Rasenberge, Jim. *The Brilliant Disaster: JFK, Castro, and America's Doomed Invasion of Cuba's Bay of Pigs*. Edição reimpressa. Nova York: Scribner, 2012.

Rodríguez, Félix, and John Weisman. *Shadow Warrior: The CIA Hero of a Hundred Unknown Battles*. Nova York: Simon & Schuster, 1989.

Ryan, Butterfield Henry. *The Fall of Che Guevara: A Story of Soldiers, Spies and Diplomats*. Nova York: Oxford University Press, 1998.

Salmón, Gary Prado. *The Defeat of Che Guevara. Military Response to Guerrilla Challenge in Bolivia*. Westport, CT: Praeger Publishers, 1990.

Villoldo, Gustavo. *Che Guevara. The End of a Myth*. Rodes Printing, 1999.

ARQUIVOS E DOCUMENTOS

After Action Report of MTT BL-404-67x.

Anti-Government Activity in Bolivia. Relatório da CIA, 21 de agosto de 1964.

Bolivian Demonstrations Most Serious in Fourteen Years. Relatório da CIA, 30 de outubro de 1964.

Bolivian Government Imposes Strict Control Over Opposition. Relatório da CIA, 25 de setembro de 1964.

Bolivian Junta Leader Prepares to Be Elected President. Relatório da CIA, 15 de janeiro de 1965.

Bolivian Junta Moves to Win Public Support. Relatório da CIA, 20 de novembro de 1964.

Bolivian Junta Still In Control. Relatório da CIA, 13 de novembro de 1964.

Bolivian Power Struggle Threatens New Violence. Relatório da CIA, 26 de março de 1965.

Castro's Excesses Alienating Other Latin American Countries. Relatório da CIA, 19 de novembro de 1959.

Increasing Difficulties of the Bolivian Government. Relatório da CIA, 14 de maio de 1965.

Kornbluh, Peter. *The Death of Che Guevara Declassified.* National Security Archive Electronic Briefing Book nº 5, 1997.

Lyndon Baines Johnson Library, Austin, Texas. *Memorandum of Understanding Concerning the Activation, Organization and Training of the 2nd Ranger Battalion,* 1967.

National Archives and Records Administration, Washington, D.C. Este arquivo inclui documentos da CIA, do Exército dos EUA, do Departamento de Defesa e inteligência militar a respeito da guerra de guerrilha de Ernesto "Che" Guevara na Bolívia e a resposta do governo norte-americano.

National Security Archive, Washington, D.C.

Pressure Growing for Bolivian Junta Chief's Resignation. Relatório da CIA, 19 de março de 1965.

Situation and Prospects in Cuba. Relatório da CIA, 5 de agosto de 1964.

The Che Guevara Diary. Relatório da CIA, dezembro de 1967.

The Crisis USSR/Cuba. Relatório da CIA, 26 de outubro de 1962.

The Fall of Che Guevara and the Changing Face of the Cuban Revolution. Relatório da CIA, 18 de outubro de 1965.

The Situation in Bolivia. Relatório da CIA, 14 de setembro de 1967.

Threats to Barrientos Regime in Bolivia. Relatório da CIA, 28 de maio de 1965.

Turmoil in Bolivia. Relatório da CIA, 6 de novembro de 1964.

Waghelstein, John D. *A Theory of Revolutionary Warfare and Its Application to the Bolivian Adventure of Che Guevara.* Dissertação de mestrado. Cornell University, 1973.

PERIÓDICOS

"Bolivia: Operation Cynthia." *Time,* julho de 1967.

"Bolivia: The Case of Regis Debray." *Time,* 1º de setembro de 1967.

"Bolivia: Unwitting Betrayal." *Time*, novembro de 1967.

"Cuba: Come Out, Come Out Wherever You Are." *Time*, junho de 1965.

"Latin America: Elusive Guerrilla." *Time*, 29 de setembro de 1967.

"Latin America: End of a Legend." *Time*, 20 de outubro de 1967.

Moyano Martin, Dolores. "A Memoir of the Young Guevara." *New York Times Magazine*, 18 de agosto de 1968.

Ray, Michele. "The Execution of Che by the CIA." *Ramparts*, 6 de março de 1968.

Shelton, Ralph. "Advice for Advisers." *Infantry Magazine* 54 (julho/agosto de 1964).

St. George, Andrew. "How the U.S. Got Che." *True*, abril de 1969.

Veritas: Journal of Army Special Operations History, PB-31-05-2. Vol. 4, nº 4 (2008).

Waghelstein, John. "Che's Bolivian Adventure." *Military Review* 59, agosto de 1979.

JORNAIS

Associated Press
Miami Herald
New York Times
Reuters
Times (Londres)
United Press International
Washington Post

Índice

2506, Brigada. *Ver* Brigada 2506
2º Batalhão de Rangers, 13, 257-258
    acampamento de treino para, 103-104, 109-111, 123-124, 155-156, 174
    armas para, 128-129
    atiradores de elite em, 129
    Barrientos Ortuño e, 121-122
    companhia A, 185, 192, 193
    companhia B, 178-179, 184, 184-185, 192, 193-200, 217
    companhia C, 154, 156, 183, 188, 236
    cuidado médico para, 111-112, 152
    em Vallegrande, 183-186
    Forças Especiais e, 51, 53, 77-79, 87-88, 93-94, 123-125, 127-131, 142-147, 152-156, 173-174, 179
    graduação de, 178
    guerrilheiros e, 157-162, 168, 174-175, 171, 183-186, 188-189, 191, 199-202, 217, 233, 235, 237, 240
    intermediário para, 94-95, 104-105, 123-126
    manobras noturnas, 109, 123, 130, 155
    mortes na, 152
    munição para, 103-104, 129
    oficiais de inteligência na, 129-130
    presentes para, 171
    prontidão da, 173-175, 176-177
    rações para, 104, 188-189
    recreação para, 151-152, 153
    Rostow sobre, 238
    saneamento rural para, 106
    Zenteno Anaya e, 174, 183, 184
4ª Divisão, forças armadas bolivianas, 27, 34, 37-38, 138
8º Grupamento das Forças Especiais
    MTT, 51, 75, 78
    OPCEN, 76

A derrota de Che Guevara: a resposta militar ao desafio da guerrilha na Bolívia (Prado Salmón), 247
A Revolução Chilena (Debray), 248
Abra del Picacho, Bolívia, 191, 193
Abraham, Moises, 231
Academia Militar, 58
Acuña Núñez, Juan Vitalio. *Ver* Joaquín
Aeroporto Internacional de El Alto, Bolívia, 23
Afeganistão, 245, 256-257, 258
agarramento de cabra (buzkashi), 257
Agência Central de Inteligência (CIA).
    Ver também funcionários específicos da CIA

Debray e, 71-72
em La Paz, 213
escritório da CIA para Assuntos Contemporâneos na América Latina, 52
estações de rádio para, 139
Rodríguez, F., e, 83-89, 133-37, 213-214, 218, 226, 232-233, 237, 250-251
sobre Che, 45-46, 238-239
Villoldo e, 86, 88, 133-134, 135-136, 203, 250-252
Agência dos Estados Unidos para o Desenvolvimento Internacional (USAID), EUA, 105, 126
Agência Norte-Americana de Inteligência e Defesa, 216
Agências de inteligência, 65-66
Aguirre Palma, Guillermo, 236
Alamo, Texas, 156
Aliança para o Progresso, EUA, 56
alimentação, 104, 188, 189
Allende, Salvador, 248
Alto Seco, Bolívia, 184
Amézaga, Ruben, 18, 30, 42
Anderson, Jack, 141-142
Anderson, Jon Lee, 253
antenas, 201
antiofídico, 157
Antonio (Orlando Pantoja), 15, 167, 215, 223
Argélia, 45
Argentina, 66, 143-144, 151
armamentos
captura de, 33-34, 62, 119
da Argentina, 65
dos EUA, 63
metralhadora M-1919 A6, 128
morteiros, 129
munição para, 103-104, 129, 200
na Guerra do Vietnã, 67
para o 2º Batalhão de Rangers, 128-129
Arturo (René Martínez Tamayo), 15, 215
asilo, 136-137
asma, 232
assassinato, 36-37
atiradores de elite, 129
avião bombardeiro B-26, 135
avião C-130, 103

avião C-46, 103
avião C-47, 163
avião PT-6, 202
avião T-6, 193
Ayala, Jorge, 18, 60
Ayoroa Montaño, Miguel, 17
Che e, 199, 208-209, 225
interrogatório por, 186

Baía dos Porcos, Cuba
Kennedy e, 85, 149, 150, 199
Museu e Biblioteca, 251
Stevenson e, 85
suporte aéreo em, 85, 135, 136
União Soviética e, 149-150
barbeiros (insetos), 112
Barrientos Ortuño, René, 16
2º Batalhão de Rangers e, 121-122
Che e, 35-36, 37-38, 43-44, 115, 140, 142, 186, 188, 214, 216, 217, 235
Debray e, 73, 74
declaração de, 38, 39
golpe de, 35, 37-38, 63-64, 101-102
governo de, 245
Henderson e, 51, 63, 66-67, 113, 115, 143-145
Hughes sobre, 239
lei marcial por, 112, 113, 142, 143
mídia sobre, 121, 143-144, 145
morte de, 247
Ovando Candía e, 99-100, 101, 103, 134, 216-217
Prado Salmón e, 41-42, 43, 44, 46-47
Rodríguez, F., e, 135, 138
tentativa de assassinato de, 36-37
vida pregressa de, 186, 187
Villoldo e, 135, 136-137, 138-140, 218
Base Howard da Força Aérea, Panamá, 75
Batista, Fulgencio, 14, 44, 83-84
Belmonte Ardile, Jorge, 16, 216
Beni, Bolívia, 186
Bide, Tamara Bunke. *Ver* Tania
Boinas-Verdes. *Ver* 2º Batalhão de Rangers; Forças Especiais
Bolívar, Simón, 206-207
Bolívia. *Ver também* 2º Batalhão de Rangers
Abra del Picacho, 191, 193

Aeroporto Internacional de El Alto, 23
ajuda financeira para, 100
Alto Seco, 184-185
Argentina e, 65, 144-145
Beni, 186
Brasil e, 65
brutalidade em, 88
Camiri, 27-28, 34, 37, 64
cânion El Churo, 191-198, 215, 216
cânion La Tusca, 193-194
cânion Santo Antonio, 185, 193
Catavi, 113
Che sobre, 206-207, 221
classe dirigente de, 41
Cochabamba, 187
comunismo em, 37, 52, 65, 146, 239, 246
cordilheira do Illimani, 26
Cuba e, 45
economia de, 100, 134-135
estrume em, 36
forças armadas, 27-34, 37-38, 47, 64, 65, 67, 98, 100, 102, 103-104, 121, 132, 138, 152, 153, 237
golpe em, 35, 37-38, 63-64, 101-102
Guerra do Chaco, 36, 42, 99
Hospital Nuestra Señora de Malta, 163, 230
Hotel Teresita, 233
imprensa de, 43, 62, 63, 71, 147, 230, 231
independência de, 37
índios em, 37
inteligência norte-americana em, 67-68
La Esperanza, 13, 17, 55, 56-58, 77, 78, 79-81, 94-97, 102-108, 127, 128, 148-149, 152-153, 154, 241, 248-249
La Higuera, 18, 175, 185, 186, 191, 192, 198, 199, 200, 203-204, 209, 214, 244
La Paz, 23, 24, 25, 112-113, 134, 139, 146, 216, 223, 232
Lagunillas, 29
lei marcial em, 65, 112-113, 142-143
Loma Larga, 191
mina Siglo XX, 113
mineração em, 63, 101, 112, 113, 134

Muyapampa, 69, 70
opressão em, 206, 207
Palacio Quemado (residência presidencial), 134
prisioneiros em, 213, 217
Pucara, 174-176, 188
Rádio Nacional, 178
revolução em, 36-37, 101, 207
rio Grande, 29, 159, 162
rio Iripiti, 60
Rostow sobre, 113-114, 187-188
Samaipata, 117-120, 135, 151, 187
Santa Cruz, 37, 42, 77, 120, 138, 148
Serrano, 209
sindicatos em, 65, 101, 112, 134
sublevações em, 36, 63, 64, 101
supremo comando boliviano, 218, 224
Tatarenda, 28, 29
tentativa de levante falangista em, 247
Vado del Oro, 185
Vado del Yeso, 17, 18, 159-162, 167, 247
vale do rio Nancahuazu, 17, 27, 34, 36, 59, 63, 145, 146
Vallegrande, 163, 175, 183-186, 196, 201- 203, 214, 229, 230, 237, 243
Bowdler, William, 237
Bradford, Pensilvânia, 126
Brasil, 65
Braulio (Israel Reyes Zayas), 167, 168, 170
Bravo, Erwin, 18, 94, 95
Brigada 2506
   Associação de Veteranos, 250
   captura da, 149
   Rodríguez F., em, 84-85, 134-137, 222
Browning. 30, 128
brutalidade, 88
Bustos, Ciro Roberto, 15, 73, 168
   captura de, 70, 71
   divulgação por, 145-146
   na imprensa, 72
Buzkashi (agarramento de cabra), 256

caderno de códigos, 214
Camba (Orlando Jiménez Bazán), 14, 185-186

câmeras, 213, 232
Camiri, Bolívia, 27-28, 34, 37, 64
camponeses, 28
cânion El Churo, Bolívia, 191, 198, 215, 216
cânion La Tusca, Bolívia, 192, 193
cânion San Antonio, Bolívia, 185, 192
Carillo, Jose. *Ver* Paco
Carmichael, Stokely, 151
Caso Irã-Contras, 250
Castillo Chávez, José. *Ver* Paco
Castro, Fidel, 14
    Che e, 44, 45, 114, 150, 222, 239-240
    Debray e, 70
    loas a, 239-240
Castro, Raúl, 45
Catavi, Bolívia, 113
Centro de Operações (OPCEN), 76
Chancho (porco), 114
Chang Navarro, Juan Pablo. *Ver* Chino
Chapa, Daniel, 13
    com a companhia C, 154- 155
    Hapka e, 156, 157
    picada de cobra em, 155-156
    sobre higiene, 106
    treinamento com armas por, 128, 129
    Valderomas e, 156-157, 158
Che. *Ver* Guevara, Ernesto "Che"
Che Guevara está na Bolívia?, 115
Che Guevara: uma vida revolucionária (Anderson, J.), 252-253
"Che Vive", 244
Chile, 36, 248
chinês, 232, 233
Chino (Juan Pablo Chang Navarro), 14, 118, 169, 209, 233
Choque, Valentin, 197
CIA. *Ver* Agência Central de Inteligência
classe dirigente, 41
Cochabamba Bolívia, 187
Coco (Robert Peredo Leigue), 15, 175
coletivos, 244
Comando Sul (SOUTHCOM), EUA, 50-51, 67, 121, 238
Comibol, 134
Comitê Central do Partido Comunista Cubano, 170
companhia A, 185, 192, 193

companhia B, 178-179, 184-186, 191-200, 216
companhia C, 154-155, 156, 184, 187, 236
comunicação
    correspondência, 214
    da guerrilha, 167-168, 168, 214
    rádio, 80, 88-89, 138, 178, 193, 201, 209, 213, 216
    telefone, 216
    telégrafo, 118, 1843, 189
comunismo, 89
    Comitê Central do Partido Comunista Cubano, 170
    democracia e, 252
    Henderson sobre, 52
    Legião Caribenha Anticomunista, 84
    na Bolívia, 37, 52, 65, 146, 239, 246
    Partido Comunista Boliviano, 239, 246
    Rodríguez, F., sobre, 148, 149, 166
conferência da Organização Latino--Americana de Solidariedade (OLAS), 150-151
conferência de imprensa, 237
confisco, 140
Construção Bartos, 126
contrarrevolução, 46, 47, 50
    através de projetos cívicos, 105
    Kennedy e, 58
    veículos para, 100
contras, 250
cordilheira do Illimani, Bolívia, 26
Corinth, Mississípi, 13, 49, 55, 56
Corpo de Treinamento de Oficial de Reserva Júnior (JROTC), 247
Cossio, Sabino, 204-5
Cova
    de Che, 234, 240, 252-253
    de Tania, 168
Cruz, Julio, 103- 104, 148
Cruz, Margarito, 13, 93, 94
Cuba
    ação judicial sobre, 251
    ajuda externa da União Soviética para, 222
    asilo de, 136-137
    Baía dos Porcos, 84, 135-136, 148-149, 199, 251

Banco Nacional, 222
bloqueio norte-americano a, 222
Bolívia e, 44
Comitê Central do Partido Comunista Cubano, 170
confiscos em, 140
economia de, 222
execuções em, 44, 87, 149, 223
infiltração de, 84-85, 135, 136
La Cabaña, 87
montanhas de Sierra Maestra, 45, 144, 167
Movimento 26 de Julho, 45, 84
Praça da Revolução, 239-240, 253
Primeiro Regimento Revolucionário, 170
revolução de, 44-45, 83, 87
Rodovia Matanzas-Havana, 135-136
Rodríguez, F., em, 84-85, 135-137, 149
Santa Clara, 253
Serra de Escambray, 84-85
Trinidad, 85, 148
Cuba, Simeón. *Ver* Willy
cuidado médico
 para as Forças Especiais, 135, 155, 156
 para o 2º Batalhão de Rangers, 111-112, 152

dança, 152-153, 154
DC-8 Braniff, 133
De Gaulle, Charles, 73, 248
De Guzman, Jaime Nino, 17, 214, 222-223
Debray, Jules Regis, 15, 169
 A Revolução Chilena por, 248
 Barrientos Ortuño e, 73-74
 captura de, 70-71
 Castro, F., e, 70
 Che e, 72, 115
 CIA e, 71-72
 condenação de, 248
 declaração sobre, 73
 em La Esperanza, 77, 78
 Henderson e, 214
 interrogatório de, 71-72, 89
 na imprensa, 72, 73-74, 213
 processo de, 147-148
 Revolução na Revolução por, 70

soltura de, 134
Defesa Interna no Estrangeiro (FID), 256-257, 258-259
Departamento de Estado, EUA, 45, 66-67, 237, 239
diário, 2208-209, 215, 218, 232, 252

economia
 da Bolívia, 100, 134-135
 de Cuba, 222
em Pucara, 174-175
 em Santa Cruz, 138, 147
 na Guerra do Vietnã, 148
 Saucedo e, 138, 147, 162-165, 168, 232
 Shelton, R., e, 142-143, 147-150
 Zenteno Anaya e, 176-177, 202, 203-204, 213-214, 215, 218-219
engenho de açúcar, 56-57, 77, 79
equipe móvel de treinamento (MTT), 51, 75, 78
Ernesto (Freddy Maymura), 14, 161, 162
Escola do Exército das Américas, 86
escola
 em La Esperanza, 80-81, 95, 105, 108, 126, 174, 241, 249
 em La Paz, 112, 113
 Valderomas e, 80-81, 108
escorpiões, 112
Escritório da CIA para Assuntos Contemporâneos na América Latina, 52
Espanha, 36
Esquadrão da Morte, 65
Estados Unidos (EUA). *Ver também* CIA; Guerra do Vietnã
 Academia Militar, 57
 Agência de Inteligência e Defesa, 216
 ajuda financeira dos, 100
 Alamo, Texas, 156
 Aliança para o Progresso, 55
 armamentos dos, 63
 bloqueio a Cuba pelos, 222
 Bradford, Pensilvânia, 126
 Che e, 45, 52, 63, 114, 115, 141, 142, 147, 150, 238
 Departamento de Estado, 45, 66-67, 237, 239
 embaixadas dos, 216, 250
 embaixador da ONU nos, 84

Escola do Exército das Américas, 86
Faculdade Fletcher de Direito e Diplomacia da Universidade de Tufts, 66
Forte Benning, Geórgia, 86, 137
Forte Bragg, Califórnia, 76
Green Bay, Wisconsin, 127
Homestead, Flórida, 83
imprensa dos, 143, 144,, 187, 234, 235
inteligência na Bolívia, 67, 68
JROTC, 247
Miami, Flórida, 84, 85, 135, 148, 149
Milwaukee Braves, 127
Milwaukee, Wisconsin, 126-127
Operação Vida Selvagem, 247
Outward Bound, 247
Phoenix, Arizona, 130, 248-249
presidentes dos, 58, 59, 67, 84, 114, 147, 148, 149, 187, 199, 250
San Antonio, Texas, 127
secretário de Estado, 16, 100, 101
Serviço Externo, 66
SOUTHCOM, 50-51, 67, 121, 238
USAID, 105, 125
Weston, Massachusetts, 66
World Series, 127
Estrela de Prata, 57
estrume, 36
EUA. Ver Estados Unidos
Execuções
    Che, 218, 219-227, 236-237, 238-239, 244, 247, 252-253
    em Cuba, 44, 87, 149, 223
Exército de Libertação Boliviano, 101-102
Expresso, 258

Faculdade Fletcher de Direito e Diplomacia da Universidade de Tufts, 66
Febre amarela, 111
Fernández Montes de Oca, Alberto. *Ver* Pacho
Festa de São João, 113
FID. *Ver* Defesa Interna no Estrangeiro
Flores, Aldo, 150-151
foco, 45
Forças Especiais. *Ver também* 8º Grupamento das Forças Especiais; La Esperanza, Bolívia; Shelton, Ralph "Pappy"
    2º Batalhão de Rangers e, 51, 53, 77-79, 87-88, 93-94, 123-125, 127-128, 142-147, 152, 156, 173-174, 179
    amizades com as, 257
    chegada das, 76-77, 79
    cuidado médico para as, 155-156, 157-158
    em La Esperanza, 55-57, 75-79, 93-96, 102-106, 124-126, 127-128, 141, 142, 147-150, 155-157, 173-174, 178-179, 240-241
    FID, 256-257
    história das, 256
    no Quiosque do Hugo, 95-96, 103, 105-106, 127-128, 147, 149, 249
    relatório resumido das, 77-78
    restrições sobre as, 87-88, 142
    suprimentos para as, 94
Forte Benning, Geórgia, 86, 137
Forte Bragg, Califórnia, 76
Forte Gulick, Panamá, 49, 59, 156
Fricke, Edmond, 13, 57, 174

Galindo, Eduardo, 176
Gallardo, Jose, 17, 110
Garcia, Gabriel, 72-73, 89
Garrido, Antonio, 24
Gómez, Oliverio, 13
González, Adolfo Mena. *Ver* Guevara, Ernesto "Che"
Gonzalez, Eduardo. *Ver* Villoldo, Gustavo
Goodwin, Richard, 149
graduação, 178
Graham, Alvin, III, 13, 18, 76
    carreira de, 249
    Roca e, 129-130, 249
Granma, 45
Green Bay Packers, 127
Green Bay, Wisconsin, 127
greves, 112, 113
Guerra da Coreia, 57
Guerra de Guerrilha (Guevara, E.), 63
Guerra do Chaco, 36, 42, 99
Guerra do Vietnã
    armas na, 66
    mortes na, 50
    Programa Phoenix na, 250
    Rodríguez, F., na, 148
    táticas na, 49, 100, 124
Guerra Fria, 50, 58

guerras, *ver também revoluções específicas*
   Guerra da Coreia, 57
   Guerra do Chaco, 35, 41, 99
   Guerra do Vietnã, 49-50, 67, 100, 124, 148, 250
   Guerra Fria, 49, 58
   Segunda Guerra Mundial, 46
Guerrilha Pathet Lao, 79
guerrilheiros
   2° Batalhão de Rangers e, 157-162, 168, 175-177, 183, 186, 187, 188, 191, 199, 203, 217, 233, 234
   cadernos de códigos dos, 215
   Che com, 168, 169-171, 175-176, 184, 187, 205, 206, 238-239, 246
   comunicação dos, 167-168, 214
   conflito entre, 246
   em La Higuera, 18, 175, 185, 186, 209
   em Samaipata, 117-120, 134, 151, 187
   em Vallegrande, 184-185
   fuga de, 247-248
   habilidades dos, 151-152
   logística de, 171, 239, 245-246
   morte de, 159-162, 174-175, 214, 217, 220, 223
   na imprensa, 43, 62, 63, 120, 187
   no Cânion El Churo, 192, 198
   no rio Grande, 159-162
   no vale do rio Nancahuazu, 27, 34, 36, 59-63, 145, 146-147
   números de, 246
   Paco sobre, 166-171, 202
   Salazar e, 236
Guevara Rodríguez, Moises. *Ver* Moises
Guevara, Ernesto "Che", 13-14
   apelidos de, 114
   Ayoroa Montaño e, 198, 207, 208, 209, 209, 225
   Barrientos Ortuño e, 44-45, 35-37, 43-44, 115, 140, 142, 186-188, 215, 217, 218, 235
   busto de, 244
   captura de, 194, 196, 197, 199
   Castro, F., e, 44, 45, 114, 150, 239, 240
   CIA sobre, 45, 46, 238, 239
   com os guerrilheiros, 168, 169-171, 175-176, 184, 187, 206, 207, 238-239, 245
   como O Cidadão da América Latina, 151
   como Papa Cansado, 196, 201-202
   corpo de, 225-229, 231-233, 234, 237, 252, 253
   cova de, 234, 240, 252, 253
   Debray e, 72, 115
   desaparecimento de, 35, 36
   diário de, 209, 215, 217, 232, 238
   em cativeiro, 205-208, 209, 216, 217
   em La Higuera, 199-200, 203-204
   estratégia de, 246-247
   EUA e, 45, 52, 62, 63, 114, 115, 141-142, 149-150, 238
   execução de, 218, 219-227, 236-237, 238-239, 244, 247, 252
   fama de, 243-244, 245, 251-252
   ferimento de, 195, 196, 205, 215
   guarda-costas de, 39
   Guerra de Guerrilha por, 63
   imagem de, 222-223
   interrogatório de, 203-204, 209-210, 215
   Loas a, 238-239
   museu de, 244
   na Bolívia, 206, 207, 221
   na imprensa, 38, 44, 62-63, 98, 120, 141-142, 187, 188, 229, 230-231
   na Tanzânia, 86
   pertences de, 200, 208, 215
   Prado Salmón e, 194-197, 200-205, 208-211, 214, 215, 219, 225, 240, 243, 245, 246, 247
   recompensa por, 188
   Rodríguez, F., e, 85, 86, 88, 149, 201, 202, 203, 204, 213, 214, 215, 216, 217, 218, 227, 232, 250-251
   sobre a União Soviética, 45
   Villoldo e, 140, 203, 230, 231, 233-234
   Zenteno Anaya e, 200, 202-204, 210, 214, 215-216, 223-224, 236
Guevara, Roberto, 233, 237
guimba de cigarro, 146, 148
Gulf Oil Company, 135
Gutiérrez Ardaya, Mario. *Ver* Julio

Guzman, Loyola, 146, 147, 230

Hapka, James, 14, 111
  Chapa e, 156, 157
  Peterson e, 126, 127, 128
  vida pregressa de, 126, 127
Helicóptero, 193
Helms, Richard, 16, 100, 151, 237
Henderson, Douglas, 16, 101
  Barrientos Ortuño e, 51, 63, 66, 64, 113, 115, 143, 144, 145
  carreira de, 66, 67
  Debray e, 214
  estudo encomendado por, 115
  Ovando Candía e, 236
  Porter e, 53
  Shelton, R., e, 126
  sobre comunismo, 52
hepatite B, 111
Hernández, Manuel. *Ver* Miguel
higiene dental, 112
Higiene, 106, 112
Hitchens, Christopher, 251, 252
Homestead, Flórida, 83
Hospital Nuestra Señora de Malta, Bolívia, 163, 230
Hotel Copacabana, Bolívia, 25, 223
Hotel Teresita, Bolívia, 233
Huanca, Bernardino, 18, 194-196, 224
Huerta, Eduardo, 192, 209
Hughes, Thomas, 239
Humerundo, Manosanta, 18

imperialismo, 207, 240
imprensa
  Boliviana, 243, 62, 63, 71, 147, 230, 231
  Bustos na, 71
  Che na, 38, 44, 62-63, 98, 120, 141-142, 187, 188, 229, 230- 231, 235-236
  Debray na, 72, 73-74, 217
  em Vallegrande, 230-231
  emboscadas na, 43, 62, 63
  guerrilheiros na, 43, 62, 63, 120, 187
  internacional, 73, 74, 101-102, 122, 142-143, 144, 187, 233, 235-236
  Ovando Candía na, 235, 236
  pronunciamento do Exército de Libertação Boliviano na, 100-101

  sobre Barrientos Ortuño, 121, 142-143, 144
inglês, 255, 256
insetos (barbeiros), 112
interrogatório
  de Camba, 186
  de Che, 203-204, 209-210, 215
  de Debray, 71-72, 89
  de Guzman, 146-147
  de Paco, 166-171
  por Ayoroa Montaño, 186
Inti (Guido Peredo), 14, 31, 33, 160, 208
Irã, 250
irmãos de sangue, 150-151

Jiménez Bazán, Orlando. *Ver* Camba
Joaquín (Juan Vitalio Acuña Núñez), 14, 168, 170, 246
Johnson, Harold, 120
Johnson, Lyndon, 59, 114, 147, 187
JROTC. *Ver* Corpo de Treinamento de Oficial de Reserva Júnior
Julio (Mario Gutiérrez Ardaya), 15, 175
justiça social, 105
Juventude Comunista Boliviana, 146

Kennedy, John F.
  Baía dos Porcos e, 84, 148, 149, 199
  contrarrevolução e, 58

La Cabaña, Cuba, 87
La Esperanza, Bolívia, 18
  dança em, 152-153, 154
  Debray em, 77, 78
  engenho de açúcar em, 56-57, 77, 79
  escola em, 80-81, 95, 105, 108, 125, 174, 241, 248
  estrada para, 105
  Forças Especiais em, 17, 55-58, 75-79, 93-97, 102-107, 123-126, 127- 128, 141-142, 148-150, 155-157, 173-175, 178-179, 240-241
  Ovando Candía em, 106, 107
  Quiosque do Hugo, 80, 96-97, 105-106, 128, 249
  relações públicas em, 94-96, 105-106
  Rodríguez, F., em, 147-148

Shelton, R., em, 13, 55-57, 75-79, 93-97, 102-107, 123-126, 127-128, 141, 142-143, 148-150, 155-158, 173-175, 179, 240-241
   suprimentos em, 103
La Higuera, Bolívia, 191, 192, 198
   busto de Che em, 242
   Che em, 199-200, 203-204
   guerrilheiros em, 18, 175, 185, 186, 209
   Rodríguez, F., em, 214
   Vallegrande e, 214
La Paz, Bolívia
   aeroporto de, 23, 24
   ar rarefeito em, 233
   CIA em, 213
   embaixada norte-americana em, 216
   escola em, 112, 113
   estação de rádio em, 139
   Hotel Copacabana, 25, 223
   lei marcial em, 112-113
   palácio presidencial em, 134
   prédio do Ministério do Interior em, 146
Lafuenta, David, 164
Lafuente, Remberto, 18, 61, 62
Lagunillas, Bolívia, 29
Laos, 58, 70, 125
Legião Caribenha Anticomunista, 84
lei marcial, 65, 112-113, 142-143
lei militar. *Ver* lei marcial.
língua, 255, 256
loas, 239-240
Loayza, Lucio, 28, 31
Loma Larga, Bolívia, 191
Lombardi, Vince, 127
Lopez, Gonzalo, 24

Malraux, André, 248
manobras noturnas, 109, 123, 130, 154-155
Manosanta Humerundo, 156-157
Mão Santa, 156-157
Marcos (Antonio Sánchez Diaz), 169-170
Martínez Caso, Jose, 230, 236
Martínez Tamayo, Rene. *Ver* Arturo
Martins, Carlos, 18, 60, 61
Massacre do Dia de São João, 113, 142
Maymura, Freddy. *Ver* Ernesto

Mendigutia Silvera, José Antonio, 84
metralhadora M-1919 A6, 128
Miami, Flórida, 84, 85, 135, 148, 149
Miguel (Manuel Hernández), 14, 171, 175
Milliard, Roland, 13, 57, 72, 78
Milwaukee Braves, 127
Milwaukee, Wisconsin, 126-127
Mina Siglo XX, Bolívia, 113
mineiros de Huanuni, 113
mineiros, 63, 101, 112, 113, 134
mineração, 63, 101, 112, 113, 133, 134
Mini Mokes, 100
Ministério do Interior, 146
Mitchell, LeRoy, 13
MNR. *Ver* Movimento Nacionalista Revolucionário
Moises (Moises Guevara Rodríguez), 14, 165, 169
Montanhas de Sierra Maestra, Cuba, 45, 144, 167
morteiros, 129
mortes, 154
   2º Batalhão de Rangers, 153
   Barrientos Ortuño, 247
   guerrilheiros, 159-162, 175, 176, 214, 217, 219, 223
   na Guerra do Vietnã, 51
   Ovando Candía, 247
   Shelton, R., 248
   Tania, 169, 187, 188
Mostre e Conte, 255-256
Movimento 26 de Julho, 45, 84
Movimento Nacionalista Revolucionário (MNR), 36-37
"Mr. Shorty", 95, 130
MTT. *Ver* equipe móvel de treinamento
Mulheres, 152-153
munição, 103, 104, 129, 200
Museu Che Guevara, 244
Muyapampa, 69, 70

Nações Unidas (ONU), 85
Nance, Ernest, 216
Napalm, 65, 135
Nato, 166
New York Times, 143, 144, 187, 236, 237
Nicarágua, 135-136, 137

O Caso da Bala na Prata, 36
O Cidadão da América Latina, 151
Oitava Divisão, forças armadas bolivianas, 138
Ongania, Carlos, 143
OPCEN. *Ver* Centro de Operações
Operação 500, 218
Operação 600, 218
Operação Vida Selvagem, 248
Organização dos Estados Americanos (OEA), 149
Ortiz, Alejandro, 194
Ortiz, Felix Moreno, 42
Outward Bound, 248
Ovando Candia, Alfredo, 16, 115
    Barrientos Ortuño e, 99-100, 101-102, 134, 216-217
    em La Esperanza, Bolívia, 106-107
    em Vallegrande, 236
    Henderson e, 236
    morte de, 247
    na Guerra do Chaco, 99
    na imprensa, 235-236
    pedidos de ajuda de, 64-65, 99, 101, 121
    previsões de, 188
    pronunciamento de, 235-236
    Rostow sobre, 237

Pacheco, Julio, 70
Pacho (Alberto Fernández Montes de Oca), 15, 118
Paco (José Castillo Chávez), 14
    interrogatório de, 166-171
    Rodríguez, F., e, 89, 161-167, 168-171, 202
    sobre guerrilheiros, 166-171, 202
    sobre Tania, 168-169
Palácio Burnt, 134
Palácio presidencial (Palacio Quemado), Bolívia, 134
Palacio Quemado (palácio presidencial), Bolívia, 134
Panamá, 37, 46
    Base Howard da Força Aérea, 75
    Forte Gulick, 49, 59, 156,
Pantoja, Orlando. *Ver* Antonio
Papa Cansado, 196, 202. *Ver também* Guevara, Ernesto "Che"

Paraguai, 36, 151
Partido Comunista Boliviano, 239, 246
Partido Revolucionário dos Trabalhadores, 65
Pashtu, 255, 256
passaportes, 147
pastor, 169, 170
Paulo VI (papa), 248
Paz Estenssoro, Victor, 36-37
Pearson, Drew, 142
Peña, Pedro, 192
Peredo Leigue, Robert. *Ver* Coco
Peredo, Guido. *Ver* Inti
Perez, Carlos, 192
Peterson, Jerald, 13, 111, 126, 127-128
Phoenix, Arizona, 130, 248-249
picada de cobra, 155-158
pilotos de voo de reconhecimento, 138
Pino, Nestor, 220
Pinochet, Augusto, 248
Plato, Hernan, 17, 28, 31, 32, 34
Playa Girón. *Ver* Baía dos Porcos, Cuba
Plaza de la Revolutión (Praça da Revolução), Cuba, 239-240, 253
Pombo (Harry Villegas), 169
pontaria, 156
porco (chancho), 114
Porter, Robert, Jr., 16, 53, 163, 173-174, 238
Praça da Revolução (Plaza de la Revolutión), 239-240, 253
Prado Salmón, Gary, 17, 110, 111
    A derrota de Che Guevara: a resposta militar ao desafio da guerrilha na Bolívia por, 247
    Barrientos Ortuño e, 41-42, 43-44
    Che e, 194, 196, 197, 200, 205, 208, 209, 210, 210, 211
    como herói, 240
    como intermediário, 93, 94, 104-105, 123, 125
    companhia B e, 178-179, 184, 185-186, 191, 192-200, 216
    Salazar e, 154
    Shelton, R., e, 93, 94, 104-105, 123-125, 178-179, 240-241
Prado, Julio, 42
prece, 98

Primeiro Regimento Revolucionário, 170
professores, 112, 113
Programa Phoenix, 250
projetos cívicos, 105
protestos estudantis, 147
Pucara, Bolívia, 174-176, 188

Quarry Heights, 50
Quiosque do Hugo
    Forças Especiais no, 95-96, 103, 105-106, 128, 148, 249
    rádio no, 80
    Shelton, R., no, 95, 96, 147, 149, 249
    Valderomas no, 80, 107

Rações, 104, 188, 189
rádio de campo RS-48, 213, 216
Rádio Nacional Boliviana, 178
Rádio PRC-10, 138, 193, 201, 202
rádio, 88-89
    CIA, 138
    no Quiosque do Hugo, 80
    PRC-10, 138, 193, 201, 202
    Rádio Nacional Boliviana, 178
    RS-48, 213, 216
Ramon. *Ver* Guevara, Ernesto "Che"
Ramos Medina, Félix. *Ver* Rodríguez, Félix.
Rea, Fidel, 160
Reagan, Ronald, 250
recompensa, 188
relações públicas, 94-96, 105-106, 124-125, 151-152
repetição, 110, 111
República Dominicana, 52, 59, 115
Revolução na Revolução (Debray), 70
revolução
    Cubana, 35, 37-38, 44-45, 63-64, 84, 87, 102, 103
    exportar a, 47, 45
    na Bolívia, 35-36, 101, 206
    restauradora, 35, 37-38, 63-64, 101, 102
Reyes Zayas, Israel. *Ver* Braulio
Ricardo, 118
rio Grande, Bolívia, 29, 159, 162
rio Grande, Bolívia. *Ver* Rio Grande, Bolívia.

rio Iripiti, Bolívia, 60
Rivas, Francisco, 185
Rivera-Colon, Hector, 13, 57, 76, 77
Robbins, Marty, 95
Roca, Dorys, 18, 108, 130-131, 248, 249
rodovia Matanzas-Havana, Cuba, 134-135
Rodríguez, Félix, 15, 83
    Barrientos Ortuño e, 135-138
    Braulio e, 167-168, 170
    Che e, 85, 86, 89, 149, 201-204, 213-214, 215, 216-217, 227, 232, 250-251
    CIA e, 83-89, 133-137, 213-214, 218, 226, 232-233, 236, 250
    em Cuba, 84-85, 134-137, 149
    em La Esperanza, 147-148
    em La Higuera, 214
    Lafuenta e, 164-165
    na Brigada 2506, 83-84, 134-137, 223
    Paco e, 89, 160-167, 168-171, 202
    sobre comunismo, 148, 149, 166
Rodríguez, Rosa, 84-85
Rojas, Honorato, 18, 159-160, 162, 188, 248
Rostow, Walt Whitman, 16, 147-148
    sobre a Bolívia, 113-114, 187-188
    sobre a execução de Che, 237-238
    sobre o 2º Batalhão de Rangers, 238
    sobre Ovando Candia, 237
Rota Che Guevara (Ruta del Che), 244
Roth, George Andrew, 15, 70, 71, 72, 73
Rusk, Dean, 16, 100, 101
Ruta del Che (Rota Che Guevara), 242

Saavedra Arambel, Luis, 17, 60
Salazar, Mario, 17, 249, 250
    alistamento por, 97-98
    dança e, 152, 155
    em treinamento, 109-111
    guerrilheiros e, 236
    perto de Vallegrande, 184, 187-188
    Prado Salmón e, 154
    sobre a morte, 153-154
Salmón, Rosario, 42, 43
Samaipata, Bolívia, 117-120, 134, 151, 187
San Antonio, Texas, 127

Sánchez Diaz, Antonio, *Ver* Marcos
Sánchez, Ruben, 17, 59-61, 62
Sánchez, Tito, 196-197
saneamento rural, 106
Sanjines-Goytia, Julio, 100
Santa Clara, Cuba, 253
Santa Cruz, Bolívia, 37, 42, 76
   oficiais de inteligência em, 138
   rodovia de, 120
   Rodríguez, F., em, 138, 147
Sartre, Jean-Paul, 248
Saucedo, Arnaldo, 17
   retratos para, 222-223
   Rodríguez, F., e, 138, 147, 162-165, 168, 232
Segunda Frente Nacional de Escambray, 15
Segunda Guerra Mundial, 46
Segundino Parada, 28
Selich, Andrés, 17, 163, 202-203, 208, 209
serra de Escambray, Cuba, 84-85
Serrano, Bolívia, 209
Serrate (major), 202, 203, 232
Serviço Exterior, EUA, 66
Shelton, Margaret, 49-50, 247
Shelton, Ralph "Pappy", 13, 259
   carreira de, 247
   dança e, 152-153
   designação de, 49, 50, 51-52, 53
   em La Esperanza, 13, 55-57, 75-79, 93-96, 102-106, 124-126, 127-128, 141, 142-143, 147-150, 155-157, 173-175, 178-179, 240-241
   família de, 49-50, 58, 125, 247
   Henderson e, 126
   linguagem do treinamento de, 58-59
   morte de, 248
   no Quiosque do Hugo, 95-96, 147, 149, 249
   Prado Salmón e, 93-94, 104-105, 124-125, 178-179, 240-241
   relações públicas por, 94-96, 105-106, 125-126
   Rodríguez, F., e, 141-142, 147-150
   vida pregressa de, 30, 55-56, 57-58
   Villoldo e, 141-142
Shinsha, 256, 257
Siles Salinas, Luis Adolfo, 16, 14, 247
Silva Bogado, Augusto, 17, 27, 34

sindicatos dos trabalhadores, 65, 101, 112, 134
Singh, Harry, 16, 105
Sítio, estado de, 112-113
Smith, Magnus, 16, 50, 51
soldados das nações anfitriãs, 76
soldados, 50
Sternfield, Larry, 15, 83, 85
Stevenson, Adlai, 84
subida de corda, 109-110
Supremo Comando Boliviano, 218, 224

Tania (Tamara Bunke Bide), 14, 37, 70
   cova de, 168
   morte de, 168, 187, 188
   Paco sobre, 167-168, 169
Tanzânia, 86
Tatarenda, Bolívia, 27, 28
Teerã, Irã, 250
Telégrafo, 117, 199
Teran, Mario, xiv, 18, 224
Terceiro Comando Tático, forças armadas bolivianas, 164
Thompson, Wendell, 76
Tilton, John, 15, 134, 226
Tope, William, 16, 53, 67, 68
Torrelio Villa, Celso, 184
Totti, Tomas, 193, 196, 205
transporte
   avião bombardeiro B-26, 135
   avião C-130, 103
   avião C-46, 103
   avião C-47, 163
   avião PT-6, 212
   avião T-6, 193
   helicóptero, 193
   Mini Mokes, 100
   pilotos de voo de reconhecimento, 138
Trinidad, Cuba, 84, 148
Trujillo, Rafael, 84
Truman, Harry S., 59, 67

União Soviética
   ajuda estrangeira a Cuba da, 222
   Baía dos Porcos e, 148, 149
   Che sobre, 45
Urrutia Lléo, Manuel, 137
Uruguai, 149

USAID. *Ver* Agência dos Estados Unidos para o Desenvolvimento Internacional, EUA.

Vacaflor, Juan, 18, 117, 118, 119
Vado del Oro, Bolívia, 185
Vado del Yeso, Bolívia, 17, 18, 159-162, 167, 247
Valderomas, Dioniso, 18, 130-131, 177-178
   Chapa e, 156-157, 158
   engenho de açúcar e, 79-80
   escola e, 80-81, 108
   memórias de, 249
   no Quiosque do Hugo, 80, 106
   sobre casamento, 248
vale do rio Nancahuazu, Bolívia, 17
   guerrilheiros no, 27-34, 36, 59-62, 144, 145
   mapa do, 145, 146
vale do rio Nancahuazu, Bolívia. *Ver* vale do Nancahuazu, Bolívia
Vale Feliz, Nicarágua, 135-136, 137
Vallegrande, Bolívia, 163, 175, 196, 202
   2º Batalhão de Rangers em, 183-186
   guerrilheiros em, 184-186
   imprensa em, 230, 231
   La Higuera e, 214
   Museu Che Guevara em, 243
   Ovando Candía em, 236
   Zenteno Anaya em, 201, 203, 204
Vargas Salinas, Mario, 17, 159-160, 252-253
Vargas, Epifanio, 18, 29, 30, 31, 160-162
veículos, 100
Venezuela, 127, 136-137, 149
Verão do Amor, 50
Verezain, José, 118
Vergara, Alejandro, 136-137
víbora arborícola, 155, 157
Vicente, 169, 170
Vietcongue, 67
Villegas, Harry. *Ver* Pombo
Villoldo, Gustavo, 15
   Barrientos Ortuño e, 135, 136, 137, 138, 139-140, 217
   Che e, 140, 203, 230, 231, 233-234
   CIA e, 86, 88, 133-134, 135-136, 203, 250-251
   família de, 139-140
   rações e, 189
   Shelton, R., e, 141-142
   Zenteno e, 188-189, 230

Wallender, Harvey 13, 106
Weston, Massachusetts, 62
Willy (Simeón Cuba), 15, 219
   corpo de, 233
   em cativeiro, 195, 196, 198, 199, 205

Zenteno Anaya, Joaquín, 17, 56, 57
   2º Batalhão de Rangers e, 174, 184-185
   Che e, 200, 202-204, 210, 215-216, 217, 224, 236
   Rodríguez, F., e, 176-177, 202, 203-204, 214-215, 215, 218-219
   Villoldo e, 188-189, 230
zona militar, 64
zona vermelha, 76, 138, 188

Este livro foi composto na tipologia Berling,
em corpo 10,5/14,6 e impresso em papel
off-white no Sistema Cameron da Divisão Gráfica
da Distribuidora Record.